ドイツ映画史の基礎概念

新世紀のディアスポラ

古川裕朗

九州大学出版会

目次

序

「同文化理解」から「異文化理解」へ

本書が試みるのは、二一世紀以降のドイツ映画史を理解する上で有効となる概念的枠組みの基礎を提供することである。平たく言えば、本書は現代ドイツ映画史を理解するための手引書ということになる。それは一つの異文化理解の試みであると言ってもよい。ここでは「異文化理解」を単なる「同文化理解」とは区別しておきたい。例えば、異国の食べ物を美味しいと感じることは異文化との交流においてとても重要なことであり、そして喜ばしいことである。しかし、そのことは異国の文化と私たちの感性とがある一部分において幸運にも偶然一致しただけであって、それは「異文化理解」というよりも「同文化理解」と言った方がよいだろう。「異文化理解」というからには、私たちの感性と一致しない部分、なかなか共感できない部分にも目を向けなくてはならない。

私たちは、異国の映画が本当は異文化的要素を多く含むことがよく考えれば当たり前なのに、そのことをつい忘れがちである。特に西洋の映画作品に触れるのが珍しくなくなった今日、例えば、アメリカのハリウッド映画であったり、ヨーロッパ映画であったりが、実は異文化的な背景を持っていることをあまり意識しなくなった。映画を美的な享受の対象とすることは、もちろん正当である。映画を芸術作品あるいはエンターテインメントとして、それを楽しみの対象にすることは間違っていない。けれども、そのような営みにおいて、私たちは異国の映画のある一部分には共感する一方で、共感できない部分に関しては拒絶したり排除したりすることに意外と抵抗が無かったりはしないだろうか？　特に本書が考察対象とするドイツ映画には、日本社会にとって馴染みの薄いユダヤ・キリスト教的な世界観やイスラーム的な世界観を背景とした作品が少なくない。そうした自分たちにとっては異質な部分を度外視して、私たちは「楽しめた」「楽しめなかった」という評価を簡単に下してしまう。

しかし、自分の共感できる部分を消費するだけでは「同文化理解」とは言えても「異文化理解」とは言えない。むしろ私たちが普段から慣れ親しんでいる社会常識や社会通念によっては理解しがたいもの、自分たちの理解の枠組みからこぼれ落ちてしまうものに極力、目を向けることが本書のスタンスである。そのような意味において、本書は現代ドイツ映画を理解するために徹底して「異文化理解」の視点に立つ。

メディア論的考察

「異文化理解」の視点に立つ本書が、そのためのアプローチとして重視するのが「メディア論的」な視点である。本書におけるメディア論的な視点からの考察とは、対象をメディアの一種と捉え、対象がその受け手をどのような〈価値規範〉へと方向づけているかという点に着目して行う考察のことを指す。メディア論的なアプローチはその対象が絵画であれ、文学であれ、あるいは学術書であれ、いかなる著作物に対してもそれらをメディアの一種として捉えることで適用可能である。もちろんアプローチの対象が映画の場合、とりわけ本書のように物語映画を対象とする場合は、それにふさわしい方法・手順が取られなければならない。

物語映画をメディア論的に扱う上で重要となるのは、映画がその伝達内容として有する作品固有の物語的な〈意味〉である。映画の中でどのような出来事が生じたか、登場人物がどのように振る舞ったか、その内的な心理はどのように移り変わり、そして物語の結末はどうなったかなど、これらはすべて物語的な〈意味〉に属する事柄である。また個々の行動や心境が物語の展開や結末に与えた関係性や因果性なども、ここでの物語的な〈意味〉に含めてよい。他方において、映画作品が投げ込まれる社会空間は、価値観という点において空白な空間でも中立的な空間でもない。そこはすでに哲学的・宗教的・政治的・歴史的等々の様々な通念・常識・教養が、特定の立場を取って滞留する世論空間である。だから、ある物語の有する〈意味〉がその世論空間に投げ込まれるなら、すでに存在する個々の立場との同調・反発・競合によってその〈意味〉はある規範的な価値へと生成し、人々をその〈価値規範〉の方向へと促すことになる。

映画が公開されるということは、結果的にそうした〈価値規範〉の「称揚」であり、それと対立する価値に対しての「批判」を意味する。だから、そういった価値提起は必然的に社会の風潮や雰囲気と敏感に反応する情感的現象であらざるを得ない。だからこそ、映画によって提示される物語的な〈意味〉が世間に投げ込まれて一定の〈価値規範〉となるなら、潜在的な価値観との接触において様々な情感的波紋を呼び起こしながら人々の思考や態度に働きかけ、世間の潜在的価値観の力動的関係性を顕在化させる存在となる。

特定の社会問題や歴史事象を題材とする映画が世の中に「公開」されるということは、そういった諸テーマに関する一定の意見やメッセージを世間に対して言わばプレゼンテーションしていることに他ならない。またそれゆえ、映画が公開されるということは、そうした営みによって諸テーマをめぐる通時的あるいは共時的な論争の場を立ち上げつつその論争に参与しているということを意味する。だから、メディア論的な視点とは、そのような価値の論争を焦点化する「イメージ・ポリティクス」の見地から映画を捉え直すことにつながる。とりわけ多くのドイツ映画は、哲学的・宗教的な領域から様々な教養的言説を取り込み、かつ社会的・歴史的な問題に対して論争的態度を積極的に示してきた。だから、ドイツ映画の理解に関しては、なおさらそうしたメディア論的な論究姿勢を欠かすことはできない。

ドイツ映画賞

ドイツ映画をメディア論的な視点から考察することによって、私たちはドイツ社会が映画を通じてどのような事象に関心を示しているかを探ることができる。それは、映画を単に自分たちの共感の対象と見なす「同文化理解」の視点とは異なり、自分たちにとっては共感しがたく、またそれゆえに私たちの理解の枠組みからこぼれ落ちてしまう事柄を拾い上げる「異文化理解」の営みと軌を一にする。その上で、本書が具体的な対象として取り上げるのは、二一世紀以降においてドイツ映画賞の作品賞を受賞した一連の作品群である。ドイツ映画賞は言わばドイツのアカデミー賞に相当し、ドイツ映画を対象とした国内で最も権威のある映画賞である。それを裏づけるのは、総額で三〇〇万ユーロに迫る国内賞最高額の賞金である。この賞は一九五一年以来の長い伝統を有し、現在では七〇回を超える実績を持つ。一九九九年、ドイツ映画賞は一つの転機を迎え、「ローラ」賞と呼ばれるようになった。「ローラ」という名称は、ヨーゼフ・フォン・シュテルンベルク監督の《嘆きの天使》(一九三〇年公開)の中でマレーネ・ディートリヒが演じた歌手の名前「ローラ・ローラ」や、あるいはトム・ティクヴァ監督の《ラン・ローラ・ラン》(一九九八年公開)でフランカ・ポテンテが演じた主人公の名前「ローラ」に由来する。長い間、ドイツ映画賞は内務省によって賞の授与がなされてきた。しかし、本書が扱う二一世紀の受賞作についてはみな「文化・メディア連邦政府代議員」の所管であり、具体的には文化・メディア大臣から賞が授与される。また二〇〇四年までは受賞者を決定する委員会は教会関係者や政治家から構成されていたが、それ以降は「ドイツ映画アカデミー」の会員が担うようになった(1)。

映画を分析する際にある映画賞の受賞作品に焦点を合わせることは、映画作品をメディア論的な視点から考察する上で重要な方法論の一つとなる。メディア論的なアプローチの眼目は、人々を方向付ける映画の〈価値規範〉の可能的なあり方を明らかにすることであった。その場合、作品が受賞作であるなら、映画が提示する〈価値規範〉

は高度に権威づけられ、より積極的に称揚されていると言ってよい。特に映画の場合は他の芸術ジャンルに比べて華やかな授賞式が盛大に催され、その権威づけと称揚はますます顕著なものとなる。よって受賞作が提示する〈価値規範〉は、ドイツ社会がどのようなことに対して関心を示していたかをより強く映し出す鏡となろう。そして、その映画賞が文化・メディア大臣から授与されるものであるなら、その映画作品が提起する〈価値規範〉はよりオフィシャルな性質を帯びたものとしても理解されるに違いない。それゆえ、考察対象を受賞作に絞ることはメディア論的なアプローチにとって極めて有意義な方法であり、それは映画作品の分析考察にとってこのようなアプローチが欠かせない一つの理由でもある。

ドイツ映画賞には様々な部門が存在する。中でも最優秀物語映画賞（Bester Spielfilm）がいわゆる作品賞に相当し、年ごとに三つの受賞作が選出されてきた。それら三つの作品は金・銀・銅の三種類にランク付けがなされ、年によって金・銀・銅それぞれ一作品ずつ選ばれる場合と、金が一作品、銀が二作品選ばれる場合とがある。二一世紀以降の受賞作品に関してその物語内容を精査してみたとき、そこで取り上げられる物語の題材は様々であるが、とりわけドイツに特有のものとしては「移民の背景を持つ者」「ナチ・ドイツ」「東西ドイツ」の三つを挙げることができる。そこで本書はこれら三つの分野を主要題材とする諸作品を考察の対象としたい。

「作品」から「メディア」へ

メディア論的なアプローチはあらゆる著作物に対して適用が可能であり、映画作品に限られたことではない。むしろ美術作品や文学作品に対しても積極的にこのアプローチを適用することは、好ましいことだと言える。しかし、反対に映画作品の側からどのようなアプローチが必要とされるかを鑑みたとき、映画は他の諸ジャンルに比してより必然的にメディア論的な視点を必要とする。絵画や文学のように古くから存在する芸術ジャンルは、近代においては「作品」という近代特有の概念と共に時代の中をくぐり抜けてきた。「作品」というものは周囲の状況から自律的に存在し、その内的世界の中で固有の「普遍的価値」を実現している存在と見なされた。だから、伝統的ジャンルの著作物が近代的な作品概念のもとにあった時代は、そのような普遍的価値の提示を自律的に目指すべきであることが少なからず前提とされた。作品が提示するこの普遍的価値は、ときに「主題」という言葉によって言い換えることもできる。「主題」は作品全体を統一的にまとめあげる上で、その統一の中心に置かれる思想や考え方のことを指す。

「作品」概念のもとで創作された、例えば、小説などの文学作品の場合であれば、その考察において必ずしもメディア論的な視点を取らなくても構わない。というのも、作品の内的な世界を分析してその「普遍的価値」を有した「主題」を考察するだけでも、十分豊かな成果を獲得できるからである。けれども、二〇世紀のいわゆる「メディア化（Medialisierung）」の時代において、事情は大きく変わった。マスメディアが大衆のポリティカルな世論形成に大きく影響を与えるようになった「メディア化」の時代にあっては、ラジオや新聞などの主要メディアに限らず芸術を含む様々な著作物も一種の「メディア」として、大衆の世論形成という観点を踏まえるようになったからである。新メディアである映画の場合も、多くはそれ自体で普遍的な価値を内包する自律的な作品世界が構築されることを必ずしも前提とはしていない。映画において求められたのは普遍的な価値の提示ではなく、むしろ特定の政治的・社会的な〈価値規範〉を大衆に対してどう提起するかという視点であった。だからこそ、映画メディアを読み解くためには積極的にメディア論的なアプローチが要求されるのである。

「あらすじ」と「主題展開」

「作品」か「メディア」か、「普遍的価値」か個別の〈価値規範〉か、こうした二つの位相の間にあって、映画の立ち位置は少なくとも文学作品などに比べればより後者の側に寄っていると言ってよいだろう。とはいえ、本書が取り扱う物語映画がやはり依然として「作品」としての性格を備えていることも忘れてはならない。メディア論的考察を行う上で本書の中心的な課題となるのは、映画が提起する〈価値規範〉を明らかにすることである。その際、映画の〈価値規範〉をめぐる論点は、作品の外部から恣意的に与えられたものではなく、作品の内部から必然性を伴って提起されたものでなくてはならない。そして、その論点提起の役割を担うのが本書において物語上の〈意味〉と呼ばれるところのものである。

作品固有の物語上の〈意味〉を予め把握しておく上で最も重要な手続きが、「あらすじ」の記述と「主題展開」の把握である。映画は映像、音楽、言語等々を同時に駆使することで物語を展開する。それゆえ、観者は非言語的な表現部分からも〈意味〉を読み取り、台詞等の言語表現と組み合わせることによって物語の流れを汲み取らなくてはならない。「あらすじ」を記述することには、そうした非言語的表現を言語化して物語の本線を再構成・再確認するという意味があり、またそうすることで「主題展開」を把握するための準備となる。その際、タイトルは「主題」を把握する上で重要な手掛かりとなるので、逐一、原タイトルや邦語タイトル、またそれらに付随するサブタイトルの意味も確認する必要がある。本書の特徴の一つは、メディア論的なアプローチを取る上で、「あらすじ」と「主題展開」の記述を重視する点にある。これによって本書は物語の〈意味〉を明らかにし、「作品」でもあり「メディア」でもある物語映画の要請に応えるのである。

本書が使用する「主題」とメディア論的な〈価値規範〉との違いを改めて確認しておこう。「主題」は物語上の〈意味〉の一つとして作品の内部にその統一的焦点を結び、普遍的価値を指向する。そして、こうした「主題」を含む物語上の〈意味〉が世論空間へと提示されるなら、それは他の既存の価値観との接触において一定の具体的な〈価値規範〉へと生成する。その際、〈価値規範〉と「主題」との大きな違いは、「主題」が作品の内部で焦点を結び、普遍性を指向するのに対し、〈価値規範〉が作品外部との接触において初めて生成され、より特殊な具体的価値として機能する点にある。

ここで本書の中で使われる「題材」「主題（テーマ）」「モチーフ」についても区別をしておきたい。「題材」とは、映画が物語を展開するために使用する素材のことを指す。「題材」には大小あるが、例えば、「移民の背景を持つ者」「ナチ・ドイツ」「東西ドイツ」はいずれも「題材」であり、あるいは人物設定としての「トルコ人女性」や「ハンナ・アーレント」という固有名も「題材」である。これに対して「主題」とは、そうした数々の「題材」を統一する上で中心となる思想内容のことを指す。また「モチーフ」は概ね「きっかけ」と言い換えることが可能であり、作品を制作する上での「きっかけ」、物語が展開する上での「きっかけ」、あるいは主題が展開する上での「きっかけ」など、様々な「きっかけ」のことを指す。それゆえ、ときに「モチーフ」は「題材」である場合も、ほとんど「主題」と重なる場合もあり得る。

〈ドイツ人のディアスポラ〉

加えて、本書のさらなる特徴は〈ドイツ人のディアスポラ〉という戦後ドイツのビッグ・モチーフに着目して分析考察を行う点にある。「ディアスポラ」とはもともとギリシャ語において「散らされた者」の意であり、故郷以外の地に離散して暮らす者のことを指す。当初はユダヤ人に対して使用される言葉であったが、近年では様々な民族に対して用いられるようになった。「ドイツ人のディアスポラ（deutsche Diaspora）」というモチーフに関して、本書が直接的に念頭に置いているのは、一九四五年の敗戦直後、トーマス・マンがワシントンでの講演の中で、ゲーテの言葉を引き合いに出しながら語った言葉である。(2) 講演の中でマンは戦後のドイツ人が必ずしも民族国家という形態にこだわらず、ユダヤ人のように世界中に散ってゆくことを推奨した。また、ドイツ人をユダヤ人と重ね合わせる表象は、リヒャルト・フォン・ヴァイツゼッカー大統領の「戦後四〇年の演説」（一九八五）においても試みられる。そこでは、約束の地を目前にして荒れ野をさまようユダヤ人の姿に敗戦後のドイツ人の姿が重ねられた(3)。ドイツ人は言わば自身の〈ホーム〉を失い、さまよい、さすらった。果たして戦後のドイツ人は再び〈ホーム〉を見つけたのか、それとも見つけられなかったのか？　特に七〇年代以降、ヴィム・ヴェンダースに代表されるように、戦後のドイツがたびたびロードムービーの良作を世に送り出し続けてきたのは、〈ドイツ人のディアスポラ〉というビッグ・モチーフを継承し、一定の形へと紡ぎ上げてきた証左であると言ってよい。

付言すると、「ディアスポラ」というギリシャ語は、ヘブライ語において「追放」を意味する「ガルート」という言葉と密接な関係にある。こちらは宗教的な意味を多分に含んでおり、単に地理的な離散を意味するよりも、第一義的に神の罰としての「追放」を意味し、またメシアの到来による「再建」といった終末論的な思想とも結合している(4)。それゆえ、「ディアスポラ」のイメージを宗教的かつ地理的に変換させるなら、「楽園追放」として垂直的な表象をそこに含み込ませることも可能であり、また同時に「楽園回帰」への願望も内包する。こうした表象を多くのドイツ映画賞受賞作が技巧的に利用していることにも注意したい。

新世紀のディアスポラ

本書の最終的な到達点は、ドイツ映画賞作品賞の受賞作に関して、二〇〇〇年代の諸作品と二〇一〇年代の諸作品との違いを史的展開として捉え、それぞれの傾向を理解するための基礎的な概念的枠組みを提供することにある。その際、有効な視点として使用されるのが、この〈ドイツ人のディアスポラ〉というビッグ・モチーフである。予め見通しを述べておくなら、二〇〇〇年代の諸作品が総じて〈ホーム〉に帰る物語、〈ホーム〉に気づく物語を描き出していたのに対し、二〇一〇年代の諸作品は最終的に〈ホーム〉を失う物語や新たに〈ホーム〉を築く物語を描くようになる。こうした映画史理解は確かに図式的であるが、とはいえ必ずしも類型的整理を意図しているわけではない。

本書のタイトル『ドイツ映画史の基礎概念』は、ハインリヒ・ヴェルフリンの名著『美術史の基礎概念』を意識したものである。それはこの名著への敬意を示すと同時に、本書の目論見を端的に理解してもらうことも意図している。ヴェルフリンは彼の著作においてルネサンスのクラシック様式とバロック様式とを対比させて両者を特徴づけたが、両者の対比がきれいに対照的かつ対称的に類型化されたわけではなかった。ヴェルフリンの考察においてあくまで基本となるのは均整の取れたルネサンス時代のクラシック様式であり、その均整さが緩みほころびていくところにバロック様式の出現を見出す。この点に関して現代のドイツ映画史も類似した展開を見せる。二〇〇〇年代の諸作品は〈ホーム〉への回帰的な物語構造を備え、結末がハッピーエンドであるかどうかは別として、物語の円環を閉じようとする一定の着地点を持つ。これに対して、二〇一〇年代の諸作品はそうした物語の円環を閉じようとする傾向が緩みほころび、開かれた構造を持つことになる。だから、本書において提示される三つの対概念、「帰還」と「消失」、「和解」と「決別」、「再生」と「贖罪」は、必ずしも純粋な対義的関係を意図してはいないことに留意されたい。補足しておくと、『美術史の基礎概念』は時代様式に関する分析であり、作品の描写形式、つまり非言語的側面を取り扱ったものである。他方、本書『ドイツ映画史の基礎概念』はカメラワークや編集等々の描写形式よりも作品の意味内容、つまり言語的側面に対して圧倒的な関心を寄せる。なお、ヴェルフリンが美術史において成し遂げた偉業を、今度は本書がドイツ映画史の領域において成そうなどという大それた目論見を持っているわけではないことは、付け加えておく。

以上のような基礎概念を手掛かりに、本書では、二〇世紀の半ば戦後のドイツ社会に投じられた〈ドイツ人のディアスポラ〉というモチーフに対して、二一世紀のドイツ映画がどのように応答したか、そうした「新世紀のディアスポラ」を明らかにしていきたい。

第Ⅰ部　二〇〇〇年代

第1章　移民の背景を持つ者（帰還）

《エヴァの創造》
ハインリヒ・アルデグレーファー（1540年）
神はアダムのあばら骨を用いてエヴァを創造した。脇腹を傷つけられたアダムは磔刑の際に槍で脇腹を突かれたイエスの予型であり、またアダムから誕生したエヴァは教会（キリスト者の集い）の予型である。アダムとエヴァの追放に始まる人類の旅路はキリストと教会との一体化を目指す旅であり、神と人類との原初的関係へと帰還する旅路でもある。

二〇〇〇年代のドイツ映画賞受賞作のうち、「移民の背景を持つ者」を主要な題材とする映画として本章では三作品を取り上げる。それらの物語内容を〈ドイツ人のディアスポラ〉という戦後ドイツの伝統的なビッグ・モチーフに即して精査するなら、自身の地理的・精神的な故郷を失った登場人物が、やがて再び自身の〈ホーム〉へと「帰還」する物語になっていることに気づく。一般に指摘されることとして、二〇〇〇年以前の移民映画については、例えばトルコとドイツといった二つのナショナリティの狭間にあって、その運命に翻弄される「犠牲者」[5]という位置づけがその映画の主人公たちに与えられるケースが目立った。ところが、二〇〇〇年代の移民映画は、主人公たちが自らの自己決定によって自身の進むべき道を主体的に選び取ってゆく物語となっている。

考察の手順を改めて述べておく。まず物語の「あらすじ」を記述し、物語の「主題展開」を把握し、同時にタイトルの意味と〈ドイツ人のディアスポラ〉というビッグ・モチーフとの連関を検討しながら「メディア論的考察」を行う。

1　《愛より強く》（二〇〇四年／金賞）――トルコ・ナショナリズムからトルコ・ローカリズムへ――

あらすじ

主人公の一人ジャイト・トムルクは、一九六〇年生まれの四十代男性で、「ファクトリー」というライブ・ハウスで清掃員として働く。トルコのメルシンで生まれ、トルコ系移民としての背景を持つが、法的にはドイツ国籍を持つドイツ国民である。ジャイトはトルコ人としてのアイデンティティをほとんど持っていない。アルコール、タバコ、ドラッグを好み、むしろ現代ドイツのパンク文化の中で生きている。彼の生活の荒れ具合は凄まじい。部屋の中は恐ろしく汚れ散らかっており、ひっきりなしにタバコをふかして多量のアルコールを摂取する。ジャイトの暮らしがひどく荒れていることの最大の要因は、彼が最愛の妻を亡くしたことにある。彼の妻はカタリナといって、その名前から推測するとトルコ系ではない。妻を失った悲しみからジャイトの精神は安定性を欠いており、あるとき猛スピードで車を走らせたまま壁に激突する。原タイトルの「壁に向かって」は、文字どおり壁に衝突するという意味と人生の壁に突き当たるという意味とが掛けられている。

もう一人の主人公シベル・グネルとジャイトとは病院で出会うことになる。自殺未遂を疑われたジャイトは精神科の診察を受けることとなり、自殺を図ったシベルも精神科で治療を受けていた。シベルは一九八三年生まれの二十代女性で、彼女もトルコ系移民としての背景を持つ。ただし彼女はハンブルク生まれで、ジャイトと同様にドイツ国籍を持っていた。シベルが生まれ育ったのは厳格なイスラーム教徒の家庭である。そこでは伝統的なトルコの封建的な価値観が重んじられ、ことに女性のシベルは慎ましくあることを求められ、自由がない。男性と手を繋いで歩いただけで、兄から鼻を骨折するほど殴られることもあった。シベルが自殺を図った理由は、ひとえにそうした自由のない家庭環境に由来する。彼女が望むのは、トルコ・イスラーム的な因襲に囚われることなく男性と自由に交際することのできる奔放な暮らしである。それゆえ、シベルはそうした封建的な家庭を出て自由を手に入れるため、ジャイトと偽装結婚をすることになる。

自由な暮らしを手に入れたシベルは、様々な男性と一夜限りの関係を繰り返した。ところが、偽りの結婚生活を続けていくうちに、いつしかジャイトとシベルとの間には愛が生まれる。いったんはジャイトとの関係を拒んだシベルであるが、自分の正直な気持ちに従って彼女はジャイトの愛を受け入れることを決意する。しかし、シベルが自分の気持ちをジャイトに伝えようとしたときに事件は起きた。シベルが一夜限りの関係を結んだニコと夫ジャイトとの間で諍いが起こり、ジャイトがニコを殴り殺してしまったのである。その結果、ジャイトは刑務所に入り、不貞の罪が明らかとなったシベルは、名誉を汚したとして家族から命を狙われるようになった。ハンブルクのトルコ人コミュニティを追われたシベルは、トルコに住む従姉妹のセルマを頼ってイスタンブールに移り住む。しかし、単調で無味乾燥な「監獄」のごとき生活に耐えられない。ほどなくシベルはドラッグとアルコールに溺れ、自暴自棄になった彼女は街でチンピラと喧嘩になって瀕死の重症を負う。こうして映画は、ジャイトとシベルの愛情物語に決着が付けられる最終局面へと突き進んでゆく。

主題展開

以上のような物語展開において、《愛より強く》が移民を題材とするそれまでの映画と大きく異なる点は、この作品がナショナル・アイデンティティをめぐる境界領域的な苦悩を主題化しないところにある。ジャイトにしてもシベルにしても、本源的に「ハイブリッド」(6)なあり方をしており、自分がドイツ人であるのかそれともトルコ人であるのかで悩むことはない。両者とも、自分が「何人であるのか？」あるいは「何人であるべきなのか？」という問いとは無縁である。

民族カテゴリーを当てはめてジャイトを類型的に理解しようとするのは、むしろジャイトの周囲の者たちである。ジャイトを担当する精神科医は、ジャイトの機嫌を取ろうとしてトルコ語における「ジャイト」という名前の意味や由来を尋ねる。しかし、ジャイトは自分の名前の意味や由来について知識も関心もなく、精神科医の試みは的外れでしかない。ジャイトはトルコ系であることへの自負がないだけではなく、コンプレックスもなく、かといって彼の思考が民族的な偏見と無縁なわけでもない。ディスコ・クラブで喧嘩をしたとき、ジャイトは相手に「異人野郎」と毒づき、シベルから苦笑気味に「あなたもでしょ」と指摘される。ジャイトのトルコ・ナショナリティは彼にとってことさら大きな意味を持たず、彼の強い関心を離れたところでジャイトの周囲を付かず離れず漂っている。

シベルにとってのトルコ・ナショナリティも、ジャイトの場合と同様に重大な意味を持たない。確かにトルコ的な因襲はシベルを強く束縛し、彼女はそこから抜け出したいと考えている。しかし、単に自由奔放な暮らしを求める彼女の望みは実質的な欲求であって、シベルは必ずしもトルコ的な属性それ自体を忌避しているわけではなかった。一夜限りの関係を持ったニコのことを拒絶したとき、彼女は自身のトルコ・ナショナリティに言及しつつ相手を毒づく。「私は既婚のトルコ女で、あなたが私につきまとうなら夫があなたを殺すわよ！」この言葉は名誉のためには殺人も辞さないトルコの因襲のことを表しているが、そうしたセリフは自身のトルコ的属性を語ることにシベルが特段の抵抗感を持っていないことを示している。自分の不貞が発覚してトルコ・コミュニティを追われることになったときも、むしろシベルは絶望に打ちひしがれたのであって、彼女はトルコ的な属性一般から逃れたいと思っていたわけではなかった。思い起こせば、ジャイトとのトルコ式結婚式をシベルは十分に楽しんでいた。

では、《愛より強く》において何が主題化されているかと言えば、それは邦語タイトルにも示されているように生きるための「愛」と「力」という普遍的なテーマに他ならない。ジャイトの苦悩の中心は、ひとえに愛する妻カタリナを亡くしたことにある。外見から推察すると、カタリナもジャイトと同様に現代パンク文化の中で生きていたようである。であれば、ジャイトとカタリナの関係は単なる夫婦であることを超えて、生き方の価値観を共有する同志的な関係にあったと言える。だから、妻を失うことはジャイトにとって生きることの意味と意欲が根元から蝕まれることを意味した。それゆえに、シベルとの出会いは新たなる同志との出会いに他ならず、再びジャイトに生きる力を与えるものとなる。このことはジャイトが出所した後、イスタンブールでシベルの従姉妹セルマにシベルとの再会を要求したときの言葉の中に明示されている。「俺はシベルと出会う前は長い間死んでいた。俺は自分を見失っていた」「彼女は俺に愛をくれた」「彼女は俺に力をくれた」。シベルと暮らすようになってジャイトが「パンクは死んでない」と叫んだのは、「俺はまだ死んでない」という再生の叫びに他ならなかった。そして、これら一連の言葉がドイツ語でもトルコ語でもなく、ことさら英語によって語られたことは、より普遍的な価値観を標榜したものであることを示唆している。

一方、シベルの苦悩も民族的な問題に縮減されない。彼女が望むのは様々な男性と自由に交際することのできる奔放な暮らしである。「私は生きたい、愛したい、踊りたい、やりたい」とシベルは自分の欲望を率直に表現する。ところが、偽装結婚を続けるうちにいつしかシベルとジャイトは互いに惹かれ合うようになる。そこに葛藤が生じる。仮にシベルがジャイトの「愛」を受け入れれば、自動的に「家庭」という存在が付随することになり「自由」が失われてしまう。シベルがジャイトと結ばれそうになったとき彼女がいったん彼を拒絶したのは、もし二人が結ばれれば「本物の夫婦」になってしまうからであった。彼女の苦悩は「自由」と「家庭」と「愛」をめぐるより普遍的なテーマの中に存在しており、そうした苦悩はシベルが移民の背景を持つ者であることと必ずしも本質的な連関を持っていない。

メディア論的考察

《愛より強く》の主題が以上のようなものであるなら、このような主題を語る上で《愛より強く》があえて移民たちを題材とすることは、メディア論的な視点からすると、移民というアイデンティティを相対的に希薄化してゆくことにつながる。そして、民族アイデンティティから解放された結果において浮かび上がってくるのは、近代的自我に基づいて自己決定を行う一人の自由な個人という存在であった。では、そうした自由な個人が最終的にどのような道を選んだかと言えば、ジャイトもシベルも自身のルーツであるトルコへの帰還を選択することになる。〈ドイツ人のディアスポラ〉という伝統的なモチーフが、この点において具体化される。精神的なディアスポラ状態の中で死の淵をさまよっていた二人のドイツ人が、やがてドイツの国外へと散らばっていくのである。

映画の中のジャイトは自身のトルコ・ナショナリティに無頓着である一方で、なぜか生まれ故郷「メルシン」へのこだわりをたびたび示していた。そうした伏線は最終的にメルシンへの帰郷という形で意義づけられることになる。またシベルにおいては、常に「家庭」というものを避けようとしていたはずであるが、自己選択の末に最終的に彼女の行き着いた先はやはり「家庭」であった。イスタンブールでシベルは恋人と子供との幸福な暮らしを手に入れたが、それはトルコの封建的な家庭とは異なるヨーロッパ風の自由で近代的な家庭であった。両者に共通するのはトルコ・ナショナリズムを排したところに現れるトルコ・ローカリズムであり、ときにそれはヨーロッパ・グローバリズムとも親和的関係を持つことが可能である。ジャイトにしてもシベルにしても、自身の求める真の〈ホーム〉はドイツのトルコ人コミュニティの中にではなくトルコの中にこそあった。

この点において見逃せないのは、当時の移民法との関係である。ドイツ国内には移民の背景を持つ人々が実際に多く存在するにもかかわらず、ドイツ政府はドイツが移民国であることを長らく認めてこなかった。ドイツが公式の移民国へと転換したとされるのは、二〇〇四年に成立し、翌二〇〇五年に施行されたいわゆる「移民法」を契機とする。その背景の一つにあったのが、やがて「統合の失敗」や「平行社会」という言葉によって表現されるにも至る既存のドイツ・ホスト社会と移民社会との分断現象である。独立行政法人労働政策研究・研修機構の報告を参照すると、新設された連邦移民・難民局の主な任務としては、（一）外国人の「中央登録」、（二）教育などの統合プログラム、（三）自由意思による帰国促進、（四）関係機関との情報協力、の四点が挙げられる。[7] この点を鑑みると、移民法の成立と同年にドイツ映画賞を受賞した《愛より強く》との関係は注目に値する。というのも、真の〈ホーム〉がトルコの中にあることを示唆し、そして真の〈ホーム〉へ帰還することを促すこの映画は、「自由意志に基づいた帰国」という移民法の方針と強い親和性を示す物語となっているからである。

さらに、《愛より強く》がメディア論的には移民というアイデンティティの希薄化と同時に、宗教アイデンティティの希薄化に控えめながら寄与しているということも付け加えておきたい。シベルの自殺未遂が批判された理由は、その行為が家族に「恥辱」をもたらすからであり、また「贈り物」である命を粗末にすることは神への冒瀆にもつながるからである。重要なのは、家族の「名誉」を重んじつつ宗教的な戒めを説く父の父権性が、父権的な神の存在と否応もなく重なり得る点である。だから、イスタンブールで自分を見失いつつあるシベルが、ジャイト宛ての手紙の中で神への懐疑の気持ちを漏らしたことは意味深い。すなわち、トルコ人家庭の因襲的な父権性からシベルが逃れようとしていたことは、神からの逃避と重ねて表象し得るのであって、自分の人生に対してシベルの行った自己決定は、神学的な運命論に対する自由な個人の挑戦であったとも言える。

2 《タフに生きる》（二〇〇六年／銀賞）──「統合の失敗」と「平行社会」──

あらすじ

主人公のミヒャエル・ポリシュカは十五歳の少年で、ドクター・クラウス・ペータースの豪華な邸宅に住んでいた。ミヒャエルの母ミリアムがペータースの恋人であり、それゆえにミヒャエルもそこで一緒に暮らしていたのである。ペータースの邸宅は、ベルリンのツェーレンドルフにある。そこは富裕層が多く住む高級住宅地区で、ミヒャエル親子もペータースの邸宅で大変に裕福な暮らしを享受していた。ところが、ミリアムに愛想を尽かしたペータースは、激しい口論の末にミヒャエル親子を家から追い出してしまう。ミヒャエル親子が新たに移り住むことになったのはノイケルンと呼ばれる地区で、そこには移民の背景を持つ者たちが多く住み、社会的階層も様々である。ミヒャエルの暮らしは一変する。清潔感を欠いた古い住居、多種多様な民族や人種が集う学校、騒がしく荒れた授業風景、複雑な家庭環境を持つ生徒たち、ことに学校はノイケルン地区の縮図に他ならなかった。

新しい環境にあってミヒャエルを最も苦しめたのが、同じ学校に通うギャングの存在である。ギャングのリーダーはトルコ系移民で、名前をエロールという。転校初日、ミヒャエルはエロールの靴をうっかり踏んでしまい、そのためギャングたちから暴力の標的にされてしまう。彼らは「犠牲／いけにえ（Opfer）」という言葉を発してミヒャエルに襲いかかり、激しく暴行を加えながらミヒャエルに金品を要求する。当初、ミヒャエルはエロールたちの要求に応じようとした。要求に応えれば暴力は無くなるにちがいない。それは取り引きだった。そこで、ミヒャエルは新しく知り合ったクラスメートと共にペータースの邸宅に盗みに入り、その稼ぎでもってエロールたちへの支払いに充てようとする。ところが、彼らの理不尽な要求がそれで止むことはない。彼らには、互いの取り決めを守るつもりなど最初からなかった。そこでミヒャエルは覚悟を決めて方針を転じる。相互の契約が成立せず、映画の原タイトルにもあるように「容赦なく」攻撃をしかけてくる相手に対しては、こちらも「容赦なく」応戦するしかない。それが貧困と暴力が支配するこの過酷なノイケルンでの暮らしを生き抜く唯一の方法である。この地ではTäterとOpfer(8)との二者択一、すなわち、犯罪の「行為者」と「犠牲者」との、あるいは「加害者」と「被害者」との二者択一を迫られる。もし自分が「犠牲者」や「被害者」になりたくないなら、自ら「行為者」「加害者」になる他ない。邦語タイトルにあるように「タフに生きる」とは、そういうことを意味する。

ミヒャエルが路上でエロールたちと出会ったとき、ミヒャエルはもはや逃げることはしなかった。彼は持ち歩いていた鉄管を拳の中に握りしめ、エロールを殴りつける。鼻血を出したエロールが激昂してナイフを取り出したとき、そこに現れてミヒャエルを助けたのが、バルートである。バルートは麻薬売人グループの一味で、そのグループのリーダーであるハマルの右腕的な存在である。両者とも移民の背景を持つ者であり、ハマルはアフガニスタン系、バルートはイタリア系である。二人はちょうど麻薬の運び屋を探しているところだった。見かけの実直さに加え、一人でギャングに立ち向かった勇気を買われたミヒャエルは、これをきっかけとして麻薬の運び屋となる。運び屋としてのミヒャエルは、持ち前の度胸と機転によって存分にその有能さを発揮する。ところが、ある大きな取り引きを済ませた帰り、ミヒャエルはギャングの連中に遭遇し、エロールのせいで麻薬の代金八万ユーロを入れたバッグを紛失してしまう。落とし前をつけさせるため、ハマルはミヒャエルにピストルを渡し、自分を撃つかエロールを撃つかの選択を「容赦なく」迫る。長い葛藤の末にエロールを射殺したミヒャエルは、はじめて自分に課された理不尽さに怒りを覚え、映画は終局へと移ってゆく。

主題展開

過酷な境遇を生き抜く十五歳の少年ミヒャエルを通じて主題化されるのは、思春期の少年が抱く父性への不信と信頼である。映画《タフに生きる》には様々な父親的キャラクターが登場するが、それらのほとんどはお世辞にも立派とは言い難い。ミヒャエルが物語の序盤においてペータースの邸宅を追い出されたとき、ミヒャエルはペータースと別れることへの寂しさを告げるものの、ペータースは憎々しげに皮肉を言うばかりであった。彼はミヒャエルへの小遣いも惜しみ、苛立ちを募らせながら荷物を門の外へと投げ捨てる。ミヒャエルにとって当初の父親的存在であったペータースは、吝嗇で尊大な人物であった。こうしてミヒャエルの中には、父親的なものへの不信と恨みが芽生える。ノイケルンに移ってから最初にミリアムの恋人となった男性も芸術家を詐称するろくでなしである。住むところも稼ぎもなく、ミヒャエルが苦労して工面した金をネコババする。父親的なものへの不信は膨らみ、同時に侮蔑と嫌悪の感情も生まれる。一緒にペータースの家へ盗みに入ったクリレとマッツェの兄弟の父親も、常軌を逸した粗暴さを持つ男だった。それゆえ兄弟たちは父親をひどく嫌い、トラック運転手である父が長期間、仕事で家を留守にする際は、ビールで祝杯をあげるほどである。加えてギャングのリーダーであるエロールも二児の赤ん坊の父親であったことが判明する。父親的なものへの失望が膨らむ。

ところが、ミリアムの次の恋人は少し違った。彼はミヒャエルに喧嘩の仕方を教える。そのことは母ミリアムには内緒だと言う。その言葉はミヒャエルの心の隙間に入り込み、かすかな連帯も生まれる。犯罪の「犠牲者」「被害者」になりたくなければ犯罪の「行為者」「加害者」になることもやむを得ない。それがノイケルンで生きる者の掟である。教わった喧嘩の仕方は十分に効果的であった。そこに成功体験が生まれ、父性への信頼が回復される可能性も生じる。ハマルやバルートが近づいたのは、そのようなタイミングである。彼らはギャングの攻撃からミヒャエルを守ってくれた。とりわけ、穏やかで親密で頼もしげなハマルの雰囲気が、ミヒャエルを魅了する。心の底から求めていた「平穏」を、ハマルたちはミヒャエルにもたらしてくれる。それこそが真の父性だと思えた。ハマルはミヒャエルに安全と金銭を約束し、代わりにミヒャエルは彼のために働く。運び屋の仕事をこなす中で、ミヒャエルの中に自信も生まれる。仕事を成功させれば、ハマルからさらなる信頼と賞賛も与えられる。不運にもそこに相乗効果が生じ、ハマルとの間には特別な絆があるようにも感じられてくる。ミヒャエルの自信はますます膨らむ。警察の手入れをすり抜け、売ったはずの薬物を回収したとき、ミヒャエルには自分が「無敵」[9]であるようにも感じられた。

しかし、ミヒャエルが売り上げの代金を失ったとき、すべてが思い違いであったことが明らかとなる。ミヒャエルは失敗の代償として、過酷な選択を迫られる。犯罪の「行為者」か「犠牲者」かという、ノイケルンを支配するあの二者択一がここでもついて回る。ミヒャエルがハマルに感じ取ったものは、真の父性ではなかった。そして、最終的に辿り着いた先が、ゲルバー刑事である。ペータース宅窃盗事件を担当したことがミヒャエル親子と知り合うきっかけとなっていた。ゲルバーと母ミリアムは互いに惹かれあっていて、ゲルバーはミリアム親子の力になりたいと考えている。エロールを射殺したとき、ミヒャエルを残してそそくさとその場を立ち去るハマルの姿に頼もしさは感じられなかった。ミヒャエルはもはやハマルと行動を共にすることなく、ゲルバーを頼って警察に自首する。真の父性は別のところにあることをミヒャエルがようやく気づいたところで映画は終わる。

映画《タフに生きる》が描き出す「父性への不信と信頼」という主題展開は、ドイツの伝統的なビッグ・モチーフである〈ドイツ人のディアスポラ〉と非常によく馴染む。ツェーレンドルフの家を追い出されてノイケルンにやってきたミヒャエルの心は、まさに故郷を喪失してさまよい歩くディアスポラの状態にあった。文字どおり父なる祖国（Vaterland）を追われて難民と化したミヒャエルは、ノイケルンという移民地区でトルコ系移民のエロールたちからドイツ国内にいながらにして一種の外国人として逆に迫害を受ける。そして、いったんはハマルの父性において〈ホーム〉を見出したかに思えたが、それは大いなる誤解であった。最終的に真の〈ホーム〉の存在に気づいたミヒャエルは、非移民系と思われるゲルバー刑事にすべてを打ち明けるべく警察署を訪れ、かろうじて〈ホーム〉への帰還を果たす。

さらに映画《タフに生きる》は、ディアスポラの概念に副次的に付随している宗教的ニュアンスとも親和的である。ペータースの邸宅を追われたことは、楽園追放のイメージと重なる。ツェーレンドルフに暮らすペータースは、当初の取り決めを守らないミリアムとの恋人契約を解消し、その姿は契約を重んじる父権的な旧約の神を彷彿とさせる。ツェーレンドルフという楽園を追われたミリアムとミヒャエルは、さながらアダムとエヴァのようである。地上において自身の糧を自力で調達しなければならなくなったアダムとエヴァのごとく、ミヒャエル親子は自らの力でノイケルンの街を生き抜かねばならない。「犠牲／いけにえ」という言葉も本来は宗教的なニュアンスを持っている。ときにミヒャエルは、社会の異教的なダークサイドに誘惑され、罪を重ねることもあった。しかし、様々な試練を経た自己決定の末、最終的にゲルバー警部という真の〈ホーム〉の存在に気づいたのであり、《タフに生きる》は楽園回帰の願望を表現した物語であったと言える。ミヒャエルがゲルバー刑事にすべてを打ち明ける映画のオープニングが実は物語のエンディングと同じシーンであったことを鑑みれば、物語の作り自体が回帰の構造になっていたことにも気づかされる。

《タフに生きる》が受賞した二〇〇六年といえば、ノイケルンに実在するリュトリ基幹学校の閉鎖要求騒動が起こった年でもある。[10] 全校生徒の約八〇%が移民の背景を持つ者たちの子供であるこの学校では、教師に対する暴力が頻発し、学校自らが教育の継続が困難であるとして廃校を訴えた。映画《タフに生きる》は、ホスト社会と移民社会とが分離して存在するいわゆる「平行社会」の実情を克明に描き出す。二〇〇五年の移民法に基づいて進められた統合政策であるが、当時は頻繁に「統合の失敗」が叫ばれていた。犯罪行為と移民とを結びつける表象は《愛より強く》とも共通する表現で、当時のメディアの論調[11]とも軌を一にする面がある。とりわけ反社会的な犯罪行為を生業とする裏社会と移民社会とを明確に結び付けてステレオタイプに描写する表現は、《タフに生きる》において顕著である。

3 《そして、私たちは愛に帰る》(二〇〇八年/金賞)——左翼テロリズムへの批判——

あらすじ

映画《そして、私たちは愛に帰る》は、《愛より強く》に続くファティ・アキン監督の受賞作で、やはり同じくハンブルクを物語の主な舞台の一つとする。この映画には主要な人物として三組の親子が登場し、それらが互いに複雑に絡み合いながら全体の物語を形成する。最も主要な登場人物はネジャットである。彼はトルコ系移民の二世で、ハンブルク大学においてドイツ文学の教授として教鞭をとる。そのネジャットの父はアリという。アリはトルコ系移民の一世で、ハンブルク近郊のブレーメンで年金生活を送っている。ネジャットとアリでは価値観が大きく異なるとはいえ、父子は概ね良好な関係を築いていた。

二人の関係が大きく変化することになったきっかけは、イェテルの存在である。イェテルもトルコ系の移民で、夫を一九七八年のマラシュ事件で亡くしていた。彼女は娼婦として生計を立てており、発端はアリが客としてイェテルの売春宿を訪れたことから始まる。イェテルのことを気に入ったアリは、彼女に月々の金銭を約束した上で愛人として一緒に暮らすことを提案する。ところが、あるときアリは口論の末にイェテルのことを殴り殺してしまう。アリは刑に服することとなり、ネジャットとアリの間には大きな心の溝が生じた。

その後、ネジャットはハンブルク大学を辞めてトルコに渡る。それは、イェテルの娘アイテンを探すためであった。まだイェテルが生きていたとき、トルコで暮らす娘と連絡が取れず悩んでいることをイェテルがネジャットに告げていたのである。このアイテンと母イェテルが、映画《そして、私たちは愛に帰る》における主要な二組目の親子にあたる。ネジャットはトルコでドイツ語専門書店を経営しながら、ひととき心を通わせたイェテルのために、娘アイテンの行方を捜すことになる。

一方、連絡の取れなくなっていたアイテンはどうしていたかというと、アイテンの方もドイツのブレーメンで靴屋に勤めていることになっている母のことを探していた。行くところのないアイテンが、ハンブルク大学のネジャットの講義に潜り込んで仮眠を取っていることもあった。アイテンがハンブルクにやって来たのは、トルコで警察に追われていたからである。左翼過激派運動に関わっていたアイテンは警察に捕まりそうになり、偽造パスポートでハンブルクの同志を頼ってドイツに逃げてきたのである。アイテンとイェテルはドイツでお互いを求めつつも、すれ違ったままイェテルは亡くなってしまう。

そんな中でアイテンは、ハンブルク大学の女子学生であるロッテと出会う。当初、ロッテはチャリティの精神からアイテンを自宅に招き入れ、着る物や食べる物を提供していた。しかし、いつしか二人の間に恋愛感情が芽生え、彼女らは友人以上の関係になる。ところが、密入国者であったアイテンは警察に捕まり、トルコへと強制送還され、トルコの刑務所に入れられてしまう。ロッテは母スザンネの反対を押し切って、アイテンを支援するためトルコへと渡る。しかしながら、アイテンの頼みで左翼過激派の活動に加担したことが原因で、ロッテは命を落としてしまった。アイテンが隠しておいたピストルを運ぶ最中に、不幸にもそのピストルで撃たれてロッテは亡くなるのである。このドイツ人母子のスザンネとロッテが、映画《そして、私たちは愛に帰る》における三組目の親子である。

その後、娘の悲報を聞いたスザンネはトルコに向かい、そこでネジャットと出会う。というのも、トルコで偶然にもロッテはネジャットが管理しているアパートを借りていたからであった。スザンネは娘ロッテの日記を読み、ロッテの志を継いでアイテンを支援することを決意する。スザンネと会話をかわす中でネジャットも父親との和解を決意する。父のアリは出所後、トルコに強制送還され、今は故郷のトラブゾンで暮らしていた。ネジャットは父に会うべく、アリの故郷へと向かう。しかし、すでにアリは帰らぬ人になっていることを映画のエンディングは暗示する。

主題展開

三組の親子が織りなす以上のような物語展開において、「もう一方で」という映画の原タイトルは複数の意味を担う。基本的には三組の親子関係において、親子の「一方」が「もう一方」のことを想うという意味が込められている。また三組の親子においては、その親子のどちらかが映画の中で亡くなることになる。よって、「もう一方」とはあの世のことを指し、一方の「此岸」ともう一方の「彼岸」という意味が込められている。

「もう一方で」という原タイトルは、物語が実際に展開していく上での重要なモチーフである。物語の中では、親子の間に心のすれ違いや運命の行き違いが生じ、原タイトルは「一方」と「もう一方」とのそうしたままならない関係性を示唆する。ネジャットとアリの親子は仲が良いとはいえ、もともとは価値観を異にしていた。自分の病気を心配してくれる息子ネジャットに対して、下品にもアリはイェテルと息子との肉体関係を疑う。一方、老化を気に病み拗ねてタバコを吸う父アリに対して、喫煙は体に良くないとアリの行動の矛盾をネジャットは指摘する。正論を振りかざしてばかりのネジャットに対して、アリは「ワシの人生に介入しないでくれ」と言い放つ。両者の気持ちは噛み合わず、ついにアリの服役が両者を決定的に分かつ。映画終局においてネジャットは父との和解を決心するが、すでに父アリはもうこの世にはいない。

アイテンとイェテルの親子関係もすれ違いの連続である。テロ事件で夫を亡くしたイェテルとしては娘が勉強することを望んでいたはずなのに、当のアイテンは左翼過激派のテロ活動に関わっている。トルコでのアイテンの行方を母イェテルは案じるが、その一方、娘はドイツにいて靴屋に勤めているはずの母を探していた。そして、二人はすれ違ったまま再会することなく母イェテルは亡くなってしまう。ロッテとスザンネの親子も同様である。密入国したアイテンを支援することに対してロッテとスザンネの思いは一致しない。母スザンネは合法的な庇護申請を勧めるものの、ロッテはチャリティの精神を重んじるあまり自らの手でアイテンを救うことにこだわった。母の忠告を聞かずトルコに渡ったロッテは、左翼過激派の違法な活動に加担して案の定、命を落としてしまう。その後、ロッテの一連の行動が母スザンネのかつての後ろ姿を追ったものであったことを、スザンネはロッテの日記から知るところとなる。二人の想いが実は重なり得ることに気づいた母スザンネではあるが、時すでに遅く、親子はこの世とあの世で離ればなれになっていた。

このように映画《そして、私たちは愛に帰る》は「すれ違い」を描くが、物語が最後までそうした「すれ違い」の段階に留まっているかというとそうではない。三組の親子における一方の側の三名はそれぞれすれ違いの果てにこの世を去るものの、もう一方の側の三名において新たなる邂逅が生まれることを映画の終盤は期待させる。ロッテが借りていた部屋の管理人がネジャットであったがためネジャットとスザンネがトルコで出会い、娘の遺志を継いだスザンネはアイテンの身元引き受け人となる。それゆえ、ずっと行方を捜していたイェテルの娘アイテンとネジャットが出会うのは、時間の問題と言えるだろう。ここに生前のロッテが「それこそドイツ的」と呼んで追い求めていたチャリティの精神が、一定の実を結ぶことになる。

ではこうした物語展開において示される主題が何かと言えば、まさしくこのチャリティの精神に他ならない。「チャリティ」すなわち、慈愛や慈善の精神は、まずもってイェテルの娘アイテンを探そうとするネジャットの行動やアイテンを救おうとするロッテの行動において体現される。またロッテの遺志を継いだ母スザンネがアイテンに対して差し伸べた支援の手においても体現される。思い起こせば、娘アイテンに仕送りをするために母イェテルが行っていた娼婦としての生業も、そうした生業からイェテルをすくい上げたアリの行動も、あるいはまた恵まれない人のために戦おうとしたアイテンの活動も、その方法が正しいかどうかは別として、慈愛と慈善の精神に隣接するものを持っていた。登場人物はみな自身のどこかに多かれ少なかれ「チャリティの精神」を持っている。ただそれが最初から適切な形で表れ出たわけではない。しかし、それぞれの慈愛と慈善の心は、様々にすれ違いと邂逅を繰り返すことによって醸成され、ついにアイテンを救うという形となって結実するのである。そして、この精神は波及力を持ち、アイテンを改心させ、ネジャットの頑なな心をも溶解させて父親のもとへ向かわせることにもなった。邦題の《そして、私たちは愛に帰る》は、こうした主題展開をよく示唆していると言ってよい。

メディア論的考察

以上のような主題展開には、〈ドイツ人のディアスポラ〉という伝統的モチーフが巧みに体現されている。大学でドイツ文学を教えていたネジャットは、日々の暮らしに何か満たされない心の空隙を感じており、その中で父アリが殺人事件を起こしてしまった。スザンネの方も毎日の生活に張り合いを持つことができなかったところへ、娘の死という悲報が届く。このように心の中心点を喪失し精神的なディアスポラの状態にあった二人が、文字どおりドイツを離れることになる。しかし、その行き着いた先はトルコでありながら、そこは二人にとっての〈ホーム〉であった。ネジャットにとってその地は、自身のルーツであると同時に自らが体得したドイツ的な「チャリティの精神」を実践する場所に他ならない。またスザンネにとっても、そこは若きスザンネがかつて娘と同様にやはり「チャリティの精神」を実践するという志を持って訪れた土地に他ならなかった。二人は自分たちが本来、居るべきところの〈ホーム〉に帰還したのだと言える。映画の構成についても、《タフに生きる》と同様にオープニングがエンディングを先取りする回帰の構造になっている。

加えて、映画が描き出す「すれ違い」をメディア論的な視点から解釈するなら、ドイツ人とトルコ人との「すれ違い」として理解し得ることも見逃してはならない。そして、この点を踏まえつつ改めて作品を読み解くなら、左翼テロリズムに対する批判が根本的なモチーフとして映画全体を貫いていることが分かる。イェテルの夫が命を落としたマラシュ事件は、ナチズムの流れを汲む民族主義の右翼勢力とアレヴィーという左翼勢力の両極が激突した左右のテロ合戦である。[12] アレヴィーはイスラーム系宗教集団の一つとも言えるが、社会主義や共産主義、マルクス主義的唯物論、革命的な階級闘争論などの左翼イデオロギーを内包する。ドイツ国内にも活動拠点を持ち、アイテンが関わっている左翼過激派集団はこのアレヴィーを彷彿とさせる。

したがって、ドイツ人とトルコ人の「すれ違い」とは、要するにここでは、トルコ人移民社会をテロリズムと結びつける表象とそれに対する漠然とした不安とがドイツ人ホスト社会に漂っているという事態のことを意味する。このことは、ドイツ人を代表象するスザンネとトルコ人を代表象するアイテンとの口論において、象徴的に見て取ることができる。トルコのEU加盟を推奨するスザンネに対し、アイテンはドイツを含むEU諸国を植民地保有国であるため信用できないとしてスザンネの考えに賛同しない。すると、人権、言論、教育のためにグローバリゼーションと闘っていると主張するアイテンに対して、「あなた方は単に闘うのが好きなだけだ」とスザンネは批判の言葉を向ける。そして、気持ちが高ぶったアイテンがEUを口汚く罵ると、これに対してスザンネは、「私の家」でそんな言葉を使ってはならず、「あなたの家」だけにしなさい、と叱るのであった。トルコのEU加盟をめぐるこうしたスザンネとアイテンとの一連のやりとりには、ドイツ社会への統合を拒んで地下活動と関わり続けるトルコ人移民社会に対し、ドイツ人ホスト社会がいかに不安と不満を抱えているかが示唆されている。いわば「私の家」でそのような活動は許されないと、ドイツ人ホスト社会の側の主張をスザンネが代弁するのである。

左翼テロリズムに対する映画の批判的立場はロッテの理不尽な死において顕著だが、大学におけるネジャットの講義シーンにおいても間接的に示されている。ネジャットは、文豪ゲーテのフランス革命に対する批判的な言葉を二つ取り上げる。「バラが真冬に咲くのを、誰が見たいというのか？　あらゆる物事には、それ固有の時期というものがある。葉、蕾、花。ただ愚か者だけが時期外れの陶酔を要求する。」「私は革命に反対である。というのも、良き新しきものが生み出されるのと同時に、信頼のおけるたくさんの古きものが壊れてしまうからである。」つまり、革命は物事の順序というものをわきまえず性急に目的を達成しようとし、結果として長年に亘って培ってきた人間の確固たる成果を破壊してしまう。これら二つの引用文はそう語っている。フランス革命は「左翼」という言葉の起源になった出来事でもあり、ゲーテの批判は、ネジャットの講義に紛れ込んで居眠りをしているアイテン自身の過激な左翼活動に対する批判としても機能している。

思い起こせば、映画は第一部の「イェテルの死」と第二部の「ロッテの死」では、双方ともメーデーにおける労働運動の場面で始まっていた。映画は、ドイツにおける左翼的な地下労働運動とトルコ系移民との親近性を暗に告げている。こうしたイメージは、トルコ系移民を暴力性や犯罪性一般と結びつけるステレオタイプな表象を増幅させるが、この場面の重要性はそれだけに留まらない。ここでは、映画冒頭において労働運動の中をいそいそと売春宿へと向かうアリの姿に注意する必要がある。ファティ・アキン監督において特徴的なのは、トルコ系移民の持つ暴力性をとりわけ女性に対する暴力性に焦点を合わせて描き出すことである。父権的なトルコ人社会においては、トルコ人男性がトルコ人女性の不貞に対しては厳しい態度をとる一方で、映画の中の彼ら自身は売春宿に通うことをたびたびの慣習とする。こうしたトルコ人男性の矛盾する両側面を描き出すことは、アキン監督の前受賞作《愛より強く》と共通する特徴でもある。

さらに、そうした父権性との連関において、ドイツ人とトルコ人との「すれ違い」を宗教的権威の相対化によって克服しようとする側面が《そして、私たちは愛に帰る》の中にあることも確認しておきたい。ネジャットが父アリと和解する気になったのは、ネジャットがあるイスラームの物語を語ったことがきっかけであった。それは旧約聖書におけるアブラハムとイサクの話に似た物語で、旧約ではアブラハムが神の命令を受けて息子イサクを殺して生贄に献げようとするが、イスラーム教にも同種の物語があったのである。そして、ネジャットの話を聞いたスザンネがイスラーム教とキリスト教との共通性に驚く一方で、ネジャットの方では父との思い出が蘇ってくる。かつてネジャットはその話を聞いて恐ろしく感じた経験があり、そうしたネジャットに対して父アリは、神を敵に回してでも息子を守ると宣言したのだった。このエピソードは、イスラーム教の神が有する父権的な権威を人間の父権性によって相対化すると同時に、キリスト教とイスラーム教が一つの物語を共有しているということを示すことで、ドイツ人とトルコ人とを隔てる宗教の壁を低くするものであると言える。「チャリティ」は本来、宗教的な文脈を持つが、この映画の中ではそうした宗教性が相対化され、ヒューマニズム（人文主義）の文脈において捉え直されていると言える。

第2章　ナチ・ドイツ（和解）

《アダムとエヴァに善悪の知識の木から取って食べるのを禁じる神》
ハインリヒ・アルデグレーファー（1540年）
　エデンの園に住まうアダムとエヴァは、神との間にいくつかの契約を結んだ。それらは神と人間とが交わした最初の契約であり、善悪の知識の木をめぐる契約もその一つである。この契約は結果的に破られてしまうが、第二のアダムであるイエス・キリストの贖いによって、やがて人類は神との和解に至る。

「ナチ・ドイツ」を題材とした作品群を眺めたとき、そこにはある一つの視点が明示的あるいは暗示的に通底しているのを見逃すことができない。それはナチズムを、いわゆる「闇教育（schwarze Pädagogik）」なるものと結びつけて語る視点である。「闇教育」のモチーフは二〇一〇年に作品賞金賞を受賞したミヒャエル・ハネケ監督の《白いリボン》において、正面から主題化された。連邦政治教育センターが発行する『映画ノート』では、《白いリボン》を取り上げるに際して、「闇教育」をめぐる諸概念に関して次のような解説を施している。

それによると、「闇教育」とは「強い操作的性格と暴力的性格」を有した教育方法のことであり、「否定的」な意味を込めて使われる。この言葉を最初に使用したのは、カタリーナ・ルーチュキーという社会学者である。一八世紀以降、子供をコントロールするために「屈辱」を与えるという方法を意識的に使用する教育方法が推奨され、この方法によって「子供が自己の内的な衝動から遠ざかり、命令を受け入れやすくなる」と考えられた。こうした「屈辱」は基本的に罰として与えられるが、その場合は罰が子供のためであることが強調され、ときに罰を下される子供の側よりも罰を下す親や教師の側の痛みの方が強調されたりもする。

加えて『映画ノート』が着目するのは、「権威主義的性格（der autoritäre Charakter）」という心理学的概念である。この概念は、人間をファシズムへと走らせるものは何かという問いの中で繰り返し論究されてきた。この性格を有する者はファシズムのプロパガンダを受け入れやすい傾向にあり、「偏見」「大勢への順応」「権威への服従」「破壊性」「異人や異文化の拒絶」という特徴を持つ。「権威主義的性格」の根底にあるのは「力への志向」である。「権威主義的性格」を有する者は、「権力者と同一化」することによって自身の「無力さや無意味さ」を補填し、「権威への隷属」を希求すると同時に自分自身が権威となって他者を思いのままにすることを望む。またエーリッヒ・フロムによれば、そのさらなる根底には「自身の本来の自由と向き合うことのない無力さ」が潜んでおり、それゆえに「責任と自己決定」から逃れて「権威を志向する」のだという。

「権威主義的性格」および「闇教育」という概念によって『映画ノート』が示そうとしているのは、「闇教育」によって子供の中に「権威主義的性格」が形成され、これによってファシズムへの通路が開かれるという一つの理路である。例えば、ヴィルヘルム・ライヒによると、父親を家長として家族がそれに追従するような家庭は、人々が全体主義的秩序に隷属するようなファシズム国家が形成される上で、それを支えるための有効な基礎となり得るという。またアドルノの研究協力者であるエルゼ・フレンケル＝ブルンスヴィックによれば、権威主義的性格の傾向を示す人は、「硬直した規則と行儀作法を伴った家庭内の厳しい規律」を「威嚇的・専横的に」押し付けられてきたケースが多い。要するに、家父長的な環境の中で「闇教育」が行われる家庭では、「権威主義的性格」を有した人物が形成され、そうした家庭が基盤となってファシズム国家を下から支えるということが強調されるのである(13)。

以上のように《白いリボン》を扱った『映画ノート』では、「闇教育」からファシズムへの道筋が示される。そして、本章が着目するのは、こうした理路がナチ・ドイツを題材とする一連の受賞作において、ナチズムを描く上での共通の視点として内在している点である。そこで本章では、「ナチ・ドイツ」に加えて「闇教育」という視点からも分析考察を行っていくことになる。

本章では、二〇〇〇年代のドイツ映画賞作品賞を受賞した作品のうち、ナチ・ドイツを主要な題材とする映画として六作品を取り上げる。それらを「闇教育」との連関において精査するなら、旧いドイツとの「和解」という観点で捉えることができる。各作品の中では「教育する者」と「教育される者」との衝突が描かれ、それは旧いドイツと新しいドイツの衝突として理解することができる。教育する者は父権的、教条主義的、権威主義的なキャラクターを備えており、その者たちは多かれ少なかれナチの台頭に関わった世代の人々から、そのイメージにおいて切り離すことができない。それゆえ、映画の中の「教育する者」は旧いドイツを代表象する存在と言える。他方、「教育される者」は、そうした世代に対してプロテストを行うより若い者たちの世代である。それゆえ、こちらは新しいドイツを代表象する存在である。

旧いドイツ・新しいドイツという区分は、必ずしも世代によってきれいに分かれるものではなく、それぞれの登場人物の中にも旧いドイツと新しいドイツとが混在する。こうした旧いドイツと新しいドイツとの衝突を映画は描き出すが、最終的にそうした衝突は映画の中で和解へと至る。衝突と和解という一連の物語内容を〈ドイツ人のディアスポラ〉という戦後ドイツの伝統的なビッグ・モチーフに即して精査するなら、自身の地理的・精神的故郷を失った登場人物がやがて再び自身の〈ホーム〉に気づく物語、あるいは〈ホーム〉へと帰る物語になっていることが分かる。このことは、前章で扱った「移民の背景を持つ者」もそうであったように、二〇〇〇年代の受賞作全般に共通する傾向である。

1 《名もなきアフリカの地で》(二〇〇二年/金賞) ——故郷の再認——

あらすじ

レートリッヒ家はドイツに暮らす裕福なユダヤ系ドイツ人の一族である。一九三〇年代の後半、ナチ政権下のドイツにおいて、迫害の魔の手はレートリッヒ家にも及んでいた。ヴァルター・レートリッヒは弁護士としての活動を禁じられ、ヴァルターの父マックスが経営していたホテルも廃業を命じられた。ナチ政権の危険性を誰よりも強く感じ取っていたヴァルターはいち早くアフリカのケニアに亡命し、家族を呼び寄せる準備を始める。しかし、他の家族にはヴァルターほどの危機感はない。ヴァルターの妻である主人公のイエッテル・レートリッヒも不安を感じているとはいえ、ドイツにおいて相変わらずの優雅な生活を謳歌していた。

他方、先にケニアに渡ったヴァルターの生活は厳しい。ヴァルターはケニアのロンガイという地で、イギリス人のモリソンから農場の管理を任されていた。慣れないアフリカの地で、頼みの綱は同じユダヤ系ドイツ人のズュースキントである。ズュースキントは今よりもまだ規制が緩かった一九三三年にアフリカにやって来た。食料品の差し入れなど、彼は何かとヴァルターの暮らしを助けてくれる。そして、アフリカの地においてかけがえのないもう一人の人物が、現地のケニア人オウアである。彼は、コックとしてヴァルターの家に従事していた。ヴァルターは言う。この地で賢いのはオウアである、と。彼は敬意を込めつつも、隠しきれない失意と共に自分が使用していた弁護士用の黒いローブコートをオウアにプレゼントする。

一九三八年四月、ついにイエッテルは娘のレギーナを連れて夫ヴァルターのいるケニアへと渡る。久しぶりの再会を喜ぶものの、イエッテルとヴァルターの現状認識の違いがすぐに表面化する。ヴァルターとしては、もはやケニア以外に自分たちの暮らすところはない。だから、彼は積極的に現地の人々との交流を試みる。けれども、イエッテルはとてもケニアで暮らす気にはなれなかった。そもそもイエッテルにはケニアで暮らす覚悟がない。彼女はケニアに来るにあたって冷蔵庫を買ってくる約束だったのに、その金でドレスを買っていたのである。これがすべてを物語っていた。イエッテルの心はドイツで優雅な生活を送っていたときのままであった。とはいえ、ヴァルターにとってもケニアでの生活はままならない。イエッテルに肉を食べさせようと狩りを試みるものの、上手くいかなかった。ドイツでは有能な弁護士であった自分が、ケニアでは役立たずの存在であることを思い知らされる。自身の不甲斐なさにヴァルターも苛立ちを募らせていく。ヴァルターとイエッテルの間にはいつの間にか溝が生まれていた。他方、まだ幼い娘レギーナは初めての経験に戸惑いつつも、見るもの聞くものすべてに偏見なく興味を示す。現地の言葉をすぐに覚え、オウアを初めとして現地の人々との交流を深めてゆく。レギーナは瞬く間にアフリカに順応していった。

イエッテルとヴァルターの心の溝が埋まらないうちに、第二次世界大戦が始まった。ドイツとイギリスは互いに敵国となり、イギリスの植民地であるケニアにおいてヴァルターたちは敵性外国人となってしまう。ヴァルター一家は収容され、イギリス軍の管理下での生活を余儀なくされる。イエッテルに変化が生じるのは、この時からである。すでにヴァルターはロンガイの地で就いていた農場管理人としての職を失っていた。ヴァルター一家が収容所を出るためには、新たな職を見つけなくてはならない。そこでイエッテルはナイロビのユダヤ人会に職の斡旋を頼む。ところが、虫のいい話であるとされ断られてしまう。そこでイエッテルは、自分の魅力に惹かれて近づいてきたイギリス兵と取り引きをする。ベッドを共にする代わりに、彼女は農場管理の仕事を紹介してもらうのである。

イエッテルは変わった。もはやかつてのお嬢さん気分のイエッテルではない。農場管理の仕事に自分の役割を見出せないヴァルターは、イギリス軍の仕事に就くためにナイロビに行ってしまう。娘のレギーナも全寮制の学校に入学し、農場を離れた。イエッテルだけが農場に残った。ロンガイの地からわざわざ訪ねて来てくれていたケニア人コックのオウアと協力しながら、また、たびたびレートリッヒ一家を訪れてくれていたズュースキントの助けを借りながら、イエッテルは逞しく農場を切り盛りするのである。

やがてドイツの敗戦によって戦争が終わった。ヴァルターは何度も考えた末、ドイツへ帰ることを決心する。時は一九四七年から一九四八年に変わろうとしていた。ヴァルターはイエッテルに説得を試みる。しかし、イエッテルとしてはドイツに戻りたくはない。転機となったのはバッタの大群が農場を襲った事件である。ナイロビに戻ろうとしていたヴァルターは危険を察知して農場に引き返す。ヴァルターとイエッテルは協力し合い、バッタを追い払うことに成功した。やがて二人の心の溝は埋まる。イエッテルはヴァルターと共にドイツに帰ることを受け入れ、映画は終局へと向かう。

主題展開

《名もなきアフリカの地で》が主題化するのは、「違い（Unterschiede）」を受け入れることの大切さである。イエッテルがケニアにやって来たとき、農場の雇い主であるモリソンが夫ヴァルターや現地のケニア人に対して取る横柄な態度を見て、イエッテルは体を強張らせた。イギリス人のモリソンはヴァルターが英語を理解しないにもかかわらず、一方的に英語でまくしたて、ヴァルターに井戸を掘るよう命令する。その有無を言わせない様子は「闇教育」の専横性を彷彿とさせる。ところが、一方でイエッテルがケニア人コックのオウアに対して取る態度は、本質的にモリソンの態度と変わらない。オウアがイエッテルの荷物の荷ほどきを手伝っているとき、オウアは現地の言葉をイエッテルに教えてくれようとする。しかし、イエッテルはそれを拒絶する。「あなたが私に話しかけたいなら、さっさとドイツ語を学びなさい。」そう言ってイエッテルはオウアが現地語で言った言葉をドイツ語で言い直す。《名もなきアフリカの地で》に内在する「学び（lernen）」というモチーフがここに浮かび上がる。

夫のヴァルターはそうしたイエッテルに向かって注意する。「オウアに対する君の接し方は、君が決して一緒にされたくはないと思っている今のドイツの連中のことを僕に思い起こさせる。」要するにヴァルターは、オウアに対するイエッテルの態度が、ナチの連中が取っている態度に通ずるものがあることを示唆するのである。一方、娘のレギーナは偏見なくアフリカの文化に溶け込み、様々なことを学んでいく。彼女はアフリカの言葉を学んだ。先祖崇拝の生贄の風習を学んだ。自分たちの命が他の命を奪うことによって保たれていることを学んだ。つまり、生と死を学んだ。反対にアフリカの人々もレギーナから様々な知識を学ぶ。彼女はケニアの子供たちに天使と悪魔の物語を教える。レギーナとアフリカの人々との交流は、「教える者」と「学ぶ者」とが随時入れ替わる相互的な教育関係にあった。物語の終盤においてオウアがヴァルターの家を去るとき、オウアはヴァルターに向かって言う。「私はあなたからたくさんの言葉を学んだ。」これはオウアがヴァルターにかけた最後の別れの言葉であり、「学び」という映画のモチーフをよく体現している。当初はアフリカでの生活を受け入れなかったイエッテルもやがて現地に溶け込み、相手を尊敬し、様々なことを学んでゆく。そうして、彼女が言ったのが次の言葉であった。「私がここで何かを学んだとすれば、それはこういう違いがいかに大切であるかということよ。」こうして「学び」というモチーフの積み重ねの上に「違い」という主題がイエッテルの口から明示的に発せられるのである。

メディア論的考察

こうした「違い」という主題をメディア論的な視点から眺めるなら、それがイエッテル自身のナショナル・アイデンティティの問題へとつながっていくことに気づく。「違い」の大切さをイエッテルが学んだのはアフリカの人々との交流を通じてだが、その「違い」の観念の実際的な適用はもっぱら自分たちのアイデンティティの問題へと向けられる。娘レギーナは言う。自分たちは「本当のユダヤ人(richtig jüdisch)」ではない、と。映画の中では、ヴァルター一家がユダヤ的な暮らしを送っていないことがときおり示唆される。卵ばかりの食事に飽き飽きしたとき、ユダヤ教の慣習にはそぐわないはずなのにイエッテルは肉が食べたいと叫んだ。アフリカに来たばかりのとき、ズュースキントの祈りの歌を聞いたイエッテルは、最後にこの歌を聞いたのがいつであるかを思い出せないと言った。ヴァルターにいたっては、神がいなくて困ると思ったことはないとまで言う。イエッテルやヴァルターにとって「ユダヤ的なもの」は人生において大きな役割を果たしていなかった。むしろイエッテルにとってのアイデンティティは「ドイツ人」であることだった。イエッテルは言う。「人々が単にドイツ人であり得るように、私たちはドイツ人である。ドイツの文化や言葉は、常に私たちの故郷(Zuhause)だった」、と。もちろん、すべてのユダヤ人がイエッテル夫婦と同じというわけではない。叔父や叔母のようにユダヤ教の戒律に従って暮らしているユダヤ人もいる。ズュースキントのようにアフリカを自分の「故郷(Zuhause)」と呼び、ユダヤ人であることに自身のアイデンティティを見出す者もいる。同じユダヤ人でも違いがあり、その「違い」が大事であると映画《名もなきアフリカの地で》は語る。

こうした映画の主張は、ドイツ・アイデンティティの探求を人々に促すことにつながる。とはいえ、そうしたナショナル・アイデンティティの探求が映画において単なる郷愁と結びついているわけではなく、一定の倫理性の中に求められていることに注意しなくてはならない。ヴァルターはドイツに帰りたがらないイエッテルを説得するにあたって次のように述べる。「僕は法律家だ。僕は自分の仕事を愛している。そして、僕は不遜な考えを抱いている。この新しいドイツにおいて自分が役に立つのではないか、と。」そうしたヴァルターのことをイエッテルは「とてつもない理想主義者」と非難するが、ヴァルターは理想主義とは罵りの言葉ではなく、「人間性への信頼」を表した言葉だと反論する。ドイツに帰りたいというヴァルターの思いは、このように単なる郷愁に基づいているわけではなく、「新しいドイツ」の再建を通じた職業的使命感やヒューマニズムに基づいていることが示される。すなわち、ヴァルターにおいてドイツ・アイデンティティの探求は、単なるナショナリティを超えた普遍的な倫理性の中にこそ求められているのである。こうして、映画《名もなきアフリカの地で》においては、ナショナル・アイデンティティが普遍的な倫理性の中に見出されることによって、旧いドイツとの和解への道が示される。

以上のように《名もなきアフリカの地で》がドイツ・アイデンティティの探求を促していることを踏まえれば、こうした映画のメディア論的な主張は、〈ドイツ人のディアスポラ〉という戦後ドイツのビッグ・モチーフとよく馴染むことにも気づく。祖国ドイツを去り難民としてアフリカに移り住んだヴァルター一家は、身体的にも精神的にもまさしく故郷を失ったディアスポラの状態にあった。ヴァルターたちは、異国の地アフリカで見事に根を下ろしたかに見えたが、結果的にドイツへと帰国する。ヴァルターは述べる。「この国（Land）は僕たちの命を救った。しかし、ここは僕らの国ではない。」こうしたヴァルターの言葉は、精神的な故郷喪失をよく体現している。「移民の背景を持つ者」を扱った二〇〇〇年代の受賞作がそうであったように、《名もなきアフリカの地で》は、自身の〈ホーム〉が何であるかを再認し、自身の〈ホーム〉に帰る物語であったと言える。またこのような理解は、原タイトルの意味を解き明かすことにも役立つ。「ここは僕らの国ではない」というヴァルターの言葉を、映画の原タイトル「アフリカのどこにもない（Nirgendwo in Afrika）」と照らし合わせるなら、自分たちの〈ホーム〉は「アフリカのどこにもない」、すなわちドイツにしかないという意味に解すことができるだろう。

2　《ベルンの奇蹟》（二〇〇四年／銀賞）——戦後の世代間葛藤——

あらすじ

時は一九五四年、サッカーW杯、スイスのベルン大会が開かれた年の出来事である。この大会においてドイツ代表チームは、「ベルンの奇蹟」というタイトルどおり、奇蹟の優勝を遂げることになる。

主人公のマティアス・ルバンスキーはサッカーとウサギを愛する心優しい少年であった。父のリヒャルトは戦争に行ったまま帰らない。マティアスは母クリスタ、兄ブルーノ、姉イングリッドと一緒に暮らしている。父がいなくなってから、母のクリスタはバーを経営し、一人で子供たちを育ててきた。今では姉のイングリッドが母親のバーを手伝うようになっている。マティアスもタバコを売って家計に貢献していた。兄のブルーノは定職に就くのを好まない。彼はバンドマンだった。父のいないマティアスが父のように慕っていたのは、ヘルムート・ラーンという地元エッセンのサッカー選手である。ラーンはW杯ナショナル・チームの代表選手でもある。マティアスはラーンのことを「ボス」と呼び、彼の付き人を務めていた。ラーンはマティアスのことを勝利の「マスコット」と呼んだ。

そんな中、家族に大きな変化が起こる。父のリヒャルトが約一一年以上に及ぶ長い抑留生活を経て、ソ連から帰ってきたのである。末っ子のマティアスは父リヒャルトが出征してから生まれた子である。だから、リヒャルトが息子マティアスと会うのは初めてだった。父リヒャルトにとって家族との再会は嬉しいことのはずである。しかし、リヒャルトには今の家族のあり方が大いに不満だった。妻のクリスタがバーを経営していること、娘のイングリッドがそれを手伝うこと、息子のブルーノが定職につかずにバンド音楽をやっていること、多くのことがリヒャルトには気に入らない。一方、子供たちにとっても父はただ厳しくて横暴な存在に感じられた。父と子供たちはなかなか打ち解けることができないでいた。

W杯が始まった。町中がW杯の結果に一喜一憂し、お祭り気分に包まれる。しかし、父リヒャルトはそんな気分になれない。彼は以前のように自分が働いて家族を養いたいと考える。彼は炭鉱マンである。しかし、以前と同じようにはいかない。リヒャルトは戦争のトラウマのため、岩を砕く音に発作を起こしてしまうのである。彼はもはや昔のようには働けない体になっていた。そんなリヒャルトは、ますます子供たちに厳しく接する。子供たちが口答えをすればたびたび暴力をふるった。それまでは父親の愛情に対して淡い期待を抱いていたマティアスも、父が帰ってこない方がよかったとまで思うようになる。とはいえ、父が家族に対して愛情を持っていないわけではない。妻クリスタの誕生日に肉料理を振る舞い、家族それぞれにプレゼントも用意する。マティアスはサッカーボールをもらった。ところが、その振る舞われた肉はマティアスが可愛がっていたウサギの肉であった。マティアスは大きなショックを受ける。父リヒャルトの行動は空回りしてばかりだった。この一件で兄ブルーノは父との口論の末、家を出る。彼は東ベルリンに向かった。

父リヒャルトは変わりたいと思った。実はサッカーが得意であったリヒャルトは、マティアスたちが使っていたサッカーボールを見かけると、それをリフティングし、オーバーヘッドでゴールを決める。彼の心は決まった。リヒャルトは捕虜時代の体験を家族に話す。少しずつ彼の心は安らいでゆき、家族との溝も埋まっていった。

まだ夜が明ける前、リヒャルトは寝ていたマティアスを起こし、借りてきた車に乗せた。二人が向かった先はスイスのベルン、W杯決勝の試合会場である。ドイツの代表チームはトーナメントを勝ち抜き、四年間の無敗を誇るハンガリーとの決勝戦を控えていた。やがて決勝が始まる。戦略家の代表チーム監督ヘルベルガーが期待していたように天候は雨である。マティアスは勝利の「マスコット」となるべく会場へと急ぎ、やがて映画は終局へと向かう。

主題展開

映画《ベルンの奇蹟》が主題化するのは、父と子の葛藤と和解である。約一二年に及ぶ捕虜生活を終えて帰還したとき、久しぶりに再会した子供たちは戦前の価値観を引き継ぐ父リヒャルトにとって望ましい姿には成長していなかった。リヒャルトにとって望ましい父と子の関係は、「服従、厳格、規律」[14]といった言葉によって言い表すことができる。父親は子供に対して規律を要求し、その規律を子供は厳格に守らねばならず、子供は父親の言いつけに絶対的に服従するべきであって口答えは許されない。

映画の中でのリヒャルトは、子供たちに様々な規律を要求する。リヒャルトとしては大人同士が会話をしているとき、子供は勝手にその会話に入ってきてはならない。映画の中では父と母の会話に参加した長男ブルーノは、聞かれたことだけに答えるようにと強い口調で叱られてしまう。娘のイングリッドは、ダンス・パーティーで兵隊と踊っていただけなのに、色気づくなと怒られた。イングリッドが釈明をしようとしても、父の家で暮らすなら父の決めた規則に従えと頭ごなしに叱られてしまう。末っ子のマティアスの場合は、W杯の試合にラーンが出られるようにと教会で祈りのローソクを捧げたことが原因で叱られた。リヒャルトには、マティアスの行為が教会を冒瀆していると感じられたのである。マティアスは自分の思いを伝えようとするも、顔を叩かれてしまう。この一件でマティアスは家出を試みるが、見つかって連れ戻され、外出禁止を命じられた。マティアスのウサギをリヒャルトが調理してしまった件で兄のブルーノが意見しようとしたときも、リヒャルトはブルーノの顔を叩き、ただ服従だけを要求した。

以上のようなやり方に関して、リヒャルト自身に悪意はない。リヒャルトにとってそのような教育方針は常識であり、子供が逞しく成長するためでもあった。ただ長年の抑留生活が彼の厳しさを増幅させたのも確かである。しかし、いずれにしても子供たちにとってはそうしたやり方は受け入れられない。父の振る舞いは単に横暴であるとしか感じられなかった。リヒャルトのやり方は「闇教育」そのものであると言ってよい。

自分は間違っていたとリヒャルトが認めるにいたる経緯には、いくつかの段階がある。長男のブルーノが出て行ってしまったこと。自分がサッカーでオーバーヘッドキックを決めたこと。けれども、彼の気持ちに直接変化をもたらした最も大きな要因は、リヒャルトが自分の捕虜時代の体験を自ら家族に対して語ったことだろう。彼は自分の中の苦しみと向き合ったのである。そして、自分の苦しみを通じて他者の苦しみを感じることができたのであった。リヒャルトがマティアスを殴ったとき、彼は「ドイツの男の子は泣いたりしない」と言った。この言葉はリヒャルトの教育方針の厳しさをよく言い表している。しかし、映画の終局においてリヒャルトが長男ブルーノからの手紙を読んだとき、リヒャルト自身が泣いてしまう。このときマティアスは父に対して「ドイツの男の子だってときどき泣いても構わないんだよ」と声を掛ける。父と子の葛藤はこの場面において完全なる和解に至ったと理解してよい。

メディア論的考察

《ベルンの奇蹟》が描き出す親子のそうした葛藤物語をメディア論的な視点から眺めるなら、どのようなことが言えるだろうか？　着目すべきは、ウサギの一件でリヒャルトと長男ブルーノが口論になったとき、ブルーノは父の態度がナチから「教わった（beigebracht）」ものであるかのように皮肉った点である。すなわち、映画は「闇教育」のモチーフを用いながら、父親たちの存在をナチと結びつけたのである。《ベルンの奇蹟》を取り上げた『映画ノート』は、リヒャルトと子供たちとの関係を戦後のドイツが抱えた「世代間葛藤[15]」の問題一般と重ねる。特に父親に対して政治的な批判を行った長男ブルーノは、六八年世代の先駆けであると見なされた。六八年世代は、ナチの問題について親世代が「沈黙」を通したことに関しプロテストを始めた世代である。政治性を含んだ長男ブルーノの父親に対する批判的態度は、非常に厳しい。とはいえ、東ベルリンに渡ったブルーノが残した手紙によって、リヒャルトとブルーノとの関係は最終的に和解へと至る。したがって、映画のメディア論的な主張は、《名もなきアフリカの地で》と同様に、旧いドイツと新しいドイツとの「和解」であったと言うことができるだろう。

ドイツ代表チームの監督ヘルベルガーは、そうした旧ドイツの父親像に対して対抗的なモデルを提供する。ラーンを含む三人の選手が規則に違反して飲酒をしたとき、ヘルベルガーはどのように対応するべきかについて悩んだ。そんなとき、ヘルベルガーにヒントを与えてくれたのは、宿泊しているホテルで清掃業務を行っていた年配の女性従業員である。その女性とヘルベルガーが子供は何人いるかという話になったとき、ヘルベルガーは二二人と答えた。この人数はドイツ代表チームの選手の人数である。ヘルベルガーと選手たちとの関係が、こうして親子関係に比せられる。ヘルベルガーとしては問題を起こす子供（＝選手）ほど可愛い。しかし、だからこそきちんと罰を与えなければならない。ヘルベルガーはそう考えた。ところが、その女性従業員は「あなたは今ドイツにいるのではない」と言う。可愛いからこそ罰を与えなければならないという発想は「闇教育」そのものの考え方であり、この会話の流れは、明らかにそうした闇教育の発想とドイツとが結びつけられている。その女性は言う。常に罰を与える必要はなく、機が熟すのを待てばよい。「ボールは丸く、試合は九〇分続く」という言葉をヘルベルガーは記者会見の中でたびたび使うようになるが、この言葉はこの年配の女性が言ったものであった。女性の言葉は人間性への信頼を表したものであり、ヘルベルガーはこの言葉によって選手への信頼を示したのだった。「機が熟すのを待つ」、『映画ノート』では、この精神が「思慮と呑気（Bescheidenheit und Unbekümmertheit）」という言葉によって特徴づけられ、第二次世界大戦のときにドイツ国民によって称揚された「規律」や「団結」と対置させられている。[16]

〈ドイツ人のディアスポラ〉というビッグ・モチーフに関して言えば、父リヒャルトは抑留生活にあったときはもちろん、ドイツに帰還した後も自分の家族の中で精神的なディアスポラの状態にあったと言える。長い捕虜生活を終え〈ホーム〉に戻ってきたはずのリヒャルトであったが、まだ〈ホーム〉に辿り着いてはいなかった。リヒャルトには戦争のトラウマがあり、「国を廃墟へと追いやった権威主義的な悪習」[17]が彼には残っていた。「闇教育」のモチーフと考え合わせるなら、リヒャルトの権威主義的な振る舞いは刷り込まれたのであって、彼の人格そのものに由来するわけではない。子供たちとの和解が成立し、リヒャルト本来の姿を取り戻したとき、彼はようやく〈ホーム〉へと帰還したのだと言える。

3　《白バラの祈り》（二〇〇五年／銀賞）——天上への回帰——

あらすじ

ゾフィー・ショルとハンス・ショルの兄妹は共にミュンヘン大学に通う学生である。二人にはある秘密があった。「白バラ」というナチ抵抗運動を行うグループの一員だったのである。「白バラ」の主な活動は反ナチのビラを人々に配布することであった。

あるとき、ハンスはミュンヘン大学の構内でビラを配ることを提案する。それはとても危険な行為であり、「白バラ」グループの仲間たちは強く反対した。昼間の大学には監視員がいて、不用意に行動すればすぐに見つかり、捕まってしまうからである。しかし、ハンスとしては学生たちの間に反ナチの気運が高まっているこの機会を逃したくはない。ハンスは他のメンバーに迷惑がかからないよう一人で実行することを提案するが、ゾフィーが自ら手を挙げ兄ハンスと行動を共にすることとなった。

明くる日、ショル兄妹は大学でのビラ撒きを決行する。一九四三年二月一八日のことである。決意を固めた二人が家を出ると、外は太陽の光がまばゆかった。何だか良い兆候のように思え、空を見上げたゾフィーは思わず微笑む。大学に着いた二人は採光吹き抜けホールにやってきた。授業中のため学生は誰もいない。一階と二階にビラを置いて回り、帰ろうとするが、まだトランクにはビラが残っている。そこで二人は急いで三階へと駆け上がり、焦る気持ちを抑えながら欄干の上に残りのビラを置いた。授業終了の知らせを告げるベルが鳴り響く。するとゾフィーは一瞬の思案の後、ビラの束を勢いよく宙に向かって押し出した。採光吹き抜けホールの中をビラが舞い、教室から出てきた学生たちの足元に散らばる。二人はその場をさりげなく立ち去ろうとしたが、大学の用務員に見つかってしまった。二人はゲシュタポに連行され、取り調べを受けることになる。

ゾフィーの取り調べを担当したのは、ゲシュタポのロベルト・モーアという人物である。彼の追及はとても厳しい。それでもゾフィーは機転をきかせた返答でモーアの追及をかわし、何とか釈放の寸前までこぎつけた。しかし、ゾフィーは呼び戻され、より本格的な取り調べが始まることになる。モーアはゾフィーに様々な証拠を突きつけてくる。大量の切手、ビラの草稿、クリストフ・プロープストからの手紙、アトリエの指紋、そして兄ハンスの供述書。ハンスは行為を自供したのであった。ゾフィーは観念する。ビラ撒きが自分たちの行為であることを認めたのである。他のメンバーに追及の手が向かわないよう、ゾフィーはすべての罪を自分と兄でかぶろうと考えた。

ゾフィーの取り調べは、その性質を変化させる。それは取り調べというよりも、モーアの世界観とゾフィーの世界観との対決だった。例えば、社会の秩序を保つために必要なのは「法律」か、それとも「良心」か。ヒトラー政権は自由と名誉と繁栄をもたらす政権なのか、それとも大量の殺戮を行う政権なのか。新しいヨーロッパは誰が作るのか。価値のない命というものがあるのか、ないのか。そして、神は存在しないのか、それとも神は一つの現実なのか。ゾフィーとの対決において、モーアは民族社会主義のイデオロギーに対する確信を徐々に揺さぶられていく。モーアとしては優秀なゾフィーを何とか救いたいと考えていた。しかし、ゾフィーが自分の「理念（Idee）」を捨てることはない。諦めたモーアは取り調べの終了を告げる。

すぐさま裁判が始まった。「自由」という言葉を書き残してゾフィーは裁判へと臨む。裁判においてもゾフィーは臆することなく自分の理念の正しさを訴えた。裁判の傍聴人たちがゾフィーの言葉に動揺する。ゾフィーには計算があった。公開裁判でゾフィーの言葉を聞いた学生たちが立ち上がるかもしれない、と。たとえ有罪になっても、刑の執行までは九九日間の猶予がある。その間に連合軍がドイツを倒し、自分たちは解放されるかもしれない、と。しかし、ゾフィーの期待も空しく裁判と同日にゾフィーたちは処刑されることが決まった。処刑場へと向かう途中、まばゆい太陽の光が再びゾフィーを照らす。ゾフィーはその光を心地よさそうに浴び、映画は終局の場面へと移っていく。

主題展開

ナチ抵抗運動を行った「白バラ」は、かつてナチ政権下のドイツに実在したレジスタンス・グループで、「良い方のドイツ」[18]という呼び名でも知られる。映画の原タイトルである「ゾフィー・ショル」も兄のハンス・ショルも実在の人物で、二人がミュンヘン大学でビラを撒いたのも実際に起こった出来事に基づいている。また、原タイトルに付された「最期の日々」というサブタイトルは、ショル兄妹が一九四三年二月一八日に逮捕され、それから数日のうちに処刑されてしまった歴史上の出来事を言い表したものである。

《白バラの祈り》の主題は「自由」である。この主題はゾフィーの生き様そのものに体現されていると同時に、モーアとの対決の中で言語化もされている。例えば、「法律」か「良心」かをめぐる議論においてモーアとゾフィーが問おうとしたのは、自由の是非であった。モーアとしては、勝手な言動を取り締まる法律が無ければ犯罪のカオスになってしまい秩序が保たれない。だからこそ、民主主義的な自由に反対する。一方、ゾフィーとしては法律とは元来、言論の自由を守るべきものである。そもそも法律は時代によって変わるゆえ、人間が依拠するべきものは時代に左右されることのない「良心」でなければならない。「白バラ」の精神はときにカントの「定言命法」[19]と関連づけて語られることがあるが、カント的な実践哲学の文脈において道徳的であることは、意志が自律的で自由であることと同義である。

裁判前夜に見たゾフィーの夢では、「自由」が直接的に焦点化される。その夢の中では大地の裂け目に落ちていく子供をゾフィーが助けるのだが、その子供をゾフィーは「理念」と呼んだ。ではどのような理念が救出されたのかといえば、その後にゾフィーが書き置いた「自由」という言葉から、ゾフィーが救ったのは「自由」の理念であったことが分かる。自由の理念を追求するゾフィーは、ナチからの圧力、死の恐怖、裏切りへの誘惑を寄せ付けず、その生き方そのものにおいて自らの自由を守ろうとした。それゆえ、ゾフィーの生き様は、自由を求めて自由を貫くという意味において、言わば自由の累乗の上に成り立つものとして描き出されていると言える。

《白バラの祈り》が主題化する「自由」の理念は、もっぱら人間の道徳的・政治的な領域において追求され得るものである。しかし、そうした自由が物語上、宗教的なモチーフによって裏側から補完されていることも見逃してはならない。尋問の中で、モーアが命の価値を判定する自由が自分たちにあることを主張する場面がある。ゾフィーの主張としては、そうした判断が許されるのは神だけであり、命の価値を判定する自由を人間に認めるわけにはいかない。要するに、人間の領域とは別に神の領域が存在することを映画は示唆している。たびたび登場する窓の表現は、そうした人間の領域と神の領域とを同時に体現していると言ってよい。ゾフィーが眺める窓の外は、やがてドイツを解放することになる連合軍が空襲を行う現実世界であり、またゾフィーが神に祈りを捧げる天上世界でもある。

重要なのは、この二つの領域が互いに隔絶しているわけでなく、ゾフィーの主張において媒介されている点である。ゾフィーの話は「現実（Realität）」に即していないと非難するモーアに対して、自分はまさに「現実性（Wirklichkeit）」の話をしているのだとゾフィーが反論する場面がある。「現実性」とは、その事物が活動することにおいてその本性が実際に表れ出ていることを意味する。この「現実性」の例として提示されたのが、「礼節」「道徳」、そして「神」であった。すなわち、神の存在を怒りと恐れと共に否定するモーアに対し、ゾフィーは神が実際に現実世界に表れ出る存在であることを一種のレトリックを使って主張したのである。したがって、神が天上世界に留まるだけでなく現実世界に表れ出る存在であるということにおいて天上と現実の両世界は媒介されているということ、このことを映画は示唆していると考えてよい。

メディア論的考察

では、天上世界と現実世界を媒介する神の「現実性」が何であるかと言えば、その典型は神が人間の姿を伴って現実世界に表れ出た存在、すなわちイエス・キリストということになるだろう。《白バラの祈り》において極めて重要な点は、ゾフィーがイエス・キリストとそのイメージにおいて重ねられている点である。モーアがゾフィーを救い切れなかったとき、モーアは部屋の洗面台で手を洗った。この振る舞いは、新約聖書においてローマ総督ピラトが、イエスを救えずに有罪の判決を下すに際して自分に責任が無いことの意思表示として手を洗ったことと大いに重なり得る。要するにモーアは、目の前のゾフィーを神の子イエスであるかのように感じ、その者を有罪にすることに恐れを抱いたのだった。

ゾフィーにイエスが重ねられているという点に着目するなら、物語全体がキリスト教的な回帰の構造になっていることにも気づく。イエスとしてのゾフィーは、天上から遣わされ、自己犠牲によって人々を救い、そしてまた天上に帰ってゆく存在である。映画の序盤、ゾフィーがビラを撒きに大学へ向かうとき、まばゆい太陽の光にゾフィーが微笑んだ姿は示唆的である。処刑の直前に、「それでも太陽は輝く」という言葉を残してゾフィーが建物の外に出たとき、再び太陽のまばゆい光がゾフィーを照らし、そこでも彼女は微笑んだ。ゾフィーの活動は太陽の光と共に始まり、太陽の光と共に終焉を迎える。映画の中のゾフィーがたびたび窓の外の晴れた空に目をやることも示唆的であった。これらのことはすべて、ゾフィーが天上へ帰る存在として位置づけられていることを裏づけている。「白バラ」のビラが連合軍によって空から撒かれたという映画エンディングでのエピソードも、まるでイエス昇天後の「聖霊降臨」のようであり、ゾフィーが天上に帰ったことを印象づける。

以上の点において〈ドイツ人のディアスポラ〉というモチーフは、宗教的な意義を担う。神の子として遣わされたゾフィーは昇天し、再び〈ホーム〉としての天上に帰る存在である。ナチ政権下で苦しむ欧州の人々は、かつて楽園を追放されて故郷を失い未だに地上をさまよう人々である。そして、天上に回帰したゾフィーが空から地上にビラを撒くことによって、やがて地上における楽園が実現し、人々は再び〈ホーム〉を取り戻すのであった。

天上への回帰、楽園への回帰という物語構造が映画の中に潜んでいるのだとすると、《白バラの祈り》をメディア論的な視点から捉える場合、《名もなきアフリカの地で》や《ベルンの奇蹟》と同じように、それは旧いドイツとの和解を表現していると言える。モーアによるゾフィーの取り調べは両者の世界観の対決という様相をなしているが、実は旧世代による新世代の「教育」というモチーフがそこには潜在している。留置所においてゾフィーと同室のエルゼ・ゲーベルによれば、モーアの思惑はドイツの知識層を「再教育（umerziehen）」することにあった。ゾフィーたちを教育し直すことによって、ナチ政権に服従する人間、自己の自由な「良心」に従うのではなく、「規則」に盲従する人間を作ろうというのである。したがって、モーアの取り調べはファシズム国家にとって望ましい人間を育てるという意味において「闇教育」のイメージを担っている。モーアは述べる。自分たちと同じように考えられないのは「間違った教育」のせいであり、「自分に娘がいればもっと違うように教育した」、と。しかし、モーアの「闇教育」は成功しなかった。むしろ教え諭されたのはモーアの側であった。イエスのイメージをまとうゾフィーは、自己犠牲によって人々を救済する存在である。救済される者の中にはこのモーアをはじめとする旧いドイツに属す人間たちも含まれると考えてよい。取り調べの中で、モーアとゾフィーは「新しい欧州」を誰が作るのかという点において争っていたが、《白バラの祈り》がメディア論的に表明するのは、「新しい欧州」を作る上での旧いドイツと新しいドイツとの和解であったと言える。

4　《四分間のピアニスト》（二〇〇七年／金賞）——自己回帰する天才——

あらすじ

主人公のトラウデ・クリューガーは高名な女性ピアニストである。演奏家である一方で、彼女は女性刑務所のピアノ教師でもあった。彼女が六〇年もの間、刑務所のピアノ教師を務めてきたのには理由がある。その刑務所の建物は、かつてナチが管理する国防軍の病院で、クリューガーは若い頃そこで看護師として勤労奉仕活動を行っていた。その当時、彼女には恋人がいた。その病院で同じ看護師として働く同僚の女性である。クリューガーがずっとピアノ教師を務めてきたのには、どうやらその辺に秘密があるらしい。

あるとき、ジェニー・フォン・レーベンという新入りの受刑者がクリューガーからピアノのレッスンを受けることになった。けれども、ジェニーの態度が悪いため、クリューガーはレッスンを拒否する。すると、ジェニーは怒り始めた。看守のミュッツェがなだめようとするもののジェニーは暴れ出し、ミュッツェに大怪我をさせてしまう。その場を立ち去るクリューガーであるが、やがて後方からテンポの速いトランス・ミュージック風のピアノ音が鳴り響いてくる。クリューガーはそのピアノの技術に驚き、足を止めた。

クリューガーによる本格的なレッスンが始まる。ジェニーには、天から賜った才能を伸ばす義務があるとクリューガーは考えていた。ジェニーの方にもピアノをどうしても弾きたいという気持ちがある。クリューガーはレッスンを行う条件としてジェニーに「恭順」を求め、ジェニーもそれを受け入れた。しかし、コンクールへの出場という条件は、ジェニーにとってなかなか受け入れ難いものであった。幼い頃ジェニーはピアノの英才教育を受け、いくつものコンクールに出場して入賞した経験もある。ジェニーの言葉によれば、彼女の養父はジェニーを「モーツァルト」にしようとしていた。ところが、十二歳のときジェニーはその養父から陵辱される。だからこそ、ジェニーとしては、忌まわしい記憶と結びついたコンクールには決して出たくない。

それでもジェニーは、クリューガーのレッスンを受けることになった。ピアノを弾きたいという気持ちが、コンクールに出たくない気持ちを上回ったのである。しかしながら、ジェニーのレッスンには様々な障害が付いて回る。特にジェニーが熱心にピアノに取り組むのを快く思わない刑務所の受刑者たちは、ジェニーに様々な嫌がらせを仕掛けた。そして、それを裏で仕切っていたのが看守のミュッツェである。ミュッツェはジェニーから暴行を受けた恨みと尊敬するクリューガーをジェニーに独占されていることの妬みから、ジェニーに執拗な嫌がらせを繰り返す。またクリューガーは、ジェニーがクラシック以外の音楽を弾くことを認めない。ジェニーは現代風の音楽を好んだが、そうした音楽をクリューガーは人種差別的な言葉を用いて侮辱する。ジェニーにはそれが理解できなかった。

様々な困難があるものの、ジェニーはコンクールでの入賞を目指してクリューガーと共に練習を進めていく。一次予選、二次予選を通過していくうち、二人の距離も少しずつ縮まっていった。ジェニーと共に時間を過ごす中で、クリューガーはジェニーの苦しみを知ることにもなる。ジェニーはかつて子供を流産した経験があった。刑務所が彼女に十分な措置を与えなかったのである。またジェニーが本当は殺人犯でなかったことを、クリューガーは養父から聞き知ることにもなる。父親を殺した恋人の身代わりとして、無実のジェニーが服役していたのだった。

コンクールに向けて練習を積み重ねていたジェニーだが、ミュッツェが画策した嫌がらせによって彼女は暴行事件を起こしてしまう。これによってコンクール本選への望みは絶たれた。クリューガーとジェニーのこれまでの努力は、水泡に帰すと思われたが、あのミュッツェの手助けによって、クリューガーはジェニーを刑務所から連れ出すことに成功する。しかし、着替えのために立ち寄ったクリューガーの自宅で、養父の関与を疑ったジェニーは再び暴れ出す。クリューガーは自身の心の傷を打ち明け、才能を開花させることの使命をジェニーに説いた。

二人は何とか本選会場に到着する。ついにジェニーの番が回ってきたとき、警察がジェニーを捕まえにやって来た。クリューガーは演奏時間の「四分間」だけ待ってもらうようお願いする。ここに原タイトル「四分間」の意味が明かされる。やがてジェニーの演奏が始まった。最初、シューマンの美しいメロディーが流れるものの、すぐさま破壊的で超高速のコンテンポラリーな演奏へと変容する。愕然とするクリューガーであったが、演奏が終わると会場は大きな拍手に包まれた。その様子を見たクリューガーは、目に涙を浮かべながらジェニーに微笑みを送る。その微笑みを受け入れたジェニーは、クリューガーに向かって恭しくお辞儀をし、そこを警察に取り押さえられ、映画はエンディングとなる。

《四分間のピアニスト》が主題化するのは、「才能」というモチーフを通じて描き出される実存の問題である。このことは「ジェニー」という名前に予め内包されてもいる。ドイツにおいて「Jenny」という名前は、看守のミュッツェも最初そう呼んだように、「イェニー」と発音するのが一般的である。ところが、この映画では「ジェニー」という呼び名であった。「ジェニー」はアクセントの位置が違うとはいえ、「Genie」と同じ発音である。「Genie」は英語の「genius」に相当する言葉で、「天才」を意味する。だから、ジェニーという名前は、映画の主題を予め内に含んでいると言ってよい。

クリューガーがジェニーにレッスンを行おうと考えたのは、ジェニーに「天賦の才（Gabe）」を認めたからである。クリューガーにおけるこの言葉の使用法は、その伝統的なニュアンスを保持している。クリューガーは述べる。「神はあなたに何かを貸し与えたように見える」、だから、ジェニーには「自分の天賦の才を伸ばす義務」がある、と。ここでの才能は本質的にジェニー自身の所有物ではない。才能は神から与えられたもので、それを伸ばすのは義務であり、才能を開花させず放置しておくことは許されない。

同様の趣旨は、本選直前においてコンクールに出ようとしないジェニーをクリューガーが説得する際も繰り返された。クリューガーは、六〇年ほど前にかの刑務所と同じ場所で殺された同性の恋人に言及する。その上で、「彼女にも才能（Talent）があったかもしれない」「彼女は自分の才能を開花させることにすべてを注いだかもしれない」、と述べた。だからこそ、才能を無駄にしてはならない、才能を開花させることは「使命（Aufgabe）」、つまり天から与えられた任務であると説く。そして、ジェニーの「使命」はコンクールの本選に出場してピアノを弾くことだと諭した。

しかし、物語のエンディングを鑑みるなら、そうしたクリューガーの主張が否定されているのは間違いない。ジェニーは予定していたシューマンの演奏を中断し、コンテンポラリーな音楽を披露する。ジェニーがそのような態度を取った原因としては、現代音楽の価値を認めない偏狭なクリューガーや、シューマンを良い選曲だと言った養父に対する反発心もあっただろう。しかし、そこにあるのは単なる消極的な理由だけではない。かつてジェニーは、現代音楽の価値を人種差別的な言葉によって侮辱するクリューガーに反発し、現代音楽のことを「それは私のもの。それは私だ」と訴えたことがある。すなわち、ジェニーが自身の才能を駆使してピアノを弾くのは自己表現の一つであり、自分のためであって、誰かのための「使命」でも「義務」でもなかった。したがって、《四分間のピアニスト》が主題の展開を行って最終的に行き着いたテーマは、自身の才能を通じて自分を取り戻すという実存の問題であったと言える。

メディア論的考察

着目すべきは、そうした主題が「闇教育」の形態を通じて表現されている点である。クリューガーの指導方針は闇教育そのものと言ってよい。彼女がジェニーのレッスンを行うにあたって最初に提示した指導のルールは、「恭順」であった。クリューガーはジェニーに絶対的な服従を求め、手紙を食べるよう理不尽な要求をしたりもする。ジェニーが記者のために手錠をはめたまま現代風の音楽を披露したときも、クリューガーはジェニーの顔を平手で叩くという暴力を使った。

メディア論的な視点から眺めるとき、クリューガーがジェニーをいかなる理由において叩いたかがポイントとなる。クリューガーがジェニーを叩いた理由は、ジェニーが記者の好奇心に応えるべく軽薄にも手錠をはめたまま演奏したことにあるのではない。クリューガーが人種差別的な言葉を用いてその価値を否定する音楽をジェニーが弾いたからこそ、クリューガーはジェニーを叩いたのであった。クラシック音楽以外の価値を認めない点において、クリューガーは西洋古典音楽という権威に盲従し、異文化の価値を認めない「権威主義的性格」を持った人間として描き出されている。それゆえ、クリューガーがナチ時代のトラウマを抱えた人物として設定されていると同時に、「権威主義的性格」を持って「闇教育」的な指導を行う人物であるということは、物語の中で妥当性を有した人物設定であると言ってよい。

付け加えておくと、映画においてクリューガーは、かつてナチへの屈従を批判されたことのある音楽家フルトベングラーの弟子ということになっている。クリューガー自身もナチではないが、かつてナチの台頭を許した旧いドイツに属する人物の代表として描き出されている。また戦後のドイツにおいて「天才」の概念はヒトラーと結びつけられ、タブー視されることがあった。[20] この点においても「天賦の才」を重視するクリューガーは、旧いドイツに属していると言える。

思い起こせばクリューガーのそうした権威主義的なキャラクター設定は、車のラジオから聞こえてくるハードロック音楽をクリューガーがクラシック音楽に変更するという映画のオープニング場面においてすでに表現されていた。また、クリューガーがミュッツェの娘に「クニックス（Knicks）」という恭しく膝を曲げて行うお辞儀を要求したことも、彼女の「権威主義的性格」を表現する。であれば、クリューガーに対して「クニックス」を行うことを拒否していたジェニーが映画のエンディングにおいてクニックスを行ったことは、メディア論的に捉えるなら、旧いドイツとの和解が成立したことを意味していると考えてよい。

エンディングの場面を〈ドイツ人のディアスポラ〉というビッグ・モチーフの視点から眺めるなら、これまでの二〇〇〇年代の諸作品と同じように、《四分間のピアニスト》は〈ホーム〉を取り戻す物語であったと言える。受刑者であるジェニーは文字どおり〈ホーム〉を失っていたわけだが、あらゆる点において自暴自棄であったジェニーは、精神的にも〈ホーム〉を失っていた。ここでの〈ホーム〉は「私」、つまり自分自身であると考えてよいだろう。ジェニーは長い間、自分自身を失っていたのである。しかし、クリューガーとのピアノ・レッスンを通じて少しずつ自己を取り戻し始めた。とはいえ、自己の才能を伸ばすことを「義務」や「使命」と考えている限り、自己を取り戻すことはできない。現代音楽のことを「私」と呼ぶジェニーは、コンクールの本選で現代音楽を通じ自己表現を行ったことによって、ようやく〈ホーム〉としての自己を取り戻したのだと言える。

5　《ウェイヴ》(二〇〇八年/銅賞)——擬似ホームからの帰還——

あらすじ

高校で体育の教師を務めるライナー・ヴェンガーは、実習週間に本当は「無政府状態(Anarchie)」についての授業をやりたかった。しかし、希望に反して残念ながら「独裁政治(Autokratie)」を担当することになる。

月曜日。いよいよ実習週間が始まる。授業には様々な生徒が集まってきた。生徒たちにライナーが提示したのは、「ドイツにおいて独裁(Diktatur)はもはやあり得ないのか?」という問いである。ライナーは本当に独裁があり得ないかどうかを確かめるため、授業で実験的に擬似独裁体制を試みる。独裁にとって基本的な条件は何か? イデオロギー、支配、監視、不満。様々な意見が出たが、独裁のためには何よりもまず「指導者」を決めなければならない。

投票の結果、選ばれたのはライナー自身であった。彼は授業内の様々なルールを決める。まず自分のことを「ヴェンガー様」と呼ばせた。授業で発言するときは起立しなければならない。それには科学的な合理性もあるとされる。立てば血流が活発になり集中力が増すというのだ。発言の内容も短くまとめなければならない。とはいえ、ルールに従いたくない者もいる。しかし、ルールに従わない者に対してライナーは容赦しない。生徒に与えられる選択肢は単純である。ルールに従うか教室を出て行くかのどちらかである。そして、さらにライナーは生徒たちに問う。独裁が成立する上で必要なものは何か？　規律、高い失業率、社会的な不公平、インフレ、政治への幻滅、極端な民族主義など。生徒からは様々な意見が出た。

火曜日。実習週間の二日目。この日のテーマは「団結」。階下で授業を行っている嫌味な教師ヴィーラントを敵に見立て、団結して足踏みを繰り返す。その日は席替えも行った。勉強の得意な者とそうでない者とが隣同士になり、互いに助け合うのが趣旨だ。そうすれば自分たちはもっと「強く」なれる。では団結を認識するためには何が必要か？　それは画一化のための「制服」である。生徒たちは団結の印として白いシャツを着ることになった。

水曜日。生徒たちは白いシャツを着て登校する。ところが、別の色のシャツを着てくる者やコースを変更する者もいた。生徒たちの間で少しずつ温度差が生じてくる。この日はグループの名前を決めることになる。様々な意見が出た結果、投票によって「ウェイヴ（Welle）」になった。映画のタイトルはこれに由来する。またチーム名のロゴマークやホームページを作ることにもなった。クラスに強い仲間意識が出てくる。生徒の変化にライナーも喜ぶ。しかし、その一方でクラスに同調しない者を自己中心的と見なし、敵意を向ける傾向も生じてきた。こうしたウェイヴの活動は、まさしく「波」のごとくついに学外にも波及していく。生徒たちの行動はエスカレートし始め、街中にウェイヴのロゴをペイントし、シールを貼って回るようにもなった。

木曜日。生徒たちはウェイヴ独自の敬礼ポーズを考え出す。胸の前で手を波のようにくねらせるのである。この敬礼は仲間であることの印であり、行わない者は排除される。他のグループとの対立も生じてくる。ライナーを崇めるあまりに、彼の家に押しかけ警護を申し出る生徒も出てきた。ウェイヴはもはや制御不可能になっていた。けれども、生徒たちはその危険性に気づかない。ウェイヴのパーティーは和気あいあいとした雰囲気で行われ、今まで以上に団結力が高まったような気もした。一方でこうした状況に危機感を募らせ、ウェイヴ反対のビラを作り、あの「白バラ」グループの一員として活躍したショル兄妹のごとく校舎中に置いて回る生徒も出てくる。

金曜日。生徒たちの落書き行為が新聞沙汰となった。ライナーは生徒たちを叱り、実習の最終日はこれまでにウェイヴで体験したことをレポートに書く時間に当てた。その日は水球部の試合でもある。ウェイヴの生徒たちは揃って白いシャツを着て応援に向かう。ウェイヴが応援する中、試合は異様な盛り上がりを見せた。次第に選手も応援者もヒートアップし、さらにウェイヴ反対のビラが会場に撒かれると生徒たちは乱闘を始め、会場は大混乱に陥る。高校の同僚でもある妻に批判されたライナーは、妻に対して卑屈な暴言を吐いてしまう。

土曜日。生徒たちを講堂に集める。ライナーには考えがあった。ウェイヴを徹底的にエスカレートさせて、その恐ろしさを生徒たちに自覚させる作戦である。しかし、ライナーの認識は甘かった。指導者と崇められた呪縛から彼自身がまだ抜け出せていなかったのかもしれない。物語は生徒たちの間に死傷者を出して、終焉へと向かう。なおこの映画の冒頭に示されているように、この映画は実際にあった出来事に基づいているという。

主題展開

《ウェイヴ》が主題化するのは、映画の中でも明示されているように、「ドイツではもう独裁はあり得ないのか？」という問いである。もちろんその問いに対する答えは、「あり得る」ということだろう。映画は個々の生徒たちの心情の変化を描きながら、その問いに答えようとする。独裁が生まれる原理は「同調」と「排除」である。クラスの生徒たちはそれぞれにおいて悩みや問題を抱えており、それがウェイヴへの活動を通じて解決解消されることで同調への原動力となる。

例えば、東側出身のデニスはクラス演劇で脚本演出を担当する。彼の悩みは演劇のチームでリーダーシップが取れず、まとまりが無いことであった。けれども、ウェイヴの活動を続ける中でリーダーシップを発揮するようになる。他の生徒たちもデニスからの命令を待っていたかのようだった。このクラス演劇で台詞補助を務めるのがリーザである。彼女は控えめな少女で、授業中に自ら手を挙げることもない。指されても小さな声で一言発する程度である。ところが、ウェイヴの活動を通じて次第に自ら手を挙げ、積極的に自分の意見を言うようになった。自信がついたリーザは、クラスメートであるマルコの相談に乗ってあげるようにもなる。このマルコはライナーが顧問を務める水球部の部員である。マルコの悩みはプレーでの調子が上がらないことである。その根本的な要因は、彼の家庭環境が複雑なことにあった。母親がたびたび若い男性を家に連れ込むため、家に居づらいのである。そのため居場所を求めて恋人のカロの家によく遊びにいく。しかし、カロとの関係も近頃しっくりいっていない。カロはマルコの意見を聞かず勝手にスペイン留学を決めてしまったのである。それが新たな不満となってマルコを苛立たせる。けれども、ウェイヴの活動を通じて自信をつけたリーザがカロの親友という立場でマルコの相談に乗ってくれることにより、マルコの心はいくらかでも安らぐのであった。

ウェイヴの活動は自分たちの問題解決に少なからず役に立つ。生徒たちにはそう感じられた。この感覚が「団結」という名の下で「同調」の力を強めてゆく。その現象を裏から支えているのが、「排除」の力である。マルコのガールフレンドでありリーザの親友であるカロは、ウェイヴの活動に違和感を感じ参加したがらない。理由も告げずクラス演劇の練習を休んだのも、ウェイヴに熱中する友人に対して言い表しようのない違和感を感じたからである。もともと積極的な性格で何事にも意欲的に取り組むカロだが、そうした彼女の振る舞いは、ウェイヴへの参加を拒絶することをきっかけとして、傲慢で身勝手であるという評価を下されるようになった。そうした位置づけがカロを排除し、敵視することの正当化へとつながる。そして、それがますますウェイヴの団結を強めるのだった。

着目すべきは、カロの気持ちに対するウェイヴの生徒たちの理解の仕方が、極めて的外れな点であろう。カロがはっきりと異常さに気づいたのは、チームの名称を決めるにあたってカロが手を挙げているにもかかわらず、ライナーが彼女のことをなかなか指さなかったことがきっかけである。ライナーがカロを指さなかった理由は、彼女がウェイヴのユニフォームである白いシャツを着てこなかったからだと推察される。このことゆえにカロは演劇の練習を休んだのだった。ところが、ウェイヴの生徒たちは、カロが練習に来なかったのは、彼女の提案が生徒たちから支持されなかったからだと考えた。ウェイヴに同調する人々は、ウェイヴに同調しないカロの内面に負の感情を見出そうとする。そして、こうした発想はいつの間にか生徒たちの間で既成事実化し、カロがウェイヴに参加しないのは、自分の提案が受け入れられなかったからだという理解に落ち着いてしまうのである。

これまでの受賞作と同様に、あるいはそれ以上に《ウェイヴ》はナチズムと「闇教育」とを結びつけて描き出している。しかし、他の作品とは大きく異なり、《ウェイヴ》における指導者ライナーの人柄は厳格とは言い難く、また暴力的でもない。むしろそこに見られるのは、明朗で快活な人柄を利用した「操作性」の強さである。生徒たちは指導者「ヴェンガー様」から賞賛されることでやる気を示し、自発的にルールの厳格さを募らせてゆく。そして、行き着いたのが暴力性であった。水球の試合では喧嘩が始まり、マルコは口論の末、恋人のカロを殴ってしまう。暴力性は「闇教育」システムの原因ではなく、この映画の中ではむしろ結果として描かれている。

特に極端な行動に出たのは「権威主義的性格」の強いティムである。彼は「ヴェンガー様」という権威に追随することに異様なほどの喜びを感じ、最終的には拳銃で一人の生徒を撃ち、それから自らを撃って死に至る。ただし、そうした「権威主義的性格」をライナー自身が備えていたことも見逃してはならない。生徒の親から苦情の電話があったとき、教員たちの中にはライナーを批判する者もいた。しかし、校長はライナーを支持することを明言する。そのときのライナーのはにかんだような表情には、実は権威に弱いライナーの性格が表れている。ティムとライナーに共通するのは、両者とも強いコンプレックスを抱えていたことであろう。もともとクラスメートから軽んじられる存在であったティムは、クラスメートの機嫌をとるために薬物を無料で提供するような卑屈なキャラクターとして描き出されている。それゆえに、ティムが危険を冒して工事中のビルの幕にウェイヴのロゴをペイントしたときに受けたクラスメートからの賞賛は、彼にとってえも言われぬ喜びだった。同様にライナー自身も、妻との口論において自身の卑屈さを顕にする。生徒から崇められることに対して実は大きな喜びを感じていたのではないかという妻からの指摘は、図星であった。だからこそライナーは、同僚の教師である妻が生徒に人気のある自分のことを妬んでいるという趣旨の発言をしてしまう。相手の内面に負の感情を見出そうとするのは、むしろライナー自身の卑屈さの投影である。映画の中では短大卒であることにライナー自身が劣等感を抱いていたことが告白され、それゆえに相手の心にもライナーは同種の負の感情を見出そうとしたのである。

メディア論的考察

〈ドイツ人のディアスポラ〉という視点から眺めたとき、様々な悩みやコンプレックスを抱えていたライナーや生徒たちは、精神的な〈ホーム〉を喪失した状態にあったと言ってよい。そして、物語の中で人々が一時的に誘惑されたのが「ウェイヴ」という「疑似ホーム」であった。興味深いことに、「家」という言葉が映画の中でキーワードになっていることに着目する必要がある。恋人のカロの家にたびたびやってくるマルコに対して、カロの弟は「本当は自分の家（Zuhause）がないんじゃないのか？」と皮肉を言う。複雑な家庭環境のせいで家に居づらいマルコにとっては痛い指摘だった。また、自分の家に突然、押しかけてきたティムに対してライナーは言う。「ティム、家に帰れ」、と。すると、ティムは家の者が自分に関心を持っていないという悩みを打ち明けるのである。そして、映画の終盤においてウェイヴの危険性に終わりが告げられるとき、ライナーは生徒たちに「みんな家に帰ってくれ」、と言った。このように映画の中では要所要所で「家」という言葉がキーワードとして登場し、それぞれに〈ホーム〉を失った状況にあったことが示唆される。死傷者を出し、ライナーが逮捕されることになる映画の結末は、決してハッピーエンドとは言えない。とはいえ、喧嘩の後に「家」を出たライナーの妻は連行されるライナーの前に再び姿を現し、やはりカロと仲違いをしていた恋人のマルコと親友のリーザはカロと仲直りをする。したがって、物語はハッピーエンドではないが、登場人物たちのほとんどはかろうじて「ウェイヴ」という「疑似ホーム」を抜け出し、本当の〈ホーム〉への帰還を果たしたのだと言える。

《ウェイヴ》をメディア論的な視点から眺めたとき、現在のドイツにおいても独裁はあり得るのであって、そのことは現代の人々の中にも未だに旧いドイツが存在することを映画は告げている。自分たちの中に旧いドイツが存在することを目の当たりにした登場人物たちは、深い反省を行うことによって、辛くも自己の中の旧いドイツと和解を果たすのである。

6 《ジョン・ラーベ》(二〇〇九年/金賞)――ホームの死守――

あらすじ

主人公のジョン・ラーベはジーメンス南京支社の支配人である。彼が中国の南京に赴任してから二七年が過ぎた。その間、ラーベは中国における電力供給のため、自分の人生を注ぎ込んでダムの建設に尽力してきた。ところが、このたびラーベはドイツ本社への栄転が決まっており、まもなく南京を去ることになる。ようやく故郷へ帰れるとはいうものの、自身の仕事に強い愛着を持っているラーベの心は浮かない。

ときは一九三七年一二月、日本軍が南京に迫っているという情報がラーベの耳にも届いた頃のことである。ラーベの後任であるヴェルナー・フリースが南京支社にやって来る。フリースは筋金入りのナチズム信奉者である。ラーベは中国人の指導がいかに大変であったかを、また自分の手掛けてきた仕事がいかに有意義であるかをこのフリースに語る。ところが、フリースが言うには、ナチ政権の方針転換に伴ってジーメンス社は中国におけるダム建設から撤退するとのことだった。これを聞いてラーベの気分はさらに落ち込む。

ラーベの送別会が大々的に催された。ラーベは蒋介石から勲章も贈られる。ところが、ラーベがスピーチを行う段になったとき、日本軍による空襲が始まった。会場は大混乱となり、ラーベは急いで自宅のあるジーメンス社へと戻る。社に戻ると門が閉じられており、助けを求めてやってきた中国人従業員が締め出されていた。非情にもそうするよう指示を出したのは、後任のフリースであった。日本軍は容赦なく爆弾を投下してくる。ラーベは門を開ける指示を出し、従業員たちを会社の敷地構内に招き入れた。そして、ハーケン・クロイツの党旗を持ってこさせ、その下に隠れるよう指示を出す。同盟国であるドイツの旗を見た日本軍は引き返していき、ラーベや従業員たちは助かった。

しかし、日本軍による攻撃は別のところで多くの死傷者を出していた。これに危機感を募らせた人々によって、「安全区国際委員会」が設置されることになる。ラーベは翌日には南京を発つにもかかわらず、この委員会の委員長に選出されてしまった。ラーベを推薦したのは、女学校のフランス人校長ヴァレリー・デュプレである。副委員長にはアメリカ人医師ロバート・ウィルソンが選ばれた。ロバートはナチ党員であるラーベに対して日頃から批判的であったが、そのロバートを推薦したのはラーベであった。南京に残るべきかどうかラーベは悩む。船の出航直前でラーベは乗船しないことを決めた。妻のドーラだけが船に乗り旅立ってゆく。ところが、日本軍の飛行機がやって来て船を爆撃した。ドーラの命は絶望的に思われた。

激しく落ち込んだラーベだが、前に進まなければならない。彼は安全区の設置に取り組み始める。安全区に入れるのは民間人だけであって、仮に怪我をしていたとしても兵士を中に入れることは許されない。それが取り決めだった。しかし、目の前で助けを求めている人間がいれば、その者が兵士であれ民間人であれ、たとえそれが取り決めに反していたとしても助けざるを得ないのが人の心である。そもそも、捕虜として中国兵を引き渡しても取り決めに反して虐殺してしまうのは日本軍の方だった。ロバートにしてもヴァレリーにしても中国兵を匿ったのは、激しい葛藤の中でどのようにすれば人命を救えるかを考えた結果である。日本軍の振る舞いは常軌を逸していた。捕虜の虐殺、民間人の虐殺、婦女暴行、死体遺棄。当初は日本軍への信頼を口にしていたラーベであるが、彼らの非道な振る舞いの数々を目にするたびにその信頼がみるみる薄らいでいく。その一方においてラーベのヒトラーに対する信頼は揺るがない。ユダヤ系ドイツ人の外交官、ゲオルク・ローゼンに実情を知らされるまで、ナチの恐ろしさをラーベは理解していなかったのである。

次第に資金も食料も尽きてくる。このままではジリ貧だった。持病を抱えるラーベは、インシュリンがなくなり倒れてしまう。そのとき、日本軍が安全区を武力によって一掃しようとしているという情報が入る。一命を取り留めたラーベは最後の作戦に打って出た。日本軍の朝香宮中将が安全区の住民に対して銃を向けたとき、サイレンを鳴らして各国の外交官や報道関係者が南京に戻ってきたような演出を行ったのである。ラーベの思惑どおり、日本軍は撤退せざるを得なくなった。ラーベたちは見事に安全区を守り抜いたのである。やがて本当に各国の関係者が戻ってくる。役割を終えたラーベは帰国の途につき、妻のドーラと再会するところで映画はエンディングを迎える。なおタイトルになっている主人公の「ジョン・ラーベ」は実在の人物で、物語は彼の日記に基づいている。

主題展開

映画《ジョン・ラーベ》が主題化するのは人間愛である。この「人間愛」は映画において命の救済を通じて描き出される。命を救うにあたっては、様々な葛藤が伴う。最初の空襲においてラーベは門を開けさせ、中国人従業員をジーメンス社の敷地内に招き入れた。この行為には危険が伴う。従業員を敷地内に入れれば、会社の施設が爆撃の標的にされてしまうからである。ラーベが危険を顧みずこのような行動をとったのは、ひとえに地元中国の従業員に対する愛情からだった。安全区が創設されて委員の一人であるスマイスが定員を一〇万人に設定した際も、ラーベは二〇万人の受け入れを要求した。スマイスの主張には合理性があったのだが、ラーベの中では地元中国人に対する愛情が勝ったのである。多数の中国人兵士を学校に匿っていることをヴァレリーが打ち明けた際も、ラーベは最終的に受け入れた。兵士を匿うことは取り決めに反しており、その行為は安全区そのものの存在を脅かす。それでも地元中国人に対するヴァレリーの愛情を、ラーベも理解したのであった。そもそもドイツに帰る身であったラーベが中国に残ったのも、ラーベの人間愛に起因すると考えられる。

メディア論的考察

こうしたラーベのキャラクター設定を彼がナチ党員であることと突き合わせて考えることは、メディア論的な視点から考えて極めて重要である。ハーケン・クロイツの党旗とドイツ国歌で始まる物語の序盤には、ラーベがそうしたナチ的な要素を持つ人物であると思わせる演出が散見される。着目すべきは、ラーベをナチ的なものと関係づけるにあたって、これまでの受賞作と同様に、「闇教育」的なモチーフが使用されている点であろう。序盤のシーンには、中国人従業員がピアノをなかなか部屋から運び出せず、彼らをラーベが侮辱的に罵る場面がある。また運転手のチャンがノックをせずに部屋に入ってきたため、ラーベはノックをするところからもう一度やり直させたりもした。ラーベは言う。チャンは「学ぶ（lernen)」ことが必要であり、それは「原理」である、と。序盤のラーベは中国人従業員に対して威圧的であり、そこには一定の規則を教条主義的に押し付ける「闇教育」的な姿勢が窺える。さらにフリースが南京を訪れた際も、フリースを出迎えるにあたって従業員たちにナチ式敬礼を揃って行わせた。ここにも形式的な作法を強要する「闇教育」的な側面が表れている。ラーベは言う。「中国人は子供のようである。

人はこの者たちを教育（erziehen）しなければならない。しかし、彼らは強い者には従い、中には驚くべき能力を備えている者もいる。」ラーベにおいて教育することの目的は、権威に対して従順な人間を作ることであり、能力があるとは従順であることを意味した。こうした発想は極めて「闇教育」的であると言ってよい。

しかしながら、一方でラーベをナチズムから切り離す演出もなされている。ヴァレリーは言う。「彼はナチではない」「単なる党員に過ぎない」、と。特にラーベがナチズムの信奉者でないことは、筋金入りのナチズムの信奉者であるフリースとの対比において表現される。例えば、党の南京支部のメンバーはみな陽気で穏やかであり、その集まりは和やかな雰囲気に満ちていた。党旗の扱いに関してもあまり頓着せず、儀礼に固執するような権威主義的な側面は見られない。そうした党員を「真の民族社会主義者（echte Nationalsozialisten）」ではないとフリースは批判する。ここにナチズムの信奉者であるフリースと単なる党員に過ぎないラーベたちとが区別される。

ラーベとフリースの関係は単なる違いにとどまらず、ドイツの正統性をめぐる争いでもある。後任のフリースは前任のラーベを無視して事を進めようとする。フリースは南京支社の閉鎖を早めようとしているのである。ラーベが引き継ぎを申し入れるものの、抜かりはないから口出しは無用とフリースはラーベに取り合わない。そして、抜かりなく準備が整っていることをフリースは「ドイツ式徹底性（deutsche Gründlichkeit）」と表現した。これに対してラーベは、フリースにはまだ支配人としての権限がないことを指摘する。もちろんすでにラーベにも権限はないが、現在、権限を持っている中国人秘書のハーンに命じてフリースの暴走を止めるのである。このとき、ラーベも「ドイツ式徹底性」という言葉を使ってシニカルにやり返した。注意すべきは、ラーベがあくまでも従業員たちのことを心配してフリースに意見をしている点である。確かにラーベには権威主義的で教条主義的な側面が見られる。その意味において、ラーベは「ドイツ式徹底性」を備えた旧いドイツに属する人間であると言ってよい。しかし、ラーベの態度に見られる「ドイツ式徹底性」には人間愛が伴っている。ナチズムの信奉者であるフリースのものとは本質的に異なることをこの場面は告げている。すでに見てきたように、人命の救済においては硬直した原則論に固執せず、臨機応変に対応するのがラーベの本当の姿であった。

以上のように映画《ジョン・ラーベ》は、旧いドイツのナチからの切り離しを試みている。したがって、メディア論的な視点から捉えるなら、《ジョン・ラーベ》は、旧いドイツをナチと切り離した上で、これまでの受賞作品と同じように、旧いドイツとの和解を主張しているのだと考えてよい。エンディングの後で映画が指摘しているように、実在のジョン・ラーベは連合軍による「非ナチ化（Entnazifizierung）」の過程で社会復帰を拒否されたという。「非ナチ化」においては、旧ナチ党員を社会的に復権させるかどうかの審査が行われる。それゆえ、映画《ジョン・ラーベ》は代替的にラーベの復権をはかったのだとも言える。

〈ドイツ人のディアスポラ〉という視点から眺めるなら、故郷ドイツを長い間離れていたラーベは、まさしくディアスポラの状態にあったと見なせる。ところが、二七年もの間にラーベは自分でも気づかぬうちに自身の〈ホーム〉を築き上げていたのだった。その〈ホーム〉とは、必ずしもジーメンス南京の支配人として築き上げた業績のことを指すわけではない。むしろラーベ自身が現地の中国人や各国の友人と築き上げてきた信頼関係こそがラーベにとっての〈ホーム〉であり、ラーベは物語の終盤においてそれに気づき、そして〈ホーム〉を死守したのであった。彼の業績は、ラーベ自身が物語の序盤において無念さを募らせていたように、南京支社の閉鎖後、消滅してしまうかもしれない。しかし、信頼関係という〈ホーム〉はラーベがどこにいようと消滅することはないのであって、それを祝福するかのようにラーベは最終的に妻ドーラとの再会を果たすのである。

第3章　東西ドイツ（再生）

《アダムとエヴァの誘惑》
ハインリヒ・アルデグレーファー（1540年）
　蛇の誘惑に乗ったアダムとエヴァは、神との契約を破り善悪の知識の木の実を食べてしまった。これによって人間は堕落し、世界には死がもたらされる。蛇の正体はサタンであり、その目的は神に代わってこの被造世界の支配者となることである。しかし、追放されたアダムとエヴァの子孫からはキリストが誕生するのであり、世界には再生の希望もある。

二一世紀、二〇〇〇年代のドイツ映画賞作品賞を受賞した作品のうち、「東西ドイツ」を主要な題材とした映画として、本章では五作品を取り上げる。それらをメディア論的な視点から精査するなら、祖国の「再生」という観点において捉えることができる。映画の登場人物は、東西冷戦崩壊後の長引く政治的・経済的混乱においてその憂き目にあう人ばかりである。程度の差こそあれ、登場人物たちの日々の暮らしは全く楽ではない。しかし、それでも映画の中では毎日をタフに生きる人々の姿が描き出され、その有り様は祖国の「再生」というキーワードによって特徴づけることができる。これら諸作品を〈ドイツ人のディアスポラ〉という戦後ドイツの伝統的なビッグ・モチーフにおいてさらに精査するなら、東ドイツ消滅後の混乱の中で、地理的にも精神的にも文字どおり故郷喪失の状態にあった人々が、〈ホーム〉に気づく、〈ホーム〉を取り戻す物語となっている。こうした傾向は、「移民の背景を持つ者」や「ナチ・ドイツ」を主要題材とした他の二〇〇〇年代の諸作品と一致する。

1 《階段の踊り場》(二〇〇二年/銀賞)——青い鳥症候群——

あらすじ

ウヴェ/エレン夫妻とクリス/カトリン夫妻は、大変に仲の良い、お互いに気心の知れた友人同士である。四人は昨晩もウヴェ/エレン夫妻の家に集まり、昔のスライドを見ながら大笑いをして過ごした。皆ひどく酔っ払っていて、騒がしくも楽しいひと時だった。とはいえ、普段の生活がいつも楽しいものというわけにはいかない。ここはユーロが導入される前のドイツ北東部の街、フランクフルトである。「フランクフルト」と言っても、ドイツ中西部の大都市フランクフルト・アム・マインのことではない。ポーランドとの国境、オーダー川沿いにあるフランクフルト・アン・デア・オーダーである。ここでの生活にはそこはかとなく陰鬱な気分が漂い、バックには物悲しい音楽が流れる。

まだ夜が明ける前から人々の活動が始まる。クリスは「ラジオ24」というラジオ放送で、マジック・クリスという名前を使い、星占いなどの番組を担当している。「こちらはクリス、パワータワーから持続パワーと共にお届けしています。」いつもの決め台詞を陽気な声で叫ぶものの、同じことの繰り返しで当のクリス自身にパワーがみなぎってこない。同じく妻のカトリンにも元気がなかった。彼女は国境沿いの駐車場で働く。傍にあるラジオからは夫クリスの声が聞こえてくる。彼の言葉はときに秘密のメッセージにもなっていて、その内容がカトリンの気持ちを余計に沈ませる。クリスには前妻との間に生まれた年頃の娘がいるのだが、どうやら今晩、家に訪ねてくるらしい。

「ハルベ・トレッペ（階段の踊り場）」という名前のインビス（軽食店）を営む友人のウヴェにとっても、日々の暮らしはそれほど楽しいことばかりではない。朝早くからスーパーで大量のビールや食材を購入し、それを店まで運ぶのも一苦労である。インビスの仕事は夜遅くまで続き、休憩の時間もあまり取れない。店の前では一日中バグパイプを吹いている男がいて、これもウヴェを苛立たせる原因の一つとなる。香水専門店で働くウヴェの妻エレンにとっても、最初はいつもどおりの慌ただしい朝だった。バタバタと二人の子供を学校へと送り出し、自分も出勤の準備を始める。すると聞きなれない携帯電話の音が鳴り、出てみるとクリスからであった。前の晩カトリンが携帯を置き忘れていって、そこにカトリンの夫クリスが電話をかけてきたのである。この電話がきっかけとなり、二人の関係は急接近してゆく。

エレンとクリスが不倫関係へと進んでゆく際には、不運にもエレンの気持ちが夫ウヴェから離れてゆく出来事がいくつも重なった。その日、エレンは夫ウヴェとシステム・キッチンを見に行くことを楽しみにしていた。しかし、インビスの仕事が忙しいウヴェとしては、昼休みの時間を潰してまでシステム・キッチンを見に行くことに意義を見出せない。エレンの方も、気乗りしない夫の様子を見れば、楽しい気分を壊されてしまう。二人の心のすれ違いはさらに続く。朝、エレンがいつものように身支度をしているとバスタブの中に大きな肉の塊がいくつも転がっていた。店で使う食材をウヴェが一時的に保管しておいたのである。不快な光景にエレンは朝の爽やかな気分を台無しにされ、夫に不満を言いたくて仕方がない。ところが、エレンが部屋の窓を開けたままにしていたことで、飼っていたインコのハンス・ペーターが逃げてしまう。そのことでウヴェはエレンに辛く当たる。エレンの心は完全に夫を離れ、親友カトリンの夫クリスへと向かった。

他方、クリスの方でも妻カトリンからエレンへと心が移ってゆく出来事が続く。カトリンに対して大きな不満があるわけではない。けれども、カトリンには大らかだが大雑把で不器用なところがあった。大事なグラスを割ったり、洗濯物の干し方が雑だったりする。間の悪いことに、乗っていたバイクが故障したりもする。このことはもちろんカトリンの責任ではない。しかし、通勤用にクリスの車を貸してほしいとたびたびせがまれるのは、クリスにとって煩わしいことだった。

エレンにしてもクリスにしても、互いが自分のパートナーより素敵に見えた。エレンにとっては夫よりもラジオのパーソナリティーを務めるクリスの方がカッコよく見える。クリスにとっては粗雑な妻よりも香水店で働くエレンの方が魅力的に映った。いつしかエレンとクリスは何度も関係を持つようになる。この不倫関係は、それぞれの家庭を壊すことなくしばらくの間、密かに続けられた。しかし、二人がクリスの家のバスルームの中で一緒にいるところを帰宅したカトリンに見つかってしまう。両夫婦は話し合いの場を持つが、エレンとクリスはそれぞれのパートナーと別れ、家を出て二人で暮らす道を選択する。ところが、いざ新居を探すとなると、なかなか条件に見合う住居は見つからない。やがてクリスの気持ちはカトリンへと戻り、それぞれの夫婦が元の鞘に収まってゆく流れの中で物語はエンディングへと向かう。

主題展開

映画《階段の踊り場》が主題化するのは、中年夫婦の倦怠と幸福願望である。エレンにしてもクリスにしても、それぞれのパートナーとの日々の暮らしにおいて、必ずしも二人が深刻な問題を抱えていたわけではない。しかし、同じことが繰り返される日常に飽き飽きしていることも否定できない。マンネリ化した状況を脱したいという漠然とした願望を、常に二人は心のどこかに潜ませている。本当の幸福はもっと別のところにあるのではないか？　そのような淡い期待を抱く中で、パートナーに対する小さな不満を少しずつ募らせていく。エレンとクリスが互いに惹かれ合ったのは、そのようなときに他ならない。エレンとクリスには、お互いが新たな幸福を日常にもたらしてくれる存在に感じられたのである。

このような文脈において、映画の中では「住居」というモチーフが幸不幸を具現するものとして大きな役割を担って浮上してくる。例えば、クリスの娘がボーイフレンドのイェンスを家に連れてくるようになって、クリスとカトリンとの幸せな居住空間は著しく侵害されるようになった。イェンスは、非常に不愛想で厚かましい青年として描かれる。クリスの家を初めて訪れた際も、彼はほとんど挨拶をしない。家の冷蔵庫を開けて、クリスやカトリンの食べ物を断りもなく勝手に取り出そうともする。その傍若無人な振る舞いに、クリスもカトリンもげんなりとする。これからしばしばイェンスが我が家を訪問するのだろうか？　そう思うと気が滅入ってくる。このように映画の中では「住居」という存在が幸福を体現し、居住空間を持続的に侵害されることが分かりやすい不幸のあり方として描き出される。夫クリスの不倫が発覚したときも、カトリンの怒りの表現は住居に関わる仕方でなされた。クリスに向かってカトリンは言う。エレンと「一緒の住居に移れ」、と。クリスが自分と同じ居住空間に存在するということ自体が、カトリンには耐え難い。そうしてカトリンは、クリスの持ち物を自分の部屋の外に出すことによって自身の怒りを表現するのである。

同様に、エレン／ウヴェ夫妻の幸不幸のあり方も、住居と関わる形で表現される。さしあたり日常生活に関するエレンの不満は、エレンが夫ウヴェと一緒にシステム・キッチンを見に行くというエピソードにおいて表現される。住居というものはそれ自体が幸福願望を具現するものであるが、とりわけキッチンを重視するドイツの生活文化にあって、新しいシステム・キッチンを見学しに行くという行為は、本来、個人の生活における最も幸せな時間であってもよい。ところが、夫婦には温度差があって、夫ウヴェは昼休みを削ってまでシステム・キッチンを見学することに喜びを見出せない。こうした気持ちのズレを通して表現されるのが、夫婦の倦怠である。エレンの日頃の不満はこうした気持ちのズレにあって、彼女が何に飽き飽きしているかと言えば、家のキッチンそのものに対してだけではなく、夫ウヴェとの関係性に対してであるということがこの場面において示唆される。

エレンとクリスの不倫が発覚して二組の夫婦四人が話し合いの場を持ったときも、夫ウヴェに対するエレンの日頃の不満は「住居」に関わる物言いの中で表現される。クリスとの言い合いで苛立ったウヴェは、ドアを開ける際に音を立ててその苛立ちを態度に表した。エレンがこのことに不満を示すと、「俺の家（Wohnung）では俺がやりたいことをする」、とウヴェはその訴えを意に介さない。ウヴェの物言いに半笑いで反応するエレンの様子には、そうしたウヴェの尊大な振る舞いこそが常々エレンが不満に思っていたことの主要因であったことが示唆される。夫婦関係に対してエレンが飽き飽きしていることが、ここでも住居と関係づけて表現される。

加えて、そうした倦怠の意識が、同じく「住居」を通じて表現されるエレンの幸福願望と密接に連動していることにも注意したい。というのも、住居に対するエレンの倦怠と願望は、それが一定程度、充足・解消されると、さらなる倦怠と願望を再生産するからである。それは倦怠の解消と願望の充足に伴う一種のねじれた反動と言ってよい。エレンは住居に対して常に倦怠の感情と何らかの幸福願望を抱いている。ところが、その願いが夫によってある程度、叶えられると、夫は自分の本当の願いを分かってくれていないという新たな嫌気が生じ、別の新たな幸福を模索しようとする衝動へとつながるのである。

このことが顕著に現れるのは、クリスとの不倫現場をカトリンに見つかってしまった後の場面である。エレンが自宅に戻ったとき、夫のウヴェはエレンのためにキッチンを改良して待っていた。ウヴェは新しく取り付けた換気扇をエレンに対して誇らしげに作動させてみせる。ライトを点けたり消したりしてみせる様子も得意げである。換気扇を取り付けるためには、戸棚を取り外さなければならなかったとも語る。ところが、その瞬間にエレンの表情は曇る。戸棚を取り外すことは、どうやらエレンの希望とは違ったらしい。自分の本当の気持ちを理解してくれない夫に対して、エレンは再び倦怠の感情を募らせる。他に好きな人がいることを思い切って夫に打ち明けたのはその直後であり、まもなくしてエレンはクリスとの新住居に新たな幸福を探し求めることになる。

似たようなことが映画終局の場面において繰り返されることにも注目したい。エレンとクリスは新しい住居を探し求めるが、新居が決まる前にエレンはクリスから別れを告げられてしまう。エレンがウヴェの住む元の家に戻ったとき、傷心のエレンを迎えたのは新品のシステム・キッチンであった。エレンは涙を流し夫ウヴェと抱擁を交わす。「新しいキッチン、新しい幸福」、そうウヴェは語る。今度こそエレンは喜んでくれる、とウヴェは思ったに違いない。ところが、「新しいキッチン」はエレンにとって「新しい幸福」ではなかった。エレンは涙を流しながら「あなたは全く何も理解していなかった」と訴える。そして続ける。「私は出て行く」「私は引っ越す」、と。そう言ってエレンが最終的に取った行動は、夫婦二人と子供二人がゆったりと暮らすことのできる新居を探すことであった。このようにして、エレンの願望はそれが満たされると別の新たな願望が生じ、それが同時に自分を理解しない夫に対する倦怠の気分となって新たな幸福願望の再生産を後押しするのである。

以上のような「住居」と関係づけられた主題提示を理解する上で、エレン／ウヴェ夫妻が飼っているインコ、ハンス・ペーターの存在を忘れてはならない。というのも物語の序盤において逃げ出してしまったインコのハンス・

ペーターは、映画の終盤において元の家に戻ってくるからである。クリスと別れたエレンが家に戻ってきたとき、夫のウヴェはとても喜んだ。ところが、「あなたは全く何も理解していなかった」「私は出て行く」「私は引っ越す」という言葉をエレンから投げかけられ、再びウヴェは深く落ち込んでしまう。ハンス・ペーターが戻ってきたのはそのようなときであり、これによって物語の結末が概ねハッピーエンドであることが示唆される。要するに、映画《階段の踊り場》は、いわゆる典型的な「青い鳥症候群」の物語なのであって、倦怠期を迎えた中年夫婦が他所に幸福を求めたものの、真の幸福は意外にもと言うべきか当然と言うべきか、実は身近にあったという主題を展開するのである。

この点において注意すべきは、《階段の踊り場》という映画のタイトルとの関係である。映画は真の幸福が身近にあることを主張し、自身の幸福を安易に別のどこかに求めることを戒める。しかし、幸福を求めて現状を変えることそれ自体を否定しているわけではない。というのも、今以上の幸福を求める「青い鳥」願望は、エレンが夫のもとに戻った後も一家の引っ越しという形で相変わらず継続されるからである。それは人生において決して消えることのないものである。ただ、そうした願望は、与えられた現在の環境を一挙に投げ出して一足飛びに叶えられるものではない。人は人生において常に新たな願望を抱えているとしても、その願望の実現は与えられた状況の中で少しずつ達成へと向かうほかないのである。それゆえ、中年の倦怠期を迎えた二組の夫婦は、タイトルにあるように「階段の踊り場」にいるようなものである。人は一旦そこで小休止し、時が熟したならばその機会を逃すことなく再び前を向いて歩き出せばよい。映画のタイトルは概ねそのようなメッセージを伝えている。

メディア論的考察

こうしたメッセージをメディア論的な視点から眺めるなら、それがさらなる大きな意味をもたらすことにも気づく。映画の終局ではクリスが自身の星占い番組において、五月八日生まれの牡牛座の者に向けてメッセージを送る。五月八日生まれの牡牛座とはカトリンのことを指し、クリスはこの星占い番組を通じて復縁のメッセージをカトリンに向けて送ったのである。ここで五月八日が第二次世界大戦におけるドイツの敗戦日であることを思い起こさなくてはならない。五月八日生まれの牡牛座とは、つまり戦後に生まれ変わったドイツ自身のことであり、ドイツ国民全体を指していると言える。したがって、クリスのラジオ・メッセージが最終的に映画全体の趣旨を締めくくる役割を与えられていることを鑑みれば、映画全体が提供するメッセージは、メディア論的な視点において戦後ドイツ全体に向けられたものとしても機能することになる。その際、映画の舞台がフランクフルト・アン・デア・オーダーに設定されているということも考慮に入れておく必要があろう。オーダー川はナイセ川と共に戦後新たに確定されたポーランドとの国境線をなし、その位置は戦前に比べて大きく西へと後退した。そのためオーダー川およびその国境沿いの街フランクフルトは、戦後ドイツの悲哀を象徴するものの一つと言える。

以上のことを踏まえるなら、映画《階段の踊り場》の物語は戦後のドイツが辿った道行に重ね合わせることができる。すなわち、二組の夫婦を通じて映画が示唆するのは、祖国ドイツの崩壊と再生の姿である。敗戦後まもなくしてドイツは東西に分裂し、一九九〇年になって再統一を果たした。クリス／カトリン夫妻にしても、エレン／ウヴェ夫妻にしても、夫婦がいったん離れ離れになって再びよりを戻したことは、そうしたドイツの分裂と統一を象徴している。再統一を果たしたドイツは、二〇〇〇年代になっても東西における経済的な格差を克服していない。旧東ドイツの国民の中には社会主義時代を懐かしむ者も出てくる。しかし、映画は語る。現状に満足できずどこか他所に幸福を求めたくなったら、今は「階段の踊り場」にいると思えばよい。そして、機が熟したらそれを逃すことなく再び歩み出せばよい。ラジオのクリスも語る。「旅に出なさい」「あなたの夢を実現させなさい」「過ぎ去ったことを嘆いてはならない」、と。

こうした視点を取るとき、ウヴェの店の前で音楽を演奏する移民たちの存在の意味も明らかとなってくる。「階段の踊り場」を意味する映画の原タイトル「ハルベ・トレッペ」は、映画の中ではウヴェが経営するインビスの名称であり、ウヴェの店は文字どおり階段の踊り場に設置されている。その店の前では、日々、移民たちが異国の音楽を奏でている。その人数は日毎に増えていき、その者たちをウヴェが自分の店に招き入れるところで映画はエンディングとなる。物語の流れが戦後ドイツの辿った道と重ねられているとするなら、ウヴェの取った行動はまもなく公式の移民国へと転換するその後のドイツの姿を予告していると言えるだろう。

〈ドイツ人のディアスポラ〉というビッグ・モチーフに照らして映画《階段の踊り場》を考察するなら、この映画は「移民の背景を持つ者」「ナチ・ドイツ」という題材を扱った他の二〇〇〇年代のドイツ映画賞受賞作と同様に、〈ホーム〉に気づく、〈ホーム〉に帰る物語であったと言える。新たなる幸福を求めて「家」を出たクリスとエレンは、二人の新居を模索するもののなかなか良い物件が見つからない。それは文字どおり〈ホーム〉を喪失した精神的なディアスポラの状態にあったと言える。やがて二人は自身の本当の〈ホーム〉が何であったかということに気づき、それぞれの家族、パートナーの元に戻るのである。また、こうした離反と復縁の物語が戦後ドイツの分裂や再統一と重ねられているということを鑑みれば、戦後のドイツ国民の精神的なディアスポラ状態およびその〈ホーム〉たる祖国の回復が映画においては示唆されていたと理解することができる。

2 《グッバイ、レーニン！》（二〇〇三年／金賞）――嘘から生まれた真実――

あらすじ

一九七八年八月二六日、東ドイツは栄光に包まれる。東ドイツの宇宙飛行士ジークムント・イェーンがソユーズ三一号に乗ってドイツ人初の宇宙飛行に旅立ったのである。一方、アレックス少年の家庭では転落が始まった。アレックスの父ロバートが、西側の女性と恋仲になり西ドイツに逃げてしまったのである。アレックスの家にはシュタージ（国家保安省秘密警察）がやって来て、母クリスティアーネを問い質す。母はショックで口がきけなくなり入院した。八週間後に母が戻ってきたとき、彼女はすっかり変わっていた。クリスティアーネのエネルギーは社会主義教育や社会奉仕活動に注がれるようになり、東ドイツ政府から「祖国功労勲章」を授与されることにもなった。父の話題は家庭から消え、いつしかアレックスは東ドイツで二人目の宇宙飛行士になることを夢見るようになる。

それから一〇年が経った。アレックスはテレビの修理工になっている。宇宙飛行士の夢は実現していない。一九八九年一〇月七日、ドイツ民主共和国（ＤＤＲ）の建国四〇周年を祝って記念パレードが行われる。しかし、その夜、大勢の市民が自由と民主主義を求めてデモを行うべく通りに集まった。そのデモにアレックスも参加していた。アレックスがリンゴをかじりながら歩いていると、彼はリンゴを喉に詰まらせてしまう。一人の女性が背中を叩いてくれたおかげで、アレックスはリンゴを吐き出すことができた。やがてデモ隊は解散を要求する警官隊と衝突し、街は混乱状態となる。人々は殴られ幾人もの逮捕者が出た。アレックスも逮捕された。その様子を記念式典へと向かう母のクリスティアーネが目撃し、ショックで気絶してしまう。

クリスティアーネは昏睡状態に陥る。その間にベルリンの壁が崩壊した。西側の文化が一気に東へと流れ込んでくる。姉のアリアーネは経済学の勉強をやめ、バーガーキングで働き始めた。デモのときリンゴを喉に詰まらせたアレックスを助けてくれた女性とは、母が入院する病院で再会する。彼女はララといってソ連からの看護実習生だった。いつしかアレックスはララと交際するようになる。アレックス自身は衛星テレビのアンテナを売るセールスマンになっていた。

八ヶ月後、クリスティアーネが意識を取り戻す。医者からは強い刺激を母に与えないよう注意をされた。懸念されるのは、社会主義の祖国東ドイツが無くなってしまったことを母が知ってショックを受けることである。そこでアレックスは母にショックを与えないよう彼女を自宅に引き取り、すべての情報をシャット・アウトすることにした。そこからアレックスの奔走が始まる。部屋の内装を壁崩壊以前の状態に戻した。服装を東ドイツ時代のものにした。テレビやラジオを部屋から撤去した。食べ物は東ドイツ時代の容器に入れて差し出す。母の誕生日にやって来た友人や教え子たちにも、東ドイツがまだ存続しているふりをしてもらった。どうしてもテレビを見たいという母のために、東ドイツ時代の映像をつなぎ合わせてフェイク・ニュースを作った。母はそうしたアレックスの生み出した偽りの東ドイツを信じた。しかし、あるときクリスティアーネは、部屋を抜け出してついに東ドイツの真の姿を目撃してしまう。通りに出たクリスティアーネの前を、撤去されたレーニン像がヘリコプターに吊るされて通り過ぎてゆく。それは「グッバイ、レーニン!」というタイトルに示されているように、社会主義の終わりを象徴する場面であった。このときもアレックスはフェイク・ニュースを作って母を納得させる。

アレックスが母に嘘をつき続けている一方で、母クリスティアーネの方も実は嘘をついていたことが明らかとなる。父ロバートは西側の女性と駆け落ちしたのではない。父は先に西側へと亡命し、母も子供たちを連れてその後を追う手はずになっていた。しかし、母にはその勇気がなかったのである。このことを告白したその晩、母の容体が急変する。母の命が危ないことを父に知らせるため、アレックスは父の住む西側へと向かう。父と離れ離れになって一〇年以上が経っていた。アレックスには新しい妹と弟のいることが分かった。その後、父は入院している母のもとを訪れ、二人は再会を果たす。

やがて東西ドイツが正式に統一される日が近づいてくる。アレックスには、母のために生み出した偽りの東ドイツをそろそろ終了させる潮時であるように感じられた。再度アレックスはフェイク・ニュースを作る。そのニュースの中ではかつての宇宙飛行士ジークムント・イェーンが国家評議会議長となり、東西ドイツの統一が宣言される。

こうして偽りの東ドイツは、現実世界の東ドイツと同時に世界から消滅した。母クリスティアーネがこれを見届けた後、映画はエンディングへと向かう。

主題展開

映画《グッバイ、レーニン！》の主題は、「真実の愛と理想」である。そうした主題を提示する上で有効に作用するのが、映画に登場するいくつもの嘘や偽りである。いかにも本物らしく見えるという点に着目するなら、それらを総じて「仮象（Schein）[21]」と呼んでもよいだろう。映画の中に登場する最も大きな仮象は、母クリスティアーネのために生み出された仮象の東ドイツである。そして、それを支えるのが個々の仮象の数々である。復元された壁崩壊以前の部屋の内装、東ドイツ時代の服装、東ドイツ製のラベルに貼り替えられたピクルスの瓶詰、「アクチュエーレ・カメラ」という当時のニュース番組の映像を切り張りして作ったフェイク・ニュース、そして偽の経歴を語る新しい恋人たち。これらはみな単なる見せかけの仮象であって、消滅したはずの東ドイツはそうした個々の仮象を通じ、母クリスティアーネに対してまことしやかに存在し続けることになる。

仮にこれらを「作られた仮象」と呼ぶなら、「暴かれた仮象」と呼ぶべきものも映画の中には登場する。建国四〇周年を祝う軍隊パレードによって示される東ドイツ国家の威信は、一種の仮象であったと言ってよい。それが仮象であることを暴くのは、外のパレードによって小刻みに振動する住居の存在である。国家の威信を象徴する軍隊パレードが安普請の住居と並べ置かれることによって、そうした国家の威信が見せかけであることが示されるのである。加えて、東ドイツ・マルクも実は仮象であったことが暴かれる。東西ドイツの通貨統合の際にアレックスは東ドイツ・マルクを西ドイツ・マルクに交換しようとするが、期限切れのため東ドイツ・マルクは紙切れになってしまった。こうして東ドイツ・マルクはその本質において仮象の通貨であったことが露呈する。さらに母クリスティアーネの人生も、実は仮象であった。父ロバートが西側に渡り母と子供たちだけが東ドイツに取り残されたのは、父が西側の女性と駆け落ちしたからではなく、母自身に亡命する勇気がなかったからである。母が東ドイツの国家社会主義体制（Staatssozialismus）に深く傾倒したのも、そういった事実に蓋をするためであった。

しかしながら、そうした「仮象」が映画の主題である「真実の愛」や「真の理想」と絶対的に対立するものとして登場してきているかというとそうではない。映画が示すのは、そのような仮象と真実との一体性である。「グッバイ、レーニン！」というタイトルにも表れているように、映画ではマルクス・レーニン主義というイデオロギーが仮象であったことがレーニン像の撤去によって示される。その際、ヘリコプターに吊るされたレーニン像が夕焼け雲の彼方に消えてゆくという映像表現に注意しなければならない。夕焼け雲は別の場面においても重要なモチーフになっていて、アレックスは次のように語る。「真実は、僕が母の通常の知覚と容易に一体化させてしまうことができるような曖昧な事柄に過ぎなかった」、と。真実は夕焼け雲のように曖昧であり、何が真実で何が仮象であるかを簡単に言い当てることはできない。映画《グッバイ、レーニン！》はそのように語る。

映画の主題内容をより詳細に分析するなら、むしろ真実は仮象と共にあるという点が映画の主旨であると言ってよいだろう。アレックスが偽りの東ドイツを生み出したのは、大好きな母のためであった。母クリスティアーネが東ドイツの国家社会主義体制に傾倒する姿勢を見せたのも、東ドイツ社会の中で子供二人を抱えて安全に暮らしてゆくためであった。アレックスにしてもクリスティアーネにしても、嘘をついたのは相手に対する愛情からである。映画のエンディングにおいても、その方向性は変わらない。仮象の東ドイツを終わらせるにあたってアレックスが取った行動はさらに偽りを重ねることだったが、やはりこの行動も母にショックを与えないための気遣いからであった。一方の母クリスティアーネも、亡くなる間際においてアレックスに対する愛情から新たに嘘を重ねる。母は実際の東ドイツが消滅していることを本当はすでにララから聞かされて知っていた。けれども、母はアレックスの嘘に気づいていない振りを亡くなるまでし続ける。これもアレックスに対する愛情から生まれた偽りに他ならず、自分に対する息子アレックスの心遣いを無にしないようにというクリスティアーネの思いやりがそうさせたのであった。このように数々の嘘や偽りは互いに対する愛情から生まれたのであって、「真実の愛」という映画の主題は逆説的にもそのような「仮象」という存在を通じて提示されるのである。

加えて、そういった仮象からは「真の理想」というさらなる主題が生まれることも忘れてはならない。母クリスティアーネが寝室を抜け出して壁崩壊後の旧東ドイツの現状を目の当たりにしたとき、アレックスは再びフェイク・ニュースを作って母を納得させようとした。そのニュースの内容は、西ドイツの住民が西側資本主義の競争社会に疲れ切って東ドイツに逃げてきたというものである。アレックスは言う。「僕が母のために作り上げた東ドイツを僕はもしかしたら自分で望んでいたのかもしれない」、と。そして、アレックスの望む仮象の東ドイツに関し、「人々が私たちの国を求めている」と言って母クリスティアーネは感激するのである。母が提案したのは、西ドイツからやって来たという仮象の難民を助けるために自身の別荘を提供しようというものだった。ここにクリスティアーネの「真の理想」が浮かび上がってくる。母が東ドイツの国家社会主義体制に傾倒していたというのは、確かに偽りであった。しかし、教育活動や社会奉仕活動に注がれた母の情熱がすべて嘘であったかというとそうではない。母は「集団（Kollektiv）」を重んじる同僚たちからあまりに「理想主義的（idealistisch）」であると評されたことがある。そうした母が、アレックスの望む仮象の東ドイツの中に言わば母自身の「理想」を見出したのである。

母とアレックスの共通の理想は、物語の終盤において概念的な輪郭を与えられてゆく。自身の生み出した仮象の東ドイツを終わらせるにあたって、さらにアレックスはフェイク・ニュースを重ねた。仮象の東西ドイツは現実とは真逆に東ドイツが主導する形で統一がなされ、新しい指導者となるジークムント・イェーンがその記念演説を行う。そこで提示されたのは、社会主義の新たな理念であった。それは「自身の周りに壁を巡らすこと」ではなく、

「他者に歩み寄り、他者と共に生きること」である。真の社会主義は「集団」主義的に他者を「敵（Feinde）」と見なして壁を巡らすことではなく、「他者と共に生きる」という理念を「実行に移す（wahr machen）」こと、すなわち理念を「真実（wahr）」へと「もたらす（machen）」ことである。アレックスはイェーンにそのように語らせた。母クリスティアーネはこうしたアレックスの理想に深く感激し、互いの理想が共通であることが確認される。このようにして、「真の理想」という映画の主題に関しても、「真実の愛」の場合と同様に「仮象」という存在を通して語られるのである。

メディア論的考察

「真実の愛と理想」という主題展開をメディア論的な視点から眺めたとき、映画の主張はとりわけ旧東ドイツ国民に対して具体性を帯びたものとなる。映画の公開された二〇〇〇年代前半は統一から一〇年以上が経ったとはいえ、東西の格差はまだ決して埋まったとは言えない。そうした状況において、昔の方がましであったと社会主義時代を懐かしむ者も出てくる。そのような中で映画《グッバイ、レーニン！》は、改めて旧東ドイツ国民に対して統一ドイツ国民としての自覚を促す。とりわけ「他者と共に生きる」という新しい社会主義の理念は、旧東ドイツ国民を強く勇気づける。西側の資本主義社会で暮らす父ロバートの姿をアレックスが初めて目の当たりにしたとき、その暮らしぶりはアレックスが想像していたような俗悪なものではなかった。父の暮らしは豊かで洗練され、友好的な雰囲気に満ちており、その姿は「他者と共に生きる」という新しい社会主義の理想を一定程度、実現しているようにも見える。それゆえに、新しい社会主義は必ずしも資本主義と対立するものではない。両者は両立し得る、そう映画は主張する。

改めて着目すべきは、真実と仮象との関係である。かつての東ドイツは振り返ってみれば確かに「仮象」の国家であったかもしれない。しかし、映画の中では「真実の愛」から「仮象」が生まれ、その「仮象」から「真の理想」が生まれたように、「仮象」は「真の理想」に至る上での必然的な道のりであった。「真の理想」に至るためには「仮象」の段階を乗り越えなければならず、その原点にあったのは他者を思う愛情に他ならない。であれば同様に、実際の東ドイツという国家もその出発点にあった情熱は真実であったのであり、たとえ東ドイツが結果的に「仮象」であったとしても、その国家の存在はさらなる理想の国家を目指す上でドイツ国民が乗り越えなければならない試練の一段階であった。映画《グッバイ、レーニン！》は旧東ドイツ国家の誕生と消滅をそのように意義づけ、旧東ドイツ国民の喪失感を救済の方向へと促すのである。したがって、メディア論的な視点においては、《階段の踊り場》と同じように《グッバイ、レーニン！》においても祖国の「再生」が主張されていたと言える。

〈ドイツ人のディアスポラ〉という戦後ドイツのビッグ・モチーフに照らすなら、二〇〇〇年代の他のドイツ映画賞受賞作と同様に、映画《グッバイ、レーニン！》は〈ホーム〉に帰る物語であったと言ってよい。東ドイツの崩壊を目の当たりにしたアレックスはまさしく故郷喪失の状態にあったわけだが、統一ドイツとして祖国が再生することにより〈ホーム〉を取り戻すことになる。また《グッバイ、レーニン！》の物語は本質的に父性の喪失と回復の物語でもある。アレックスには実際の父ロバートと精神上の父ジークムント・イェーンの二人がいる。両者とも物語序盤において姿を消し、物語の終盤において再び姿を現す。双方とも映画の中では祖国東ドイツを代理表象する存在であり、両父親の退場と再登場は祖国の消滅と再生を意味する。

加えて映画が擬似キリスト教的な物語構造を持っているということにも注意しなくてはならない。キリスト教的モチーフとの関わりは、とりわけ母クリスティアーネが病室を抜け出した場面において、西側から持ち込まれたキリストの肖像画と撤去されるレーニン像との交代劇という形で暗示される。映画冒頭には父ロバートが撮影した幼いアレックスと姉アリアーネの遊び戯れる姿が挿入され、その微笑ましい様子は一種の楽園を象徴しているが、父ロバートの不在とその後の物語展開において、その冒頭の場面が楽園喪失を意味していたことが意識される。映画の終盤では父ロバートの西側での生活が一種の楽園のごとき理想郷として描き出され、元宇宙飛行士イェーンが宇宙からのイメージにおいて語る新しい統一ドイツは、神の国の実現を連想させる。両父性の回復は宗教的な神の父性と重ねられ、映画冒頭の楽園喪失の物語は最終的に楽園回帰の物語として結実するのである。(22)

3 《幻の光》(二〇〇三年/銀賞)——希望のポツダム広場——

あらすじ

オーダー川はドイツとポーランドの国境をなす川である。映画《幻の光》の物語は、このオーダー川を挟む二つの街を舞台として展開される。オーダー川のドイツ側の街はフランクフルト・アン・デア・オーダーという。ドイツ中西部の大都市、フランクフルト・アム・マインのことではない。ポーランド側の街はスウビツェという。時はまだシェンゲン協定によってドイツ・ポーランド間の通行が自由化される前の時代である。ソ連の崩壊後、旧東ドイツを含む東側旧共産圏の地域の経済状況は未だに決して良いとは言えない。日々の暮らしは楽ではなく、登場人物たちは今日明日を生き抜く術を求めて国境のあちら側とこちら側をそれぞれにさまよう。映画はそうした人々の国境をめぐる五つのエピソードが合わさりながら、一つの物語全体へと織り成されてゆく。

フランクフルトで暮らすマイクたち一家にとってタバコの密輸は大きな収入源の一つであった。タバコを運ぶ役割を担うのは長男のマルコである。彼はポーランド側から電車に乗り、オーダー川を越え、ドイツ側のフランクフルト駅に着く前にタバコを窓から放り投げる。それを拾うのがカタリナの役目である。カタリナは教護院から脱走してきた少女であり、家の者には内緒でタバコを転売し小遣い稼ぎをするしたたかな娘でもあった。次男のアンドレアスも帳簿をつけるなどしてその仕事を手伝う。マルコとアンドレアスの兄弟仲はあまり良いとは言えない。カタリナはマルコの恋人であるが、弟のアンドレアスも彼女のことが好きだった。あるとき警察がやって来てカタリナは教護院へと連れ戻されてしまう。しかし、カタリナに思いを寄せるアンドレアスは彼女を教護院から連れ去る。それ以上の何かをアンドレアスが特に考えていたわけではない。だが、そんな彼をカタリナは誘惑し、家の金を奪って逃げようとそそのかす。アンドレアスが心を動かされかけたとき、兄マルコがやって来る。結局、アンドレアスはカタリナの裏切りに会い、父と兄から懲らしめを受けることになる。これを恨みに思ったアンドレアスは密輸の件を警察に通報し、それによってマルコは捕まってしまうのだった。

西側出身[23]のインゴ・メルテンスはフランクフルトでマットレスの販売店を営んでいる。だが、店の経営は思わしくなく、彼は訪問販売という奇策に打って出た。インゴはこう考える。人間は人生の三分の一をベッドの上で過ごす。しかも失業率は二〇パーセントに及び、失業者は一日中ベッドの上にいる。だから、人生におけるマットレスの重要性を人々が理解すれば商品は売れるに違いない。売れないのは、きっとマットレスの重要性を人々がまだ理解していないからだ。それゆえに、インゴは販売員たちにマットレスの重要性を訴えさせる。しかし、当然のことながらマットレスはなかなか売れない。彼の経営戦略は的外れだが、その経営実態もすでに行き詰まっていた。常勤の従業員を確保できないので、その都度、職業紹介所の待合室にいる人に適当に声をかけて販売員を集める。車の免許を失効しているところにさらに無免許運転で捕まってしまう。古いマットレスは不法投棄をした。電気の不法使用が見つかり店の電気を止められてしまう。給料を払えずに解雇した従業員にはマットレスの現物支給を行った。すべてが場当たり的であった。仕入れの代金を払えないインゴはついに親会社からマットレスを没収される。インゴに同情を寄せた従業員のジモーネだけは最後まで彼に付き従う。しかし、とうとうインゴは破産へと追い込まれ、二人はただ途方に暮れるばかりであった。

インゴの店を解雇され給料を現物支給されたのは、ミレーナというポーランド人の女性である。インゴの店へはドイツ—ポーランドの国境を越え、車で通っていた。ミレーナは娘の聖体拝領のために衣装代を必要としていたが、その週の給料をインゴからもらうことができず困っていた。一方、夫のアントーニは娘にせがまれて高価な新品の衣装を買う約束をしてしまう。タクシー運転手の彼は徹夜で働いて衣装代を捻出しようとするものの、事故を起こし、結局その晩の稼ぎを失う。やがて彼はウクライナからポーランドへの密入国者ディミトリ／アンナ夫妻と出会い、ドイツへの密入国を画策して衣装代を稼ごうと目論む。本来、このウクライナ人夫婦はドイツのベルリンに到着しているはずであった。しかし、ベルリンはすぐそこであると業者に騙されて降りたその場所は、ドイツではなくポーランドのスウビツェであった。アントーニはディミトリ／アンナ夫妻を自宅に匿い、密入国請負人と取り引きをする。だが、アントーニもまた騙されてしまう。アントーニとウクライナ人夫婦は、仕方なくオーダー川を歩いて渡ろうと試みた。しかし、それも成功せず、夫婦は自身の故郷へ帰ることとなる。ディミトリのお金をくすねていたアントーニは、何とか新品の衣装を手に入れることができた。だが、時はすでに遅く、彼が衣装を持って教会に駆けつけたとき、すでに娘は母親が手作りした衣装を着て聖体拝領の典礼式に参列している最中であった。

コーリャもディミトリ／アンナ夫妻と一緒にウクライナからやって来た密入国者である。彼も本当はベルリンに行くつもりだったのだが、騙されてポーランドのスウビツェに降ろされたのだった。コーリャは国境のオーダー川を歩いて渡りドイツへの入国を果たすが、ドイツの国境警備隊に捕まってしまう。国境通訳官であるソーニャはコーリャに同情を寄せ、難民保護の訴えをするようアドバイスをする。だが、コーリャがポーランドを経由していたことが明らかとなり、うまくいかない。そこでソーニャは恋人のクリストフの助けを借り、改めて彼をドイツに密入国させようと考える。ドイツを追放された当のコーリャは、カミールの住むスウビツェの学生寮に身を寄せていた。カミールはコーリャたちが最初にスウビツェに到着したとき、親切にしてくれた飲食店の店員である。コーリャの居場所を突き止めたクリストフは、コーリャに金を渡して別の密入国業者を探すよう求める。それは、恋人のソーニャに密入国の幇助をさせたくなかったからであった。しかし、このことがばれてソーニャとクリストフは喧嘩になる。ソーニャはクリストフの反対にもかかわらず、再びコーリャをドイツへと密入国させようとする。この試みは成功したものの、クリストフの高価なカメラをコーリャに盗まれてしまった。彼女の善意は踏みにじられ、ソーニャは後味の悪い思いをする。

フィリップはドイツ人建築家フェングラーのアシスタントを務める。念願叶って彼はある工場の正面部分の設計を任されることになった。その工場の建設予定地はポーランドのスウビツェにある。彼が現地の視察に訪れたとき、通訳として来ていたのは元恋人のポーランド人女性ベアータであった。二年ぶりの再会である。その日、ベアータの暮らすスウビツェの学生寮をフィリップが訪れる。そこはあのカミールが住んでいる学生寮でもある。フィリップはベアータとよりを戻すことを望むが、ベアータにはわだかまりが残っていた。とはいえ、言葉を交わすうちに彼女のわだかまりも消えてゆく。フィリップは自分の夢が少しずつ実現されてゆく喜びを語る。一方、ベアータは自分の現況について話したがらない。その後、ポーランド人投資家の要求によって、フィリップの設計した正面部分の予算が削られることになる。自分の希望が叶わず落ち込んでいるところに、フィリップは驚きの事実を突きつけられる。ベアータは実は通訳だけではなく、接待のためのコール・ガールの役割も担っていた。ドイツ人依頼主ヴィルケの自宅でパーティーが開かれ、ベアータはその秘密をフィリップにも知られてしまう。フィリップはベアータに資金援助を申し出て、代わりにその場から立ち去るよう説得する。しかし、ベアータとしてはフィリップの世話になることを望まない。依頼主を怒らせたフィリップは上司からクビを言い渡される。恋人だけでなく建築家への夢も失ったフィリップは深い悲しみに襲われる。翌朝ベアータは車の中で眠るフィリップを発見するが、投げやりな気持ちのままタクシーに乗って去ってゆく。

主題展開

以上のような物語展開において映画《幻の光》が主題化するのは、人間の希望と失望である。映画では、困難な境遇の中を「希望と失望」の狭間で苦しみながら何とかそこを抜け出そうともがく人間の生き様が描かれる。五つのエピソードの背景として共通するのは、経済的な困窮状況である。金銭的な余裕があればマイクの一家がタバコの密輸に手を染める必要はなかった。インゴが違法行為を重ねることも、ウクライナ人たちが密入国を企てることも、アントーニがディミトリの金をくすねることも、ベアータがコール・ガールになる必要もなかった。しかし、困難な状況の中にある人々にとっては他に選択する余地のなかった道であり、うまくいけばこの苦しい現状を抜け出すことができるかもしれないという希望にもつながる道であった。けれども、物語の中でそうした希望の道はことごとく潰え、希望は失望へと転じるのである。

「希望と失望」という主題に関して、例えば、アンドレアスとカタリナのエピソードは理解しやすい。アンドレアスが教護院からカタリナを連れ去ったとき、カタリナにそそのかされた彼はタバコの密輸でもうけた一家の金を盗み、カタリナと共にそのまま逃走しようと考えた。アンドレアスには一瞬でもその考えが現状を脱する希望の道だと思われたのである。しかし、カタリナに裏切られ、アンドレアスの希望はすぐさま失望へと転じる。

マットレス店の経営者インゴの場合も、同様に希望が失望へと転じる物語となっている。西側出身の彼は、失業率の高い旧東ドイツの経済状況を逆にビジネス・チャンスだと捉えた。フランクフルト・アン・デア・オーダーは経営者としての成功を夢見る彼にとって希望の場所であり、愚かだったとはいえ、彼の行動の数々は状況を何とか希望へとつなぎ止めておくためのものであった。しかし、経営破綻の事実を突きつけられたインゴは、自身の可能性に深く失望するのである。

オーダー川国境を渡るエピソードについても同種の事態が見出される。ウクライナからの密入国者ディミトリ／

アンナ夫妻にとってはもちろん、娘の衣装代を捻出しなければならないタクシー運転手のアントーニにとっても、オーダー川を越えてウクライナ人夫婦がドイツへと渡ることは一筋の希望の光であった。しかし、川を越える試みは失敗に終わり、ウクライナ人夫婦はドイツへの密入国を諦める。その後、アントーニはディミトリからくすねた金で新品の衣装を買うものの、聖体拝領の典礼式には間に合わなかった。ウクライナ人夫婦においてもアントーニにおいても、彼らが協力して見出そうとした希望は消え去り、それぞれの計画は失望の中で幕を閉じるのである。

他方、同じくウクライナからの密入国者コーリャについては、ドイツへの密入国に成功する。コーリャは希望に満ちた表情で、ベルリンのポツダム広場の様子をカメラで写真に収める。しかしながら、そのカメラは密入国を手助けしてくれたソーニャの恋人クリストフのものである。困窮するウクライナ難民の希望を叶えることがソーニャ自身の希望でもあり、これまでコーリャを救う手立てをソーニャは必死に模索してきた。しかし、そのウクライナ人によってカメラを盗まれたことに気づいたとき、彼女は深い失望感に包まれるのである。

フィリップとベアータのエピソードについても、同様に希望が失望へと転じる物語が展開される。ベアータとしては当然のことながらコール・ガールの仕事をやりたいわけではない。とはいえ、学費と生活費を稼ぐには他に方法はなく、それだけが今の窮状を脱する希望の道であると信じるしかない。ところが、そこにかつての恋人フィリップが現れる。ベアータとしては自分が娼婦であることを、フィリップには知られたくなかった。ベアータの秘密を知ったフィリップは、彼女に資金援助を申し出てその場を去るよう説得する。しかし、フィリップの稼ぎに頼ることをベアータのプライドが許さない。フィリップが申し出たことは、ベアータを金で買おうとする他の男たちと本質的には変わらないようにも思えた。自分の意志を貫いて自分なりに希望への道を探ろうとしたベアータであるが、フィリップとの恋愛は成就せず、彼もクビを言い渡されてしまう。このことを思うとベアータは投げやりな気持ちになり、自身が置かれている境遇に対して改めて失望を感じるのである。

補足しておくと、フィリップの夢も経済的な理由によって潰えてしまったことを忘れてはならない。フィリップの設計した工場の正面部分が建築計画から除外されたのは、予算上の理由からであった。ポーランド人投資家は言う。その設計は「夢想的（utopisch）」、つまり非現実的である、と。彼の夢はまさしく夢物語に過ぎないとされ、輝かしい希望はあえなく失望へと転じてしまう。

「希望と失望」に翻弄される人々の生き様を原タイトルに照らすなら、「明かり（Lichter）」とは「希望」を象徴した希望の光であると言えるだろう。またその「希望の光」が物語の中ではことごとく失望へと転じてしまうことを鑑みるなら、邦語タイトルに示されているように希望の光は「幻の光」であったと見なすことができる。こうした主題とタイトルとの関係は、映画の冒頭において早々に示唆されてもいる。コーリャをはじめとするウクライナからの密入国者たちがトラックから降ろされたとき、密入国業者はこう言う。「暗くなったらこの道を下って最初の明かり（Lichter）のところまで行け」、と。その「明かり」はベルリンへと通ずる希望の光であったはずだが、その地はベルリンではなかった。密入国業者に騙されていたことに気づいたとき、希望の光は「幻の光」であったことが明らかとなり、他のエピソードに先んじて密入国者たちは失望の淵に沈むのである。

メディア論的考察

希望がことごとく失望へと転じるとはいえ、登場人物が完全な絶望に覆い包まれたかというと必ずしもそうとは言えない。カタリナに裏切られ、父と兄から折檻を受けたアンドレアスは、反発心からタバコの密輸の件を警察に通報する。破産したインゴには彼に同情を寄せる女性、ジモーネという存在が残った。ドイツへの密入国に失敗したディミトリ／アンナ夫妻には帰る故郷があり、アントーニには愛する妻と娘がいた。ウクライナ人のコーリャをソーニャが自身の尽力によってドイツへと入国させることができたという事実に変わりはなく、翌朝ベアータは帰っ

た と思っていたフィリップの姿を車の中に発見する。希望と失望に翻弄されながら、それでも人生は続くのであり、どのような形であれ登場人物たちには再び立ち上がる余地が残されている。

そうした物語の結末を考慮するなら、映画の主題展開はさらに別のトーンを持って響いてくることになる。というのも、登場人物たちに再び立ち上がる余地が残されているということは、それぞれが自身の置かれている状況を再認識してタフに生きることを映画がメッセージとして示唆することにもつながるからである。そして、以上のような主題展開をメディア論的な視点から眺めるなら、映画《幻の光》は《階段の踊り場》や《グッバイ、レーニン！》と同様に祖国の「再生」を主張していると見なすことができるだろう。ただし、このことを理解するためには、映画が舞台としているオーダー川国境周辺の特殊事情を今一度、確認しておく必要がある。

ポーランドのシェンゲン協定への実質的な参加は二〇〇七年以降であり、したがって、《幻の光》が作品賞を受賞した二〇〇三年当時はまだ、ドイツ・ポーランド間の移動は自由ではなかった。しかしながら、そもそも現在のようにいわゆるオーダー・ナイセ線がドイツ・ポーランドの国境となったのは第二次世界大戦後のことで、かつての国境線は今よりもっと東寄りにあった。現在の国境はまずポツダム宣言に基づいてオーダー・ナイセ川が境界として設定され、それを東ドイツが一九五〇年に、西ドイツが一九七〇年に承認し、さらに一九九〇年のドイツ再統一に際して最終的に確定される。(24)

オーダー川両サイドの行き来が自由でないことは、国境をめぐる様々な社会問題を生み出す要因となる。その中でも最も大きな社会問題の一つが、映画の中でも中心的な題材として取り上げられている種々の「密輸犯罪(Schleuserkriminalität)」(25)である。そうした犯罪にはマイクたち一家のように物品の密輸を目的とする場合だけでなく、コーリャやディミトリ／アンナ夫妻のように、いわば人間の密輸を目的とするケースも含まれる。東欧からの密輸犯罪が増加したことの背景には、一九九一年のソ連崩壊後も依然として色濃く残っている西側自由主義圏と東側旧社会主義圏との経済格差がある。マイクたち一家が行っていたのは、タバコを物価の低いポーランドで安く仕入れ、それをドイツ国内で高く売り、その利ざやを稼ぐというものである。また、そうした経済格差があるゆえに、困窮する東欧から豊かなドイツへ密入国しようとする者たちが後を絶たなかった。その際、映画の中ではウクライナ人たちが騙されていたように、たいてい「シュレッパー（Schlepper）」と呼ばれる密入国を幇助する者の存在がある。密入国の際は重要なノウハウがあって、亡命者として保護を申請する場合は、第三国を経由せず直接ドイツに入国したと主張しなくてはならない。映画の中でコーリャがドイツの国境警備隊に捕まったとき、オーダー川を渡ってポーランドからドイツに入国したのではなく、空路でウクライナから直接ドイツに入国したと主張したのはそのためであった[26]。このノウハウを教えてくれたのはスウビツェの飲食店で働くポーランド人学生のカミールで、彼はコーリャたちがブルガリア人のシュレッパーから新たに騙されるのを防いでくれた恩人でもある。しかしながら、カミールが働いていた飲食店のレシートが見つかって、コーリャがポーランドのスウビツェに滞在していたことが明らかとなり、彼の亡命申請は却下されてしまう。親切なカミールの飲食店の存在がコーリャの亡命にとっては仇となり、映画はそうした皮肉な物語を演出しているのである。

その他、ポーランド人のミレーナがフランクフルトのインゴの店に働きに来ていたのも、あるいはポーランド人のベアータが裕福なドイツ人を相手にコール・ガールを務めていたのも、そうした経済格差が背景にあるからであった。ベアータには同僚の女性がいたように、このような売春ビジネスが組織的であったことも注目に値する。一方、そうしたベアータの客となった建築依頼主のヴィルケがスウビツェに工場を立てようとしたのもポーランドの物価が安いからであり、何事も金で買い取ろうとする姿をドイツ人実業家の傲慢さとして映画は演出するのである。

しかしながら、見方を変えれば、こうした経済格差を利用した一つの共同の経済圏が国境周辺に形成されているということでもある。スウビツェに工場を立てるという建築計画は、スウビツェの市長やポーランド人投資家も関わるプロジェクトであった。あるいはベアータやカミールの住んでいる学生寮の存在も、フランクフルトとスウビツェのそのような共同関係を体現していると言ってもよい。その学生寮は「ヴィアドリナ欧州大学[27]」の学生寮であると推測され、この大学はフランクフルトとスウビツェの両方に大学の校舎が存在する。スウビツェに学生が多く住んでいることのメリットをソーニャの恋人クリストフが指摘していたが、背景にはそのような経済事情があった。

一方、ドイツと東欧地域との間に経済格差があるとはいえ、ドイツ東部のフランクフルト・アン・デア・オーダーも西側地域に比べれば失業率が高く経済的に困窮していたという点を忘れてはならない。それは、マイク一家やインゴのエピソードに示されているとおりである。映画の中で本来的に描かれているのは、西側自由主義圏と旧東ドイツを含む東側旧社会主義圏との経済格差である。だからこそ、ウクライナからの密入国者たちが目指したのはフランクフルトではなく、ベルリンなのであった。

その点において、コーリャが目指した場所がベルリンのポツダム広場であったことは非常に意義深い。かつてポツダム広場は、二〇世紀の代表的な大都市ベルリンを象徴する場所であった。しかし、第二次世界大戦で広場は破壊され、やがてベルリンの壁によって二分されてしまう。その後、広場は東西冷戦構造の緩衝地帯となり開発から取り残されることになる。それゆえ、東西ベルリンにまたがる不毛の国境地帯として、ポツダム広場は東西冷戦を象徴する場所ともなった。冷戦終結後、東西ドイツの再統一に伴って、不毛のポツダム広場はヨーロッパ最大の開発地域へと転じる。したがって、ポツダム広場はドイツ再統一の象徴でもあり、第二次世界大戦以前をも視野に入れるなら、それはドイツ再生の象徴なのであった。

映画《幻の光》の序盤において、コーリャがポツダム広場を目指す理由は次のように語られる。かつてコーリャの兄はポツダム広場の建設現場で働いていた。しかし、当局に逮捕されてウクライナのキエフに送り返されてしまう。だから、兄はポツダム広場に高層建築が並び立つ様子を見ていない。そこでコーリャはポツダム広場の写真を撮って兄に見せてあげたいと考えた。コーリャは言う。兄はポツダム広場の「高層建築を建てた」のであり、ポツダム広場は「ヨーロッパ最大の建設現場」であった、と。すなわち、今の壮麗なポツダム広場はドイツ人の力だけではなく、東欧の人々の力によっても作られた。だから、コーリャの言葉は彼ら東欧出身者たちの自負の表れでもある。したがって、《幻の光》においてドイツ再生の象徴であるポツダム広場は、同時にヨーロッパの統合をも示唆すると言ってよい。

映画終盤においてコーリャがポツダム広場に到着したとき、ソーニャに助けてもらった恩義があるにもかかわらず、ソーニャの恋人クリストフのカメラを盗んだのは、そのような事情があったからである。コーリャがカメラを盗んだのは高価なカメラを金銭に換えるためではなく、兄が建設したポツダム広場の写真を兄に見せるためであった。

東西の経済格差、オーダー川国境周辺の歴史的・経済的な事情、ドイツの再生の象徴としてのポツダム広場、そしてヨーロッパの統合、これらをメディア論的な視点から俯瞰したとき、ベルリンのポツダム広場はオーダー川国境周辺の地域にとって目指すべき未来の姿として焦点を結ぶ。その際、オーダー川国境周辺の地域は、概ね旧東ドイツ地域を代表象するものと考えてよいだろう。東西の経済格差は依然として開いたままであり、旧東ドイツの人々の暮らしは確かに厳しい。しかし、映画の中では希望がことごとく失望へと転じたにもかかわらず、それでも登場人物たちには再び立ち上がる余地が残されていた。不毛な国境の地であったポツダム広場が見事に復興を遂げたように、旧東ドイツの地域も同様に成長する可能性を秘めている。そして、ポツダム広場の復興がドイツ再生の象徴であったように、旧東ドイツの地域の成長もそれに連なるものとして位置づけられる。

またポツダム広場の復興がドイツの再統一に伴い、ヨーロッパ諸国の人々の手によって実現されたのだとすれば、ドイツの再生はヨーロッパの統合を通じてこそなされると言える。であれば、旧東ドイツ地域に関しても、その成長はヨーロッパの統合という文脈の中でなされ、具体的にはEUないしシェンゲン協定の東方拡大を志向すると言ってよいだろう。無論、《幻の光》の登場人物たちが希望と失望に翻弄されたように、ポツダム広場への道は容易ではない。けれども、映画において唯一コーリャだけは最終的にポツダム広場に到達して見事に希望を叶えたように、ポツダム広場への道は幻の道ではなかった。だからこそ、映画はそれぞれが自身の置かれている状況を再認識してタフに生きることを示唆しており、《幻の光》は旧東ドイツ国民に対してそのようにメッセージを送っている。

以上のように、映画《幻の光》のメディア論的な主張は《階段の踊り場》や《グッバイ、レーニン!》と共に祖国の「再生」という二〇〇〇年代の傾向に沿うものであり、そこに「ヨーロッパの統合」という概念も同時に組み入れていることがその特徴であると言える。

〈ドイツ人のディアスポラ〉という戦後ドイツのビッグ・モチーフに照らすなら、これも他の二〇〇〇年代の諸作品と同傾向にあり、《幻の光》は〈ホーム〉に気づく物語であったと言えるだろう。映画の中では、登場人物たちの希望の光はときに「夢想的」と形容されたように、ことごとく幻の光であることが明らかとなった。その意味において人々は精神的なディアスポラの状態にあったと言ってよい。映画の序盤において、自分たちが業者に騙されたことを悟ったとき、「家」に帰りたいと言うアンナに対して、もう帰る「家」はないとディミトリが言ったことは暗示的である。しかし、映画の登場人物たちには立ち上がる余地が残され、人々は自分の置かれている状況を再認識してタフに生きるよう示唆される。自分たちの置かれている場所は厳しい所であることに違いはないが、かといって自分たちの居場所がそこにしかないと悟ったとき、結局はディミトリ/アンナ夫妻も故郷に帰ったように、そこに〈ホーム〉の再認が生じる。この点において、同じくフランクフルト・アン・デア・オーダーを題材としつつ「青い鳥症候群」の物語を展開した《階段の踊り場》との類似性は高いと言える。

4　《何でもツッカー！》（二〇〇五年／金賞）——五分五分の決着——

あらすじ

主人公のジャッキー・ツッカーは、一九四七年のベルリンに生まれる。旧東ドイツ時代はスポーツ記者としてテレビにも登場する人物であった。本名をヤーコプ・ツッカーマンと言い、ユダヤ系の出自を持つ。とはいえ、ユダヤ教団との関係は疎遠になっており、東ドイツの社会主義体制の下でユダヤ系としてのアイデンティティを失って久しい。

東西統一後のドイツにおいて、ジャッキーは賭けビリヤードに明け暮れる毎日を送っていた。家賃も払えない夫に妻マルレーネはついに愛想を尽かし、離婚を言い渡されたジャッキーは家から追い出されてしまう。加えて困ったことに、ジャッキーには銀行からの多額の借金があった。彼は看護師のリンダと共に「クラブ・ミッテ」というナイト・クラブを経営していて、その負債総額が四万四千五〇〇ユーロに膨らんでいたのである。ところが、返済の意志をきちんと示さなかったため、ジャッキーは債務不履行ということで逮捕の危機に陥る。銀行側の担当者を務めるのは、奇しくも自分の息子のトーマスだった。ジャッキーは借金返済の目処があるからとトーマスに泣きつき、何とか返済期限を約一週間延ばしてもらう。その際、ジャッキーは自身の「母の命」にかけてトーマスと返済の約束をした。とはいうものの、ジャッキーが当てにしていたのはビリヤード・トーナメントに出場して優勝賞金一〇万ユーロを獲得することである。この目論見自体が心もとない計画であるが、そもそも今の彼にとって参加費の五千ユーロを支払うことすら容易ではない。そこでジャッキーは参加費を都合してもらうため、二年間交流の途絶えていた娘ヤーナのもとを訪れる。しかし、怒った娘に追い返されてしまう。

一方、妻マルレーネはジャッキー宛の電報を受け取っていた。その内容はジャッキーの母レベッカが亡くなったということで、その遺産相続に関するものであった。奇しくもジャッキーが「母の命」に賭けて誓ったことが現実のものとなってしまったのである。母レベッカの遺産を相続するためには、彼女が遺言として定めた条件を満たす必要がある。まず母の亡骸を故郷ベルリンの地に埋葬し、そして「シヴァ」と呼ばれる一連の喪の儀式をユダヤ教の戒律に則って行わなければならない。またさらなる条件として、この儀式を四〇年以上前に生き別れとなったジャッキーの兄[28]ザムエルと協力して行い、両者が離れ離れになっていがみ合うようになった過去のいきさつについて話し合い、そして両者が和解する必要があった。

妻マルレーネとしては、何とか義母レベッカの定めた条件を満たして遺産を受け取り、ジャッキーとの夫婦関係をやり直したいという思いがある。とはいえ、ジャッキーの方もそうは簡単にいかない事情がある。シヴァの儀式は七日間を要し、病気等の理由を除きその間に他の用事を行うことは許されない。ところが、店の借金を返済するにはその期間にトーナメントに出場する必要がある。またジャッキーには、兄ザムエルに対するわだかまりが残っていた。ジャッキーが十四歳のとき、母レベッカは兄ザムエルの脚の治療のため、兄だけを連れて西側のフランクフルト（アム・マイン）に行ってしまう。残されたジャッキーは寂しい思いを募らせつつ東ベルリンで育ち、東西統一後もそのまま母や兄と連絡を取ることはなかった。それゆえ、今さら仲直りしろと言われても、そう簡単にはいかないのである。

他方、兄ザムエルの方も彼なりの事情があった。ザムエルは正統派のユダヤ教徒である。それゆえ、母の意思に従ってユダヤ教の戒律に則り、一連の儀式を行ってあげたい気持ちがある。また彼にはぜひとも遺産を相続したいという思いもあった。というのも、二年前に投機で多額のお金を失ってしまったからである。そのため、ザムエルは嫌々ながらも弟ジャッキーと協力せざるを得ないと考えていた。

こうして様々な難題を抱えながら、遺産相続に向けたジャッキーの一週間が始まる。物事が母の遺言どおりに進められているかどうかを判断する役割は、ラビ（ユダヤ教の指導者）のギンスベルクが担う。彼が不在の場合は、ザムエルの息子ヨシュアがその代役を担うことになった。表面上ジャッキーは、大人しく戒律に従って喪の儀式に参加する素ぶりを見せた。けれども、たびたび病気の振りをしながらあの手この手を使って儀式を欠席し、その間に内緒でビリヤードの試合に参加する。娘のヤーナだけはこの事情を知っていた。シヴァの儀式は粛々と行われ、一方ジャッキーも順調に勝ち進んでゆく。ところが、ついに妻マルレーネにばれてしまう。試合にも遅刻し、ジャッキーは失格となる。ジャッキーの嘘も他のみんなが知るところとなった。

ジャッキーの行動は明らかに戒律に違反している。しかし、心労がかさんだジャッキーは本当に心臓を悪くし、一同は彼の窮状を理解した。そして、何よりも一同はお金を必要としていた。ジャッキーは公式の試合では失格となったが、トーナメントの優勝者と再び優勝賞金一〇万ユーロをかけて私的な勝負を行うことになる。一同はジャッキーを応援し、見事、彼は勝利したかに見えた。ところが、ジャッキーはついに本物の心臓発作を起こし昏睡状態に陥る。何とか意識を取り戻したとき、ザムエルも発作を起こしてしまう。ユダヤ教の戒律は、すでに随分とないがしろにされていた。しかし、それでも遺産を相続する上で最後にチャンスは残された。それは兄弟が和解することである。ジャッキーとザムエルは同じ病室でラビのギンスベルクが同席する中、無事に仲直りを果たし、映画は終局へと向かう。

主題展開

映画《何でもツッカー！》が主題化するのは、家族間の様々な確執をめぐる許容の精神である。映画の中には兄弟間、親子間、夫婦間等々の確執が登場し、それが和解へと導かれるには「許容の精神」が欠かせない。物語の基軸となるのは、ジャッキーと兄ザムエルの確執である。二人の間には、考え方や生き方に関して様々な相違があった。ザムエルは正統派のユダヤ教徒であり、一方的に壁を築いた旧東ドイツの社会主義体制に対して批判的である。一方、ジャッキーは自らを「無神論の共産主義者」と称し、スポーツ記者として活躍していた旧東ドイツ時代への思いを忘れることはない。ザムエルはジャッキーを「スターリン」と形容し、ジャッキーはザムエルを宗教的な「狂信者」と呼んだ。

しかしながら、こうした宗教的・政治的立場の相違は、必ずしも二人の確執の根本的な原因ではない。二人の関係が悪くなった最大の理由は、母レベッカが兄ザムエルを連れて西側のフランクフルトに行ってしまったことに起因する。ジャッキーとしては、母にとっての最愛の息子はザムエルであり、自分は壁の中に一人ぼっちのまま見捨てられたのだという思いがあった。一方、ザムエルの方も不満がないわけではない。母からの手紙にどうしてジャッキーは答えなかったのか？　少なくとも東西統一の転換以降なら可能だったはずではないか？　そもそも母が自分を連れてフランクフルトに行ったのは自分の脚の手術のためであって、ジャッキーを見捨てたわけではない。むしろ東ドイツでスポーツの寄宿学校に居続けることをジャッキー本人が望んだのではなかったのか？　母がどれだけジャッキーのことを恋しく思ったか想像したことがあるか？　東ドイツに残ることはジャッキー自身が決めたことであり、要するに、彼にとっては母やザムエルよりも社会主義の方が大事だったのではないか、と。

こうした確執が和解へと至る上で重要な役割を果たすのが、「許容の精神」である。ここでは広い心で他者の罪や欠点を責めたりはしない「寛容」の態度と区別する必要があろう。ジャッキーがザムエルに対して指摘しているように、確執の根底には「自分の行いはすべて正しい」「自分の立場について何も説明する必要はない」という思いが存在している。ジャッキーとザムエルとの会話においても、相手を毒づいて非難し自身の正当性をぶつけようとする態度が最後まで消滅することはない。しかし、それでも両者が最終的に和解に至ったのは、相手の非に対する自身の不満を一定の忍耐の中で飲み込んでしまう「許容」の姿勢を取ったからである。その際、名を捨てて実を取ろうとする合理性が働いていたことに注意する必要があろう。ここでの「実」とは、ジャッキーも強調しているように、お金の問題とはまた別の物である。ジャッキーは言う。「我々は本当の家族だった」、と。そして彼は告白する。「自分だって何かしら少しぐらいはあなたたちを必要とすることがあったかもしれない」、と。これらの台詞には、どのような不満があろうとも心の底では母や兄を求めざるを得ないジャッキーの本心が表現されている。

本当の気持ちを優先することに伴うこのような「許容」の姿勢は、ジャッキーと他の家族との関係においても見出すことができる。妻マルレーネが一旦はジャッキーとの離婚を決意したにもかかわらずそれを撤回したのは、彼女が告白しているように、単に遺産が欲しかったからではなく、遺産相続の過程において「ジャッキーが変わる」という可能性に賭けたからだった。マルレーネの中では、これまでの夫に対する不満を飲み込んででも夫婦関係をやり直したいという本心が勝ったのである。

ジャッキーの娘ヤーナの場合も同様である。かつてヤーナは父ジャッキーから「お前は自分にとって死んだも同然である」と言われ、彼女の中ではその言葉がずっとわだかまっていた。けれども、ヤーナは父ジャッキーをもはや拒絶することはしなかった。それは、父がその言葉を撤回したからではない。それ以前にヤーナは父に対する「許容」の姿勢を示していたのであり、そのことはヤーナが祖母レベッカの埋葬に参加するため、すでに前日も墓地を訪れていたという彼女の告白によって明らかにされている。それでは、なぜヤーナが父を拒絶しなかったかと言えば、それが彼女の願いであり本心だったからである。その根拠は、ヤーナがザムエルの息子ヨシュアを説得するに際して発した言葉の中に求めることができる。戒律どおりにシヴァの儀式が進まなかったことをヨシュアがラビのギンスベルクに報告しようとしたとき、「あなたの心（Herz）は何と言っているの？」とヤーナは問いかけた。そして、ヤーナは自分の「心」について語る。「父が私たちの愛を壊して以来、私たちは仲違いしたままだけれど、私は父の味方をする。」ここに示されたのは本心に基づいた「許容」の姿勢である。父ジャッキーが自分たちの関係を壊したことに間違いはない。その点について父へのわだかまりが解消されたわけでもない。それにもかかわらず、ヤーナが父の味方をすると言い切ったのは、彼女の「心」が父を求めているからであった。

家族間の様々な確執をめぐる「許容の精神」という主題展開において、個々の人間関係と並んでもう一つ重要な要素となるのが、規則等に対する許容の問題である。映画の中では様々な規則、約束、慣習に対して厳格さの要求されるエピソードが登場し、そこではその都度、相手に対する許容の姿勢が求められる。中でも最も重要なのが、当然のことながらレベッカの遺言およびユダヤ教の戒律をめぐる諸々のエピソードということになろう。ユダヤ教の戒律では肉製品と乳製品を分けて保管するなど、いわゆる「清浄な（koscher）」暮らしが求められる。七日間に及ぶシヴァの儀式についても細かな決まりごとがあり、レベッカの遺言では家族全員の参加が望ましいとされた。けれども、そうした規則の適応に関しては結果的に許容の姿勢が示されることになる。

例えば、最初の家族会議をジャッキーの娘ヤーナは欠席するが、ラビのギンスベルクは「例外」という言葉を使い、特に問題視しなかった。このことは、その後の展開を象徴する振る舞いであると言えるだろう。ユダヤ教の「清浄な」暮らしに関しても、そのように生活してこなかったジャッキーたちにとって今さら戒律に沿った正しい暮らしをすることは容易ではない。しかしながら、ザムエルの妻ゴルダはジャッキーたちの生活を「豚カツのごとき清浄」と形容して呆れつつも、それを受け入れて許容の態度を示す。ジャッキーが喪の儀式を欠席するために仮病を使ったことが明らかになったときも、ザムエルの息子ヨシュアは戒律に違反していると主張したが、ザムエルはジャッキーの切迫した事情を理解し、「例外は容認（erlauben）される」べきだと主張した。そして、ラビのギンスベルクが下した最終的な判断も、半分を兄弟が半分を教団が相続するという柔軟なもので、ジャッキー兄弟がすべてを失うという厳しいものにはならなかった。ギンスベルクがなぜそのような判断を下したかの根拠を問われたとき、彼はこう答えている。「寛大な処置（Gnade vor Recht）」である、と。またこう付け加えることも忘れない。「戒律を誠実に解釈するのであれば、あなた方ふたりは何も得られずに終わる」、と。ギンスベルクは要するに「許容」の姿勢を示したのであり、兄弟に仲直りをさせるという亡きレベッカの意思を最大限に尊重してジャッキーの出鱈目な振る舞いを大目に見たのである。

その他、映画《何でもツッカー！》の中では「許容の精神」が様々に描かれる。物語の序盤において、逮捕されそうになったジャッキーが返済期日を延長してもらうよう息子のトーマスに泣きつくと、トーマスはやむなく期日の延長を了承して許容の姿勢を示した。娘ヤーナの恋人が女性であることが明らかになったときも、ジャッキーは許容の姿勢を示した。娘リリーが男性に対して奔放な態度を取っていたことを気にしていたザムエルも、娘がジャッキーの息子トーマスと付き合うことを許容した。あるいはまたビリヤードのトーナメントで優勝したウクライナ人選手も私的な勝負を受け入れた。勝負の結果についてもルールを杓子定規に当てはめれば両手を台に突いたジャッキーが負けになるところを、最終的な勝敗は引き分け、賞金も五分五分で分ける形になった。

他方で興味深いのは、ビリヤード大会を運営する支配人エディーの存在である。表面上エディーは非常に気さくな印象を与えるが、実際の振る舞いにおいては狭量で全く融通がきかない。ジャッキーが大会参加費の相談をしようとしても一切、取り合わず、申し込み期限の「時間厳守」を強調するばかりである。遅刻したことが理由でジャッキーが失格になってしまった際も、「競技規則」を変えるわけにはいかない、「例外」を認めるわけにはいかない、とジャッキーの申し出を退ける。許容の精神を全く持ち合わせていないエディーのキャラクターは、他の人々のキャラクターとは対照的である。ジャッキーがときどき口にする「官僚主義的（bürokratisch）」という批判の言葉が、旧東ドイツの国家社会主義体制に対してではなくむしろ資本主義システムに沿ったビリヤード大会の運営方針に当てはまることは、極めてシニカルな印象を与える。

メディア論的考察

以上のような主題展開をメディア論的な視点から眺めるなら、他の二〇〇〇年代の受賞作と同様に、《何でもツッカー！》においても祖国の「再生」が主張されていると言うことができるだろう。ベルリンの壁が築かれた一九六一年に生き別れとなったジャッキーとザムエルの兄弟は、それぞれが東西ドイツの両国民を代理表象する存在である。連邦政治教育センターの『映画ノート』によれば、《何でもツッカー！》が提示する物語は、「世俗的ユダヤと宗教的ユダヤにとっての、ユダヤ人と非ユダヤ人にとっての、東側の人々と西側の人々にとっての普遍的に妥当する許容のモデル（Toleranzmodell）」[29]であるとされる。ベルリンの壁の崩壊による「転換」以降、統一ドイツにおいては宗教上・政治上・経済上の様々な対立が浮上してきた。とりわけ《何でもツッカー！》において焦点化されたのは、社会主義体制の下で抑圧されてきた信仰の問題である。主人公のジャッキーも無神論者であることを自認しているように、東西統一後は同じ家族間においても世俗的生活を送ってきた者と宗教的生活を送ってきた者との間に大きなズレが生じた。加えて、そこに付随するのが政治経済上の問題である。映画の中でジャッキーは自分のことを「典型的な転換の敗北者」と称する。旧東ドイツ時代、彼にはスポーツ記者として華やかに活躍する場があった。ところが、東西統一後は記者としての仕事を失い、賭けビリヤードで生活を営むことを余儀なくされる。借金の返済や家賃の支払いに窮したジャッキーは、統一ドイツの資本主義体制に対する旧東ドイツ国民の不満を代弁する役割を担っていると言ってよい。

では東西間のそうしたズレや不満を解消するにあたり、映画《何でもツッカー！》の中ではどのような立場から意見表明が行われているかと言えば、それが「許容の精神」ということになろう。改めて確認するなら、それは日本語における「寛容」とは異なる。他者の罪や欠点を責め立てないのではなく、相手の非を指摘して自身の正当性を主張しつつも、そうした不満を飲み込んで一定の辛抱と共に相手を受け入れ、場合によっては五分五分の結果で良しとすること、これが映画の提示する「許容の精神」である。そして、そこには本心を優先しようとする一定の合理性が働いていたことも合わせて思い出しておきたい。物語の結末においてジャッキーの暮らしが、ビリヤード、自分の家族、兄ザムエル、ユダヤ教に関してそれぞれ均等に時間を割くスタイルに変わったことは、そうした「許容の精神」を体現していると言える。

したがって、《何でもツッカー！》がメディア論的に提示するのは、統一後に様々な形で浮上してきた対立事象に関して、「許容の精神」と共に和解へと至る道筋である。そのメッセージは旧東西ドイツの両国民に対して、これまでの対立感情を一定の辛抱と共に飲み込み、名を捨てて実を取ることを目指し、そして祖国ドイツの再生につなげるよう促すのである。とりわけジャッキーに代表されるように、祖国を失った旧東ドイツ国民に対しては、祖国の「再生」というメッセージがことさら意義深いものとして響くことになるに違いない。

こうしたメディア論的な主張において、重要なモチーフとなっているのが「シュピール（Spiel）」の概念である。この言葉は「遊び」という基本語義を持ち、映画の中ではジャッキーが否定的意味を込めて使う「官僚主義的」という言葉と好対照をなす。名詞の「Spiel」、動詞の「spielen」という言葉は、ドイツ語においてはとても多義的で、映画の中でも賭け事、勝負、試合、競技、演技、芝居等々の様々なニュアンスを含んで使われる。例えば、ジャッキーはビリヤードの「賭け勝負」を行い、ビリヤードの「試合」に「競技者」として出場し、シヴァの儀式を欠席するために「芝居」として病気の「演技」を続ける。妻マルレーネがジャッキーに対して見切りをつけたときの言葉が「試合（Spiel）終了」であるのも、そのような文脈の上にあると言ってよい。そして、「遊び」という基本語義は狭量で杓子定規な姿勢の対極にあるものとして「許容の精神」を補強するものとなる。

映画の原タイトル「すべてをツッカーへ！」は、すべてをツッカーに「賭ける」という意味であり、「シュピール（Spiel）」というモチーフを前提としたタイトルであることに注意したい。また「ツッカー（Zucker）」というジャッキーの苗字がドイツ語において「砂糖」という意味でもあり、原タイトルは人々がお金という甘い砂糖へと集まってくる事態を言い表していると考えることもできる。

映画冒頭における、「新たな勝負（Spiel）、新たな幸運（Glück）、それが私の哲学」というジャッキーのセリフは、「Spiel」という言葉が映画の中で重要なモチーフとしての役割を担っていることをはっきりと告げている。またこの文言は物語の終盤において亡き母レベッカの天の声としても繰り返され、それが発するメディア論的な意味は祖国を再生する上での心構えにもなる。様々な対立問題を抱える統一ドイツの行く末は必ずしも明瞭ではない。けれども、新たなチャレンジこそが新たな幸運をもたらし、新たなチャレンジは常に一つの「賭け（Spiel）」である他ない。そして、映画のタイトルが示唆するように、その「賭け」の向こうには「砂糖（Zucker）」のように甘く好ましいものが待っているかもしれない。映画はそのように主張する。

《何でもツッカー！》を戦後ドイツのビッグ・モチーフである〈ドイツ人のディアスポラ〉という視点から眺めるなら、やはり他の二〇〇〇年代の受賞作と同様に〈ホーム〉に帰る、〈ホーム〉に気づく物語であると言える。東ドイツの消滅以降、ジャッキーは文字どおり故郷喪失の状態にあった。東ドイツ時代はテレビでも活躍するスポーツ記者であったジャッキーであるが、現在では賭けビリヤードのギャンブラーとして過ごすしかなく、東ドイツ時代を懐かしく思うことも少なくない。また一九六一年に築かれたベルリンの壁によって、ジャッキーは家族という故郷も失っていた。そうした物語設定においては、「家」という言葉がモチーフとなって重要な役割を果たす。

映画冒頭では、賭けビリヤードを行うジャッキーは酔った「演技」をすることで相手を油断させ、一旦は大金をせしめることに成功した。そこでジャッキーは言う。「私は家に（nach Hause）帰って家賃を支払わなければならない」、と。ところが、「芝居」がばれたジャッキーはお金を巻き上げられ、家賃を支払うことができなくなってしまう。そして、ジャッキーはついに妻のマルレーネから愛想を尽かされ、「家」を追い出される。社会主義時代は格安の「家賃」であったため、高額の「家賃」は映画において資本主義システムの象徴でもある。こうして物語は、主人公ジャッキーが文字どおり〈ホーム〉を失うところから始まる。では物語の終盤においてはどうかというと、自身の家族や離れ離れになっていた兄の家族と和解を果たし、また大金を得たことで家賃を支払うこともでき、やはり文字どおり〈ホーム〉を取り戻すことができた。ジャッキーは言う。「我々は本当の家族であった」「我々はかつてここにいた、故郷（zu Hause）にいた」、と。ここでの「故郷」については、原語としてはやはり「家」という言葉が使用されており、このセリフの後、ジャッキーは兄ザムエルと和解の抱擁を交わして、自分たちが〈ホーム〉を取り戻したことを確認し合うのである。

5　《善き人のためのソナタ》（二〇〇六年／金賞）——アクチュアルな芸術劇場——

あらすじ

物語の舞台は一九八四年の東ベルリン、主人公のゲルト・ヴィースラー大尉は上司アントン・グルビッツ中佐の誘いを受けて劇場へと向かう。その日は、ゲオルク・ドライマンが脚本を手がけた演劇の舞台初日であった。拍手と共にドライマンが舞台袖の客席に現れる。ヴィースラーには彼が高慢でいけ好かない人物に見えた。間もなくして幕が開く。主演を務めるのは、女優クリスタ・マリア・ジーラントである。舞台が始まるやいなや、クリスタの姿にヴィースラーの目が釘付けになった。彼女の演技に深い感銘を受けたのである。やがて舞台の幕が閉じる。舞台袖ではクリスタとドライマンがとても親密そうにしている。ヴィースラーはグルビッツにドライマンの監視を申し出た。ヴィースラーは東ドイツの国家保安省（ＭｆＳ）に所属する秘密警察、いわゆるシュタージ（Stasi）であった。

奇しくも同じ舞台を見に来ていたブルーノ・ヘムプフ大臣も、ドライマンの監視をグルビッツ中佐に命じることとなる。ヘムプフ大臣もかつて国家保安省にいた人間で、現在ではドイツ社会主義統一党（ＳＥＤ）の中央委員会のメンバーになっていた。ヘムプフは以前に演劇界の大粛清を行った人物である。その際、党の路線に合わないとして事実上の職務禁止に処されたのが演出家のアルベルト・イェルスカである。そして、このたび目をつけられたのが、作家のドライマンであった。グルビッツやヴィースラーが所属する国家保安省のＸＸ／７は、そうした芸術文化を取り締まる役目を担う部署である[30]。

ヘムプフ大臣の意向を汲んだグルビッツは、ヴィースラーに対して正式にドライマンの監視を命じる。ヴィースラーはドライマンの自宅に盗聴器を仕掛け、その屋根裏部屋に陣取った。こうしてヴィースラーによるドライマンの監視が始まる。「他人の生活」という原タイトルはこの点に由来する。

クリスタとドライマンは恋人同士で、一緒に暮らしている。その日、ドライマンの誕生日会が開かれた。その誕生日会にはあのイェルスカも来ていた。イェルスカのくれたプレゼントは『善き人のためのソナタ』というピアノ曲の楽譜で、映画の邦題はこの曲名に由来する。誕生日会でのイェルスカは相変わらず元気がなかった。尊敬すべき演出家であり、かつての仕事仲間であるイェルスカが復帰できることをドライマンは日々願っている。

しかし、恋人のクリスタはドライマンがイェルスカに関わりすぎることを望まない。クリスタにはドライマンに秘密にしていることがあった。一つは違法の薬物を常用していること、もう一つはヘムプフ大臣の愛人であること。実はドライマンの監視はドライマンを失脚させてクリスタとドライマンの仲を引き裂くことを目的としていた。クリスタが女優として手に入れた現在の地位は、大臣との関係において築かれたものである。演目や役者や演出家を決めるのは党の権力者であり、女優を続けるには彼らの意向に従うしかない。そうでなければイェルスカのように干されてしまう。クリスタは深く複雑に傷ついていた。そして、彼女の苦しみにそれとなく気づき始めた恋人のドライマンも苦悩の淵へと沈む。ドライマンにできることは、ただクリスタを抱きしめることだけであった。

　ドライマンとクリスタのやりとりを屋根裏で聞いていたヴィースラーだが、これを境に彼の様子が変化する。家に帰るとコール・ガールを呼んだ。しかし、事が済んだ後は前よりも空しさが増すばかりであった。翌日、彼はドライマンの留守宅に忍び込み、一冊の本を持ち出す。それはブレヒトの詩集で誕生日会のときにイェルスカが読んでいたものである。自宅に帰ったヴィースラーはソファに横になり、ブレヒトの詩を読む。彼の心は静かに打ち震えた。

　それから間もなくして、イェルスカが首を吊って自殺したという知らせが届く。悲しみに沈んだドライマンは、追悼の意味を込めて『善き人のためのソナタ』[31]をピアノで弾く。イェルスカがくれたあの楽譜の曲である。その演奏を屋根裏で聞いていたヴィースラーの心は再び静かに打ち震えた。その旋律の息を呑むような美しさに、今度は前よりもずっと強く彼の心は震えた。その後、ドライマンが止めるにもかかわらずクリスタがヘムプフ大臣に会いに行こうとしたとき、ヴィースラーはクリスタがヘムプフ大臣のもとに行かないよう一般人を装って彼女を勇気づけた。

　イェルスカの死に対して無念さの募るドライマンは、彼の死を世界に知らしめようと考える。東ドイツでは体制に絶望し自殺へと追いやられた人々が多数いるにもかかわらず、当局は自殺者の数を発表しなくなっていた。このことをドライマンは西ドイツのシュピーゲル誌に告発しようとしたのである。この危険な試みは成功した。ヴィースラーがドライマンをかばって、嘘の報告をしていたからである。しかし、追及の魔の手は確実にドライマンへと伸びる。彼らが利用したのは、恋人のクリスタであった。違法薬物の件で弱みを握られたクリスタは、ドライマンが使っていたタイプライターの隠し場所を白状してしまう。グルビッツがドライマン宅にやって来たとき、恋人を裏切ったことで良心の呵責に耐え切れなくなったクリスタは外の通りに飛び出し、走ってきたトラックに轢かれて死んでしまう。一方、タイプライターはどこにも見つからなかった。実は先回りしたヴィースラーがこっそり持ち去っていたのである。その行為が発覚したヴィースラーは、罰として退役までの二〇年間を地下室で郵便開封作業をして過ごすよう命じられる。

それから四年七ヶ月後、ベルリンの壁が崩壊した。ドライマンは自分が盗聴されていたこと、またそれにもかかわらず逮捕されなかったことの理由を知る。壁の崩壊以降、何も書けなくなっていたドライマンだが、その背景を知ったことで再び創作への意欲を取り戻し、映画は終局へと向かう。

主題展開

映画《善き人のためのソナタ》が主題化するのは、芸術の力と人生における実存の問題である。シュタージとしてのヴィースラーは、彼なりの充実した日々を送っていた。彼の中心的な任務は国民の監視であり、「社会主義の敵」と戦うことに彼は使命感を持って取り組んでいる。また彼はポツダム・アイヒェ・シュタージ大学で教鞭を執ってもいた。特に彼は尋問のエキスパートであり、そのノウハウを授業の中で未来の幹部候補生たちに対して教授する。社会主義に対するヴィースラーの姿勢は真面目そのものである。自分たちは「党の盾と剣である」という入党時の誓いを今でも実践し、食堂においても「社会主義はどこかで始まらないといけない」、つまり社会主義はどこでも実践できると言って今でも初心を大切にし、幹部席に座ろうとはしない。

一方、ヴィースラーの上司であるグルビッツは、ヴィースラーとは対照的な人生観を持つ。ヴィースラーとグルビッツは現在ヴィースラーが教鞭を執るシュタージ大学の同期であり、当時はグルビッツよりもヴィースラーの方が成績は良かった。ところが、現在はグルビッツがヴィースラーの上司でありグルビッツの方が出世は早い。グルビッツは言う。自分たちが盾や剣となって守るべき「党」とは「党員」のことであり、その党員が有力者ならなお都合がよい、と。要するに、グルビッツがどこを見て仕事をしているかと言えば、党や社会主義のためではなく、ただ自分の利益を求めて有力者の意向に沿って動いているに過ぎないのである。ドライマンの監視に関しても、ついでにヘムプフ大臣とクリスタの秘密を探ることによってそれを自分の将来の出世に利用しようと彼は考えていた。グルビッツの方が出世が早いことは、グルビッツとヴィースラーの考え方の違いをよく示していると言ってよい。

では、グルビッツとは違い、社会主義に忠実であることに人生の生きがいを見出していたはずのヴィースラーが、なぜ党を裏切るような行為をしたのだろうか？　『映画ノート』も指摘しているように、ヴィースラーの心境を変えた要因は映画の中で明示されてはいないが、手掛かりとなるのは、クリスタとヘムプフ大臣の関係をドライマンに明かして彼を悩ませたのも、最終的にドライマンのピンチを救ったのも、同じヴィースラーであったという点である[32]。

ドライマンに対するヴィースラーの第一印象は決して良くはない。ヴィースラーはドライマンのことを指して次のように言う。「まさに私が学生たちに注意喚起しているような傲慢（arrogant）なタイプである」、と。そして、ヴィースラーが学生たちにどのように教えているかと言えば、「国家の敵は傲慢である、これを覚えておくように」、と教えているのである。だからこそ、ヴィースラーはドライマンを監視すると自ら申し出たのであった。だとすると、クリスタがヘムプフ大臣の車から降りてくる場面をドライマンに目撃させるにあたって、ヴィースラーが「苦い真実の時だ」と言った際の彼の心境としては、「傲慢」な「国家の敵」を懲らしめる気持ちが少なからずあったのではないか。それは、社会主義の思想に忠実であろうとする一種の使命感であったと言ってよい。

ヴィースラーの心境に変化が生じたのは、その後まもなくである。映画の中では、ヘムプフ大臣との関係に苦しむクリスタとその秘密を知って苦悩するドライマンの姿が描かれる。クリスタとしては、自分の苦しみをドライマンに対して打ち明けるわけにはいかない。ドライマンの方も、なぜ苦しんでいるかをクリスタに尋ねるわけにはいかない。両者としてはただ黙って抱きしめてあげること、抱きしめてもらうこと以外になすすべがないのである。ヴィースラーの心変わりは、この二人の様子に心打たれたからに他ならない。ここに表れ出ているのはまさに芸術ないし物語そのものの力である。聞こえてくる物音、二人の息遣いや言葉にヴィースラーの想像力は膨らむ。屋根裏部屋にいるヴィースラーは、自分がまるで劇場にいるかのような、何かの朗読劇を聞いているかのような感覚に陥ったのである。ヴィースラーの心境の変化とは、芸術的な体験が社会主義的な使命感に勝ってそれを追い越してゆく過程であったと考えてよい。

だから、映画《善き人のためのソナタ》の主題展開を理解する上でやはり注意しておくべきなのは、グルビッツやヘムプフ大臣のような自分たちの私利私欲を追求する振る舞いに、ヴィースラーが今さら幻滅したわけではないという点である。グルビッツとの付き合いは長く、彼の価値観をヴィースラーはすでに承知していたに違いない。ヴィースラーは他の党員たちの価値観とは関係なく、自らの社会主義の理想を実践し、自分なりの充実した人生を送っていたはずである。ところが、それとは別に芸術的な世界があることをヴィースラーは知ってしまう。その世界には、美、愛、信頼、裏切り、苦悩といった人間ドラマそのものが描かれる。ヴィースラーが社会主義的な使命感を最後まで失うことはなかったのであり、ただそれを上回る芸術的世界の存在を知ってしまったのである。だからこそ彼は強く葛藤するのでもあった。

こうした理解を補強するものの一つとして重要なのが、ヴィースラーがコール・ガールを呼ぶ場面とブレヒトの詩を読む場面との対比である。ドライマンとクリスタが互いに心を寄せ合う様子に触れた後、人恋しくなったヴィースラーは家にコール・ガールを呼ぶ。束の間の快楽と共に人の温もりを味わったヴィースラーが相手の女性にもう少しそばにいてくれるよう頼むものの、その願いは聞き入れられない。次はもっと長い時間を予約するよう指示されただけで、先ほどの時間が単にビジネスであったことを思い知らされる。余計に虚しさを募らせたヴィースラーは、今度はドライマンの部屋から持ち出したブレヒトの詩集を自宅のソファに横になって黙読する。するとヴィースラーに対して立ち現れたのが、まさしく昨晩のドライマンとクリスタの姿であった。ブレヒトの詩はこう語る。「九月のブルームーンの夜、スモモの木陰で、青ざめた恋人を抱きしめる。」すなわち、ヴィースラーの中では昨晩のドライマンとクリスタの姿がブレヒトの詩と重なったのである。ヴィースラーの心は静かに打ち震える。そして、単なる即物的な快楽では満たされなかった自分の心の隙間が埋められていくのを実感した。ここで際立たせられているのは、単なる欲望や快楽とは区別される芸術体験の豊かさである。

続けて、ヴィースラーはさらなる芸術的体験をする。演出家のイェルスカが亡くなったという知らせが届いたとき、ドライマンはイェルスカからプレゼントされた楽譜のピアノ曲を弾いた。するとそれを屋根裏で聞いていたヴィースラーの心は前と同じように静かに、しかし前よりももっと強く打ち震える。そのとき、ドライマンの言った言葉は映画の主題を理解する上で重要である。「私はこれを聞くことができない、もし聞いてしまえば私は革命を完遂することができない。」この言葉は、ベートーベンのピアノ曲『熱情』についてレーニンが語ったとされる言葉である。そして、続けてドライマンはこう自問する。「この音楽を真に(wirklich)聞いた者がなおも悪人であることができるだろうか?」、と。すなわち、映画がここで焦点化しているのは、社会主義的実践の使命感を上回る芸術体験の「実存的(existenziell)」[33]とも呼び得る豊かさである。

特にドライマンが「wirklich」という言葉を使っていることに着目したい。この言葉はときとして「real」という言葉に対置させられる。「real」も「wirklich」も「現実的」と訳すことが可能だが、「real」が単に物質的・即物的な側面を重視した言葉であるのに対して、「wirklich」においては当の人物にとっての切実さが重視される。この二つの意味の違いを際立たせるために、リアルという言葉と区別して「wirklich」に対し英語のアクチュアルという言葉を当てはめてもよい。ここで対比されているのは、リアルな体験に対するアクチュアルな体験の優越性である。社会主義の実践においてヴィースラーは彼なりの充実感を抱いていた。それは「国家の敵」を懲らしめる上で確実にリアルな喜びをもたらす。しかし、美しい芸術をアクチュアルに体験することの喜びを知ってしまったとき、それがやけに乾いた味気ないものに見えてしまうことも否定できない。リアルな使命感をアクチュアルな芸術体験が上回ってしまったことを、まさにヴィースラーは実感するのである。繰り返せば、アクチュアルとは現に直面している事態が当の本人にとって切実である様を言う。

加えて、そうした美や芸術のアクチュアルな体験が、善悪の問題と結びつけられていることにも注意が必要であろう。得てして芸術のアクチュアルな体験にあっては、自分という存在が自覚させられる。自分とは何者なのか？本当の自己とは何なのか？　自分は真に自己であろうとしているか？　それは、突き詰めれば「本当に善く生きるとは何なのか？」という問いと同義であり、アクチュアルな芸術体験はこうした問いを私たちに突きつけずにはおかない。このように自己の存在を自覚しつつ存在する様にこそ「実存的」という言葉はふさわしい。では、実存的な問いを突きつけられたヴィースラーはどうしたか？　ドライマンをかばって嘘の報告をし、クリスタを励まし、証拠のタイプライターを持ち去った。これらの行動は、ヴィースラーが突きつけられた実存的な問いに対する彼なりの答えである。すなわち、「本当に善く生きるとは何か？」という問いに対して出した答えが、自身の人生を賭けてドライマンとクリスタを守るという選択だったのである。

映画《善き人のためのソナタ》が主題化するのは、以上のような芸術の力と人生における実存の問題である。このような主題展開において、《善き人のためのソナタ》に特徴的なのは、見る者と見られる者との重層的な関係を物語の基本構造として含んでいる点である。ドライマンとクリスタが暮らす部屋とヴィースラーが盗聴を行っている屋根裏部屋は、一種の演劇空間であると言ってよい。ドライマンとクリスタの部屋は言わば演劇の舞台であり、ヴィースラーのいる屋根裏は一種の観客席である。ヴィースラーがドライマンとクリスタの部屋の様子を実際に視覚的に眺めるわけではないとはいえ、両者の関係は役者と観客の関係に似ている。それゆえ、ヘムプフ大臣のもとに行こうとするクリスタを酒場で説得して止めようとする際、あるいは逮捕されたクリスタを尋問する際、ヴィースラーが自分のことをクリスタを眺める者としての「観客（Publikum）」と言っていることは、二重の意味を持つ。それは実際の舞台に立つ女優クリスタを眺める者としての「観客」を意味すると同時に、クリスタの実生活を眺める者としての「観客」という意味でもある。重要なのは、ヴィースラーがクリスタの前に現れるということは、クリスタの人生ドラマに観客であったはずのヴィースラーが役者として登場してきていることを意味する点である。そして、尋問の際にはグルビッツという観客を前にしたヴィースラーが、クリスタの人生ドラマにおいてより重要な役者と化す。すなわち、ヴィースラーは映画の進行の中でクリスタの人生ドラマにおける観客の役割から演者の役割へと、しかもより重要な演者へと移行したのである。

この点を鑑みて映画の冒頭部分を振り返るなら、グルビッツがヴィースラーに対して「私は君をただ劇場に招待したかった」と言ったことは、重層的な意味を持って響くことになる。それは、第一に、ドライマンが脚本を手がけクリスタが主演を務める実際の舞台の劇場にヴィースラーを客として招待するという意味である。しかし、それは第二にドライマンとクリスタの人生劇場を監視する観者としてヴィースラーを招待するという意味になり、そして第三にはドライマンとクリスタの人生劇場に登場する役者の一人としてヴィースラーを招待するという意味にもなる。このようにヴィースラーの役割が物語の進行の中で単なる観客からより重要な役者へと移行し、そして最終的にドライマンが書いた小説のおそらくは主人公としてヴィースラーが登場してくるということを考えるなら、ヴィースラーは映画の中でドラマの観客からドラマに登場する脇役へ、そして自分自身の人生ドラマを生きる主人公へと変貌を遂げたことになる。

メディア論的考察

こうした物語構造の中で「芸術の力と人生における実存」という主題展開が行われているのだとすれば、そのことはメディア論的な視点においても極めて有意味なものとして響くことになる。というのも、映画における「見られる者（役者）」と「見る者（観客）」との関係は、《善き人のためのソナタ》の中の登場人物とこの映画を実際に視聴する者との関係にも拡張され得るのであり、そのことがこの映画の実際の視聴者にとっても自覚されるからである。主人公ヴィースラーがやがては自分の人生ドラマを生きる主人公へと移行していく物語展開は、映画を実際に視聴する者に対しても自分の人生ドラマを生きるよう強く促す。このことは特に映画を視聴する実際の旧東ドイツ国民に対して有意味に響くに違いない。

シュタージの存在は、東西ドイツ統一後も旧東ドイツ国民の心に深い傷跡を残した。日本語版のＤＶＤではその冒頭部分に英語の文言が挿入されており、一〇万人のシュタージとそれに協力する二〇万人の情報提供者が存在したこと、またそれらの人々が国家の独裁体制を支えたことが記されている。映画《善き人のためのソナタ》に登場してくる様々な人々は、そうした個々の旧東ドイツ国民のモデルケースである。

例えば、シュタージの幹部であったヴィースラーのような立場にあった人であれば、東ドイツ消滅後の社会状況の中で肩身の狭い立場に置かれることになったと同時に、社会主義国家消滅の喪失感に苛まれることにもなったであろう。あるいはクリスタのようにいわゆる「非公式協力者（inoffizieller Mitarbeiter）」として家族・友人・恋人の情報を密告していた者であれば、良心の呵責に苦しんだかもしれない。またドライマンのようないわゆる「体制批判者（Dissident）」であった人物も、映画の中でヘムプフ大臣が指摘していたように、信じるものや反発するものが無くなったゆえの虚無感に陥った可能性もある。そうしたドライマンに対してヘムプフ大臣は皮肉交じりに言い放つ。「このドイツ連邦共和国（統一ドイツ）で人は何を書くべきか?」「我らのつましいドイツ民主共和国（東ドイツ）の頃はよかったと多くの者が今ようやく理解している。」このようなヘムプフ大臣の言葉は、旧東ドイツ国民に対して極めて挑戦的に響くに違いない。

では、こうしたヘムプフ大臣の挑戦に対して映画《善き人のためのソナタ》は、さらにどのようなメディア論的なメッセージを放ち得るだろうか？　映画の結末を確認すると、一時は書けなくなったドライマンは再び意欲を取り戻してヴィースラーのことを小説にし、そしてこれによってヴィースラーの東ドイツ時代の身を賭した生き様は肯定的に蘇ることとなった。したがって、このことを鑑みるなら、映画の放つメッセージは旧東ドイツ国民が新しい統一ドイツで自らを肯定しながら生きていくための奮起を促すものとなるだろう。それゆえ、映画《善き人のためのソナタ》は他の二〇〇〇年代の受賞作と同様に、祖国ドイツの「再生」を志向する作品の系列に数え入れることができる。

〈ドイツ人のディアスポラ〉というビッグ・モチーフに照らすなら、これも他の二〇〇〇年代の受賞作と同様に〈ホーム〉を取り戻す物語であったと言うことができる。この点に関して、映画の中ではドライマンとクリスタの住居がヴィースラーの住居と対照的に描き出されていたことは示唆に富む。ドライマンの部屋には常に恋人との愛があり、友人たちとの信頼があった。雑然と書物が積まれ、音楽が響き、芸術に溢れていた。すなわち、ドライマンの住居には単なる生活以上のものがあった。しかし、整理整頓されたヴィースラーの部屋には生活感すら感じられない。ライスないしオートミールにチューブ入りのペーストをかけただけの夕飯は味気なく、それを一人で食す時間はさらに味気ない。人恋しくなればコール・ガールを呼ぶだけで、今しばらくの滞在を求めても断られてしまう。ヴィースラーの住居は非常に空虚な空間であり、それを〈ホーム〉とは呼べない。ではドライマンの自宅はどうであったかと言えば、そこには確かに充実した空間があったが、盗聴されていたことを鑑みれば、そこも本質的に〈ホーム〉であったとは言えない。すなわち、ドライマンの住居もヴィースラーの住居も、祖国東ドイツが彼らにとっては真の意味で〈ホーム〉でなかったことを示唆する。そして、東ドイツの消滅後も、書けなくなったドライマンや理想を失ったヴィースラーは依然として精神的なディアスポラの状態にあった。しかし、最終的にはドライマンが再び書く意欲を取り戻し、そしてヴィースラーの生き様も肯定されたため、よって映画《善き人のためのソナタ》は〈ホーム〉を取り戻す物語であったと言える。

第II部　二〇一〇年代

第1章　移民の背景を持つ者（消失）

《身を隠すアダムとエヴァ》
ハインリヒ・アルデグレーファー（1540年）
　善悪の知識の木の実を食べてしまったアダムとエヴァは、神がやって来ると木の間に隠れた。罪を犯したアダムにとって、エデンの園の様相は一変する。神は恐ろしい存在、裸の自分は恥ずかしい存在、自分をそそのかしたエヴァは忌まわしい存在となる。あんなに輝いていた楽園は、もはや消失してしまったのである。

二〇一〇年代のドイツ映画賞受賞作のうち、「移民の背景を持つ者」を主要な題材とする映画として、本章では五作品を取り上げる。それらの物語内容を〈ドイツ人のディアスポラ〉という戦後ドイツの伝統的なビッグ・モチーフに即して精査するなら、自身の地理的・精神的な故郷を失った登場人物が、自身の〈ホーム〉を見つけるべくさまようものの、最終的に〈ホーム〉を消失してしまう物語展開となっている。このことは二〇〇〇年代の受賞作が〈ホーム〉へと帰還する物語になっていたことと極めて対照的である。

1　《よそ者の女》（二〇一〇年／銅賞）——トルコ的伝統と西洋近代の相克——

あらすじ

ファティ・アキン監督の《愛より強く》でシベル役を務めたシベル・ケキリが演じるのは、二十五歳になる主人公のトルコ系女性、ウマイである。ウマイは、ベルリン出身のトルコ系移民二世である。現在はトルコ人男性と結婚していて、トルコのイスタンブールで暮らす。彼女にはジェムという小さな息子がいる。物語はウマイが第二子を堕胎するところから始まる。ウマイの夫ケマルは、たびたびウマイに暴力をふるった。その暴力は、息子のジェムにも及ぶことがあった。しかし、そのような暴力性は必ずしもケマル特有のものではない。息子は基本的に父親になついており、暴力によって躾をしたり主張の正当性を示したりすることは、むしろトルコ人男性としては一般的なことであった。ケマルは、そうした伝統的なトルコ人男性の典型として描写されている。ウマイが子供を堕ろしたのは、そのような暴力的な夫とそれを当たり前とする伝統的なトルコ人家庭から逃れることを決意したためである。

夫の家を出たウマイは、息子ジェムを連れて自身の故郷ベルリンの実家に身を寄せることになる。そこには、両親、兄、弟、妹が暮らしている。しかし、こうしたウマイの行動がウマイの父カデルの理解を得ることはなかった。父もやはり父権的なトルコ人コミュニティの中にあって、伝統的な価値観を引き継ぐトルコ人男性の一人である。離婚して娘がシングル・マザーになることを、父カデルはトルコ人社会で生きる一人の家長として認めるわけにはいかなかった。彼は子供たちに心からの愛情を注ぐ一方で、子供たちの教育や説得に暴力を使うこともある。だから、夫が妻に多少の暴力をふるうことはカデルにとって大した問題ではなく、暴力が離婚の理由になるとは考えられなかった。この点においてウマイの夫と父は、同じ種類のトルコ人男性なのである。それゆえ、カデルはウマイをトルコの夫の元へ返そうとする。ところが、夫ケマルの方から離縁を言い渡されてしまう。夫は息子ジェムの養育権を要求し、カデルはせめて子供のジェムだけでもトルコの父親の元に返そうと試みる。また、そのような考え方をするのは父カデルだけではない。どちらかと言えば、ウマイの兄メメットの方が父親よりも先鋭的にトルコの伝統的な価値観を体現していた。ジェムを「私生児」にしてはならないと、メメットは強く訴える。一方、ウマイの意志も固い。トルコに戻ることができないよう自分たちのパスポートを焼き、絶対に息子を手放さないことを強く心に誓うのである。

男性家族がウマイの行いに対して厳しく当たる中、母のハリメが同じ女性としてウマイの行動に理解を示したかというと、決してそういうわけではない。ウマイがイスタンブールの家を出たことのもう一つの理由は、自身の人生における自己実現のためであった。ウマイはドイツで働きながら学校に通い、大学への進学も考えている。ところが、母から出た言葉は否定的なものばかりである。「お前は多くを望みすぎる。」「夢を見るのはよしなさい。」「私だってお前たちのために多くを諦めたのよ。」これに対してウマイは、「お母さんの望みは、私がお母さんのようになることなの?」と言って、母を傷つけてしまう。

そうした中で兄メメットが、ジェムをこっそり連れ出して実父の元に返す計画を立てる。この計画を聞き知ったウマイは自ら警察に通報し、施設への保護を求めた。シェルターで暮らすようになったウマイは、調理場で働きながら学校に通い、夢の実現へ向けて歩み出す。新しい住まい、旧友との再会、信頼できる上司、素敵な同僚たち、そして新たな男性との出会い、新しい環境はウマイにとって素晴らしいものだった。ところが、居場所を兄に見つかってしまったウマイはシェルターを出て、その旧友の元に身を寄せることになる。旧友は、シェルターで一騒動を起こした兄のことを訴えるべきだと主張する。しかし、ウマイは家族との関係を絶ちたくはない。息子を奪われるリスクを考慮して自分の居場所を秘密にする一方で、ウマイは自ら家族に関わろうともする。妹の結婚式の際も、ウマイは招待されていないにもかかわらず無理に出席しようとした。ところが、ウマイは歓迎されざる客であり、家族によって式場を追い出されてしまう。そもそもウマイのせいで、妹の結婚が破談になりかけたこともあった。トルコ人社会において離縁されたシングル・マザーは、家族の名誉も傷つける存在である。もはやウマイは、家族やトルコ人コミュニティにとって、タイトルにあるように「よそ者の女」であると言わねばならない。そして、ウマイがあるドイツ人男性との新しい交際を始めたとき、父カデルは娘を殺すことを決意する。

主題展開

一人のトルコ系女性を通して主題化されているのは、「伝統」と「近代」[34]の相克を乗り越えることの難しさである。それは、自己決定を通じて伝統と近代の相克を乗り越えようとする一人の女性の逞しくも痛ましい姿として描き出される。『映画ノート』に準じるなら、ここでの「伝統」とは、「行動規則や考え方を年長者や権威者からそれらを吟味したり疑問視したりすることなく引き継ぐこと」を意味する。これに対し、「急速に変化する産業社会においては年長世代の規範がもはや拠り所とはなり得ないような場合がしばしばあり、そうした産業社会において自身の意見や判断を正しく持つこと」、これが「近代」なるものの意味である。

映画《よそ者の女》において表現されているように、ウマイの家族やトルコ人コミュニティには様々な伝統が存在する。ウマイの家族は敬虔なイスラーム教徒であり、ことあるごとに礼拝に出かけた。砂糖祭りなどのイスラームの行事では親戚一同がカデルの家に集まり、その日を皆で祝う。伝統的な価値観において、特に重視されるのは「名誉」である。だからこそ、シングル・マザーという存在を父カデルは許すことができない。シングル・マザーの存在は家族の恥であり、家族の名誉を傷つける。そうした存在は、トルコ人コミュニティのメンバーから白い目で見られ、「娼婦」という呼び名によって陰口を叩かれる。もし家族にそのような者がいれば、妹のラナがそうであったように、結婚話も破談になりかねない。結婚していない男女が親密な関係になることはもってのほかであり、場合によっては家族の名誉を守るため、父カデルがウマイに対して試みたように、その者を殺すことさえある。それが、いわゆる「名誉殺人」である。トルコ人コミュニティにおいては、そのようにコミュニティの利益が個人の利益よりも優先される。

これに対し、《よそ者の女》の中で「近代」を体現するのが、ウマイの旧友であるアティフェとウマイの上司にあたるギュルという二人のトルコ系女性である。二人とも自分の仕事を持ち、経済的にも精神的にも自立している。二人の働く職場はとても明るい。初心者のウマイに対する指導は、丁寧に、ときどき冗談を交えつつ、おだてながら、とてもリラックスした雰囲気の中で行われる。トルコ人家庭での教育に見られるような粗暴な点は全くない。また、ウマイの父カデルが働く印刷所がどことなく陰気で、同僚の家族の陰口を言うのとは対照的である。これら旧友と上司の二人は、同じトルコ系女性が近代社会において目指すべき模範であるとも言える。そして、ウマイ自身もこの「近代」という環境の中で働きながら勉強をし、自分のキャリアを積み上げていくことに意欲を燃やす。

しかしながら、これら二人のトルコ系女性とウマイは、生き方において目指すところが完全に一致しているわけではない。ウマイは「近代」の世界で生きることを決意する一方で、「伝統」の世界との関わりも継続させようとする。息子のジェムにイスラームの祈りを唱えることもあり、ウマイ自身が伝統の伝承者でもある。だから、「近代」と「伝統」との溝を埋めることが、物語展開の中でウマイに負わせられた役割と言ってもよい。他方、旧友にしても上司にしてもこれら二人のトルコ系女性は、伝統の世界との関係を断ち切ったところで自身の人生を謳歌する。イスラーム的伝統世界との関係を続けていたら今の自分はなかった。そのことを二人はよく自覚している。だからこそウマイが家族との関係を断ち切りたくないと述べるとき、旧友のアティフェは息子のジェムこそがウマイ自身の家族に他ならないと諭す。上司ギュルも同様である。両親がウマイとコミュニティとのどちらかを選択しなければならない場合、両親がウマイの味方になることはないと、悩むウマイに対してギュルは忠告をする。旧友も上司も、伝統と近代との両立が不可能であることをよく知っているのである。では、最終的に物語が下した結論はどうかと言えば、映画《よそ者の女》はウマイの決断に対して肯定的ではない。映画の終局においてウマイは兄弟によって命を狙われるのだが、結果的に兄メメットは誤って幼いジェムを刺してしまう。トルコ系の旧友や上司が忠告していたとおり、伝統と近代の溝を埋めようとしたウマイの挑戦と決断は間違いだったのであり、物語は最悪の結末を迎える。

メディア論的考察

このように主題化されたトルコ系移民二世ウマイの生き方は、〈ドイツ人のディアスポラ〉というビッグ・モチーフとの関係において、二〇〇〇年代とは異なる二〇一〇年代特有の新たな展開を示す。夫の暮らすイスタンブールからベルリンの実家へ戻ったウマイは、〈ホーム〉を失ったとも〈ホーム〉に戻ったとも言える。イスタンブールで迫害されたトルコ人のウマイ母子は、祖国トルコを難民のごとく追われてその土地を去ったという意味において、当初は一種のディアスポラ状態にあった。だから、その意味においてウマイはルーツとしての〈ホーム〉を失ったと見なせる。しかし、ウマイにとって実際の郷里はどこかと言えば、それはドイツ・ベルリンのトルコ人社会であった。それゆえに、ウマイはむしろ〈ホーム〉に戻ってきたのだとも言える。夫ケマルがウマイを罵る際に使った「ドイツ人娼婦」という言葉に表されているように、トルコのイスタンブールという土地はウマイにとって実は単なる居留地に過ぎなかったのかもしれない。すでにドイツ的な価値観に触れて育ったウマイは、イスタンブールにおいてはむしろ外国人であり、「よそ者の女」であったのである。

ところが、ベルリンの実家においてもウマイは再び祖国を失うことになる。ベルリンのトルコ人コミュニティはウマイを追放し、言わばウマイはトルコ人コミュニティにおける「公民権喪失（Ehrverlust）[35]」という事態に直面する。ウマイは生まれ故郷にありながら再度ディアスポラ状態に陥り、「よそ者の女」となる。本来、そうした状態は必ずしも悪いとは言えない。同じトルコ系女性であるウマイの旧友と上司は、「離散した者」としてベルリンのドイツ社会に溶け込んでいる。だが、ウマイはトルコ的伝統と西洋近代との間の溝を無理に埋めようとしてしまった。結果としてはそれが間違いだったのであり、最終的にウマイは息子ジェムを失い、旧友があなた自身の「家族」と呼んだ小さくとも最も大切な自分固有の〈ホーム〉を喪失してしまうのである。思い起こせば、《よそ者の女》は映画《タフに生きる》と同じようにオープニングがエンディングを先取りしているのだった。それゆえ、形式は回帰の体裁を取っているが内容は回帰ではないため、《よそ者の女》は楽園回帰物語へのアンチテーゼとして機能していると言える。

《よそ者の女》において幼いジェムが失われる結末は、「移民」と「死」を結びつける二〇〇〇年代においてはまだ潜在的であったモチーフを、「名誉殺人」という具体的な社会問題を扱うことでより顕在化させる。メディア論的に見るなら、物語のこうした結末において映画《よそ者の女》は、自身の民族的ルーツに過度に固執することを不毛なものとして告発する。そして、移民一世と移民二世との間に存在する溝を明るみに出し、《タフに生きる》の中で描かれた「平行社会」が、実は移民コミュニティ自体の中にも存在していることを浮き彫りにする。

2 《おじいちゃんの里帰り》（二〇一一年／銀賞）――血族共同体から歴史共同体へ――

あらすじ

物語の中心人物はフセイン・イルマズという。一九六四年にガストアルバイターとしてドイツにやって来たトルコ系移民の一世である。「ガストアルバイター」とは、国家間の労働協定に基づいてドイツに移住してきた外国人出稼ぎ労働者のことを指す。フセインはドイツにやって来たガストアルバイターの一〇〇万一人目にあたる。本当はちょうど一〇〇万人目であったのだが、フセインは一人の男性に順番を譲ってしまったため、一〇〇万人目になり損ねてしまった。映画《おじいちゃんの里帰り》は、このようないささか間の悪いトルコ系移民労働者の人生を、悲喜劇の形をとって描き出した作品である。

物語の舞台は、フセインがドイツに来てから四五年経った現代のドイツである。ガストアルバイターとしてドイツにやって来たフセインは、そのままトルコに帰ることなくドイツにとどまり、気が付けばほぼ半世紀が経っていた。フセインと妻ファトマとの間には四人の子供がいて、子供たちはすでに独立している。ドイツで暮らす間に、フセインは二人の孫に恵まれた。映画の序盤は、そんなフセイン一家にいくつもの問題が沸き起こってくるところから始まる。

最初の問題は、フセインとファトマがドイツ国籍への帰化申請をしたことに関するものである。妻ファトマがドイツ国籍の取得を楽しみにしている一方で、フセインはドイツ人になることが今更ながら気が進まない。これがファトマの機嫌を損ねる。加えて、フセインは妻に内緒でトルコの郷里に家を買ってしまっていた。しかも、一家総出でその家を見に行くという。このことが妻の機嫌をさらに損ねることになる。また別の問題が、長女レイラの娘でフセインの孫にあたるチャナンに降りかかる。大学生のチャナンは交際中のイギリス人男性の子供を身ごもるのだが、貞操を要求される未婚のトルコ系女性であることを考えれば、よけいに妊娠のことは家族に言い出しにくい。また三男で末っ子のアリにはチェンクという息子がいて、このチェンクにも問題が沸き起こる。チェンクは小学校で父アリのルーツを尋ねられる。けれども、掲示された地図がヨーロッパ中心であるため、イスタンブールまでは載っているものの、トルコ東部のアナトリアは載っていない。この点にチェンクは欧州ドイツに対して疎外感を覚える。ところが、ドイツ人チームとトルコ人チームに分かれてサッカーをする段になったとき、トルコ語を話せないチェンクは「偽トルコ人」と言われ、トルコ人チームからもつまはじきにされてしまう。トルコ人の父アリとドイツ人の母ガビとの間に生まれたチェンクは、自分が何人であるのかというアイデンティティの問題に対して幼いチェンクなりに深刻に、しかしその姿はいかにも微笑ましく悩むことになる。

自身のルーツに興味を持ったチェンクは、いとこのチャナンからフセイン一家が四五年前にドイツにやって来たときの顛末を聞くことになる。チャナンの語るこの昔話が映画《おじいちゃんの里帰り》において、フセイン一家のトルコへの帰郷物語と並行して、もう一つの物語の主軸を形成する。原タイトルの「アルマンヤ」とはトルコ語でドイツのことを指し、「ドイツへようこそ」というサブタイトルは、かつてフセイン一家をガストアルバイターとしてドイツへ迎え入れたときのことを意味している。

トルコへの家族旅行を突然切り出されて戸惑った一家であるが、結局フセインの強い要望に応えてトルコに行くことになった。当初は気乗りしなかった家族たちも、いざ来てしまえば皆で行く旅行はやはり楽しい。そんな中、フセインは首相官邸から招待状が届いていることを告げる。一〇〇万一人目のガストアルバイターとして皆の前に立ち、ドイツ語でスピーチをするのである。フセインは孫のチェンクに手伝ってもらいながら、スピーチの文言を考える。ところが、旅の途中で悲劇が起こる。フセインがバスの移動中に急死してしまうのである。ドイツ人とトルコ人の両側面を備えたフセインは、自らの中で「移民」と「死」という潜在的モチーフを体現する。そうして家族は悲しみに暮れる。フセインの死に呼応するように、水面下にあった家族の問題が一気に表面化する。しかし、それもひとまずの解決へと至り、葬式を終えたフセイン一家にはしばしの静穏が訪れる。やがて場面は亡くなったフセインに代わって孫のチェンクがスピーチを行う場面へと変わり、映画は終局へと向かう。

主題展開

映画《おじいちゃんの里帰り》が主題化するのは「歴史」である。それは、フセインという一人のトルコ系移民とその家族が歩んできた「歴史」であり、そしてフセインたちトルコ系ガストアルバイターがその一翼を担って築き上げてきたドイツという国の「歴史」である。そうした「歴史」というテーマは、映画の終局においてチャナンの語った言葉のうちに見出すことができる。「我々は誰なのか?」「我々は何者なのか?」という問いに対し、ある賢者の次のような回答をチャナンは紹介する。

「我々とは我々よりも先に起こったことすべての総和であり、我々の目の前で成されたことのすべてであり、我々に対して与えられたことのすべてである。我々とは、その存在が我々に最も影響を与えるものとなったあらゆる人間や事物のことであり、あるいは我々によって最も影響を与えられたものとなったあらゆる人間や事物のことである。我々とは、我々がもはや存在しなくなった後に起こることのすべてであり、もし我々がやって来なかったとしたら起こることのないことのすべてである。」

ここに語られているのは、過去から現在を経て未来に連なる「歴史」の連続性である。つまり、「我々」なるものは「歴史」の中にのみ存在するものだという思想である。

そして、これを踏まえるなら、チャナンがイギリス人の恋人に語った言葉は、映画の主題の核心を突いた表現であったことが分かる。「僕も家族の一員だ」と言う恋人に対し、チャナンは恋人のことを「胎芽の父親」に過ぎず、家族には「歴史」が必要であると言う。すなわち、家族であるためには、それまでに積み上げてきた過去が必要なのである。

ここではまた、「歴史」と対比させられている「胎芽」という言葉にも着目しなければならない。この対比が意味しているのは、家族であることには「歴史」が必要であると同時に、家族を形成するものが単なる生物学的な「血筋」に還元されないことを示唆している。この点は家族のキャラクター設定の仕方にも表れている。三男で末っ子のアリは、トルコ人であるにもかかわらず辛いトルコ料理が苦手である。ドイツ人である妻ガビは平気で食べているのに、アリは食べることができない。トルコへ旅行した際も、ドイツ人の妻は道端の露店での食事が平気であるが、アリは衛生状態が気になってなかなか食べる気にならない。恐る恐る食べてみると味はとても口に合うものの、実際の体には合わず気分が悪くなって戻してしまう。このようなキャラクター設定は「胎芽の父親」という発想との対比において、家族というもののつながりが、生物学的なつながりに還元されないこと、単に同じ遺伝的特質を持っているということに収斂しないことを強調している。

長男ヴェリのキャラクター設定に関しても特徴的である。ヴェリは子供の頃からやんちゃな子で、父親のフセインは手を焼いていた。二男のモハメドとも気性が合わずたびたび喧嘩をし、その関係は大人になった今も繰り返されている。そして、物語の終盤になって明らかになるのは、実はヴェリがフセインの実子ではないことであった。こうした物語設定は、一方において人間の性格というものが、血筋という遺伝的要因によって決定される可能性を示唆している。しかし、他方において家族というものは、そうした遺伝的なものに還元されず、一緒に過ごした月日の積み重ねによって築かれるものなのであって、そのことを物語終盤における兄弟の和解が示している。家族は「血族共同体」ではなく「歴史共同体」として位置づけられているのである。

メディア論的考察

以上のような主題をメディア論的な視点から眺めたとき、映画《おじいちゃんの里帰り》は、とりわけ二一世紀以降にやって来た新参の移民たちをドイツ社会へと「統合」する上で重要なメッセージを放っている。「家族」になるためには「歴史」が必要という思想は、「ドイツ人」になるためには「歴史」が必要という思想へと読み替えることができる。つまり、映画における「家族」は「ドイツ人」のアナロジーと見なすことができる。ここでの「ドイツ人」とは必ずしもドイツ国籍を持っていることを前提としない。「ドイツ人」とは、ドイツ的な価値観を共有しながら他の「ドイツ人」と協力的に暮らしている者たちのことを指す。すなわち、ドイツという国の中でドイツに「統合」されている者のことを指す。当然のことながら、家族と同様にドイツ社会もまた「血族共同体」ではなく、「歴史共同体」なのである。

フセインのようなトルコ系ガストアルバイターは、ドイツにおける本格的な移民の先達である。フセインたち移民一世の歴史は、もはやドイツ史において欠くことのできないものになっている。今現在、長年の歴史の積み重ねの上にフセインはすでにドイツ的な価値観を身につけた。他の移民映画に比べて父権的な暴力性を備えていないのは、フセインの大きな特徴と言ってよい。その意味においてフセインはすでに「ドイツ人」であると言える。さしあたって帰化申請はその象徴に他ならない。そして、そのような歴史の連続性においてチャナンのような移民三世は生まれながらにして「ドイツ人」である。

しかし、そうした古参のトルコ系移民に対して、新参の移民たちはどうか？　現在のドイツには様々な国々から外国人労働者がやって来る。近年では東欧系やアフリカ系の移民が目立つ。これら新参の移民たちは、ドイツにおいて単に物理的な空間を共にしているだけではまだ「ドイツ人」とは言えない。「ドイツ人」になるためには、チャナンのイギリス人の恋人がそうであるように、これから共に歴史を積み重ねてゆく努力が必要である。その点において《おじいちゃんの里帰り》は、映画の終局においてはっきりと示されているとおり、トルコ系移民を「統合」の模範例と位置づけ、他の新参の移民たちに見習うことを促している。

加えて、《おじいちゃんの里帰り》に特徴的であるのは、ドイツ人やドイツ文化に対する移民側からの偏見を笑いも交えつつコミカルに描き出している点である。ドイツ人がみな規則に細かいこと、書類に勢いよくスタンプを押すこと、射撃クラブに加入していること、豚肉を頻繁に食べること、日曜日に『タート・オルト』という刑事ドラマを見ること、休暇にはスペインのマヨルカ島に行くこと、これらはみなドイツ人に対するステレオタイプな先入見である。ドイツに来る前のフセイン一家はドイツ人がみな不潔で、ドイツにはジャガイモしかないと思っていた。またドイツ人は人肉を食べ、その宗教は木を神として崇める宗教だと思っていた。これは、パンやブドウ酒をキリストの体や血として食すキリスト教の聖体拝領の儀式や木彫の十字架のことを指している。こうして映画《おじいちゃんの里帰り》は、実は移民たちの方もドイツに対して強い偏見を抱いていたことを告発する。

さらに、自身の民族的ルーツに過度に固執して統合を拒むことの無意味さも、映画は指摘する。トルコ系の女性にとって婚前交渉はもっての外である。チャナンの妊娠を知ったとき、母親のレイラはその不道徳さを嘆く。ところが、レイラの母でありフセインの妻であるファトマも、実はフセインとは別の男性との婚前交渉においてすでに長男のヴェリを身ごもっていた。またそのことをフセインも知っていた。このようにトルコ的価値観の伝統は必ずしも実態を伴っていないことを、映画は指摘する。

《おじいちゃんの里帰り》がメディア論的に見れば新たな「統合」の必要性を促しているとはいえ、「統合」されない者たちの「帰国」も映画は同時に示唆する。フセインのようにドイツ国籍を取ったにもかかわらず自分のルーツへの思いを保持する者は、自身の郷里に帰っても構わない。ここに〈ドイツ人のディアスポラ〉というビッグ・モチーフとの連関が生じる。ドイツ国籍を取得したフセインがドイツを出てトルコへ戻ることは、《愛より強く》や《そして、私たちは愛に帰る》と同様に一種の逆説的なディアスポラである。

しかし、これら二〇〇〇年代の諸作品と《おじいちゃんの里帰り》が異なるのは、故郷であるはずのトルコにおいて外国人扱いを受ける点である。すでにドイツ国籍を取得したフセインは、トルコ人用のイスラーム墓地に埋葬してもらえない。結果的に妻ファトマは、かつての習慣に倣って自分たちの私有地にフセインを埋葬する。ここにフセインの死の非宗教的位置づけが浮かび上がる。イスラーム墓地に埋葬されなかったフセインは、チェンクが父アリの説明を言葉どおり物理現象として受け取ったように、死後いわば水蒸気となって世界に拡散した。トルコで埋葬されたはずのフセインがチェンクのスピーチ会場に現れたのは、そのことを示唆する。ディアスポラのモチーフが、この点においても体現される。映画では、旅立ちの後に残された者が、「旅人が水の蒸発と同じくらい早く戻れるように」という願いを込めて水を撒くトルコの慣習が描写されていた。しかしながら、そうした慣習とは意味が異なり、水蒸気そのものとなって辺りに漂うフセインにもはや帰るべき特定の〈ホーム〉はない。フセインが買ったトルコの家がほとんど家の体をなしていなかったことは〈ホーム〉の不在を象徴し、〈ホーム〉はむしろこれから新たに築かれるべきものであることが示唆される。

3 《女闘士》（二〇一二年／銅賞）――ネオナチの代償――

映画《女闘士》が取り扱う題材は多岐に亘り、「移民の背景を持つ者」「ナチ・ドイツ」「東西ドイツ」などの複数の重要な題材カテゴリーが、複合的に組み合わせられている。具体的にはネオナチ、闇教育、アフガニスタン難民、ドイツ東部、マルクス主義などの事象が様々に登場して絡み合う。特にネオナチについての描写は、他のドイツ映画賞受賞作と同様、《女闘士》においても「ナチズム」と「闇教育」とを結びつけた形で表現される。「ナチズム」との関係については次章で取り上げることとし、本章では「移民の背景を持つ者」という枠組みにおいて、主人公とアフガニスタン難民との関係を中心に考察を進めたい。

あらすじ

主人公のマリーサはドイツ東部の小都市に住む二十歳の女性で、母ベアと共にスーパーで働く。彼女はネオナチ・グループの一員で、胸にはハーケン・クロイツの刺青を入れている。恋人のザンドロは同じネオナチ・グループのリーダー的存在で、マリーサとザンドロは特にベトナム人などのアジア系やアフリカ系に対する暴力行為を日頃から繰り返していた。

そんな中、マリーサの店にアフガニスタンからの難民であるラスルとその兄がやって来る。兄弟は商品を購入するために品物をレジ台に置き、難民に配付される商品購入用の証書を見せる。ところが、マリーサはいっこうにレジ操作をしようとしない。他人種に対する憎悪感情を持っているマリーサは、わざと二人を無視しているのである。

また別の日、マリーサは河原でこの兄弟と再会する。マリーサたちネオナチのグループがバーベキューをしているところに、ラスルとその兄がやって来て川で楽しく泳ぎ始める。するとグループのうちの一人がラスルのタオルに小便をかけ、双方はもみ合いとなった。結局、ラスルたち兄弟はしぶしぶその場を引き上げてゆくが、帰り際にラスルが仕返しにマリーサの車のサイドミラーを壊し、バイクで去ってゆく。その後、サイドミラーが壊されていることに気づいたマリーサはさらに憎悪を募らせ、車で二人の後を追う。そして、彼らの二人乗りバイクを見つけたマリーサは車をバイクにぶつけ、バイクを転倒させた。マリーサは高ぶる気持ちを抑えつつその場を車で走り去る。

マリーサとラスルの当初の関係は、以上のようなものだった。ところが、マリーサはいつしかラスルに援助の手を差し伸べるようになる。保護施設を逃げ出してきたラスルに対して、食べ物を提供したり、自分の家の倉庫に住まわせたりした。しかし、ネオナチ・グループの一員として、他人種の人に援助をしているなどということは仲間に知られてはならない。特に恋人のザンドロには内緒である。しかしながら、あるときラスルがマリーサの車の上に寝転んでいるところをザンドロに見つかってしまう。ラスルはひどい暴行を受ける。怪我をしたラスルの様子を見て、マリーサはついにグループを抜けることを決意する。グループのアジトに乗り込み、バットで恋人のザンドロを殴りつけてラスルの仇を取った。その後マリーサは、ラスルを海岸まで連れて行きスウェーデン行きのボートに乗せてやる。家族が暮らしているというスウェーデンまでの密航を手助けしてあげたのである。しかし、すべてをやり遂げたマリーサのところに、ザンドロが報復にやって来る。マリーサはピストルで撃たれ、死んでしまった。「移民」を「死」と結びつけるモチーフがこの作品でも体現される。

主題展開

映画《女闘士》が主題化するのは、ネオナチ・グループに属する一人の女性が難民の少年と交流する中で自覚する人間の改心である。映画の中でいつしかマリーサはラスルの世話を焼くようになるが、その当初の動機は必ずしも純粋な善意によるものではなかった。彼女がラスルを手助けするようになったのは、後ろめたさを感じていたからである。マリーサが車でラスルたちのバイクを転倒させた後、マリーサには落ち着かない状態が続く。難民の二人は死んでしまったのか？　それとも生きているのか？　そうこうしているうちに、ラスルがマリーサの店にやって来る。彼は生きていた。しかし、兄の消息が分からない。死んでしまったのかもしれない。そう思うと、マリーサはラスルの要求を断れないのである。

また、マリーサの当初の動機と同時に着目しておくべきなのは、アフガニスタン難民の少年、ラスルのキャラクター設定である。ラスルは決して好感の持てる人物としては描かれていない。彼はたびたび利己的で、ときに陰湿で、粗暴でもある。バイクの転倒後、初めてマリーサの店に現れたとき、ラスルはマリーサの後ろめたさにつけこむ。マリーサがやり返せないのをいいことに、ラスルはレジ処理をしようとする彼女に対して意地悪く繰り返し作業の邪魔をする。あるいは、購入できる金額以上の商品を持ち帰ろうとする。保護施設においても、ラスルの態度は聞き分けがよくない。青少年ホームへの入居を説明する施設の女性職員に対し、ラスルはそれを拒否して自分は家族のいるスウェーデンに行きたいと言い張る。あるいは、その職員が制止するのも聞かず、勝手に事務所の受話器を取ってスウェーデンへの国際電話をかけようとする。あげくにラスルは世話になった保護施設から逃亡してしまう。その後は、マリーサの店にやって来て彼女に金品を要求する。要求が受け入れられない場合は、店の棚に並んでいる缶詰や玉子を床に落としてマリーサを困らせる。あるいは、廃屋で寝泊まりするラスルが雨に濡れているのをマリーサが見兼ねて自宅の倉庫に連れて来てやっても、スウェーデンへの密航を一方的に要求するばかりで一言の感謝の意も示さない。

以上のようなラスルの利己的な振る舞いにもかかわらず、マリーサが彼の支援を続けるのは、第一に彼の兄を殺してしまったかもしれないという後ろめたさがあったからである。しかしながら、ラスルとの交流の中でマリーサの心に少しずつ変化も生じる。廃屋でマリーサが古釘を踏んだとき、ラスルは怪我の手当をしてくれた。ラスルから飴玉をもらって一緒にお茶を飲んだりもした。アフガニスタンで飼っていた鶏の動画を見て、互いに笑みがこぼれる経験もした。マリーサの心の中にあるのは、自分の犯したことへの後ろめたさだけではない。ラスルに対するわずかながらの愛着も生まれ始め、それがラスルの世話を焼く動機にもなっている。

加えて、「改心」へと向かうマリーサの心境の変化を語る上で欠かせないのは、祖父フランツの存在である。フランツは若い頃兵士であった。しかし、今では年老いて体を悪くし、病院での入院生活が続いている。フランツは孫のマリーサのことを愛しており、マリーサも祖父のことが大好きである。幼い頃のマリーサの記憶として残っているのは、両親が仕事でいないときにいつもリビングで一緒に過ごしてくれた優しい祖父の姿である。だが、その優しい祖父がついに亡くなってしまった。マリーサは悲しみに暮れると同時に、家族を失うことの悲しみを実感する。マリーサがラスルの世話を焼き続けるのは、単なる後ろめたさに加え、家族を恋しく思うラスルの気持ちへの共感が芽生えたからである。だからこそ、映画の終局において実際はマリーサがラスルの兄を死なせてはいなかったことが判明しても、彼女がラスルの密航の手助けを途中で止めることはない。無事にラスルを密航船に乗せたマリーサは、やるべきことをやり遂げた気持ちから満足の笑みを浮かべるのである。

さらにマリーサの心境の変化として見逃せないのは、他人種に憎悪を燃やすネオナチ・グループの連中を嫌悪する気持ちがマリーサの心の中に生まれていたことである。グループのリーダー格である恋人のザンドロに対する愛情も、すっかり薄れてしまった。こうした変化は、ラスルとの交流やとりわけ愛する祖父の死を通じて、マリーサの中に正しい心が育ってきたからに他ならない。しかしながら、それ以上に大きな意味を担っているのは、祖父フランツが亡くなる前にマリーサに対して語った彼の言葉だろう。フランツは、彼が人生においてたくさんのひどいことを成してきたと告白し、「人はすべての代償を支払い、責任を負わねばならず、その人が生み出した汚物を取り除かねばならない」とマリーサに語った。マリーサの取った一連の行動は、祖父のこの言葉と呼応しており、彼女はすべての代償を払うべく苦労してラスルを助け、ネオナチとの関係を断ち切ろうとしたのである。しかしながら、改心したマリーサが結果的には死に至るように、彼女の成してきたことは、違法な形で難民を支援したり、ネオナチのリーダーを殴ったりするだけで償い切れるものではなかった。このことは次のメディア論的考察の中で、〈ドイツ人のディアスポラ〉というビッグ・モチーフと共に、ある捩れを抱えた映画の結末へとつながってゆく。

メディア論的考察

幼少の頃いつも「リビング」で一緒に過ごした祖父フランツの存在は、マリーサにとってまさしく〈ホーム〉であった。であれば、祖父の死はマリーサにとって〈ホーム〉の喪失に他ならず、それによって彼女はいわば精神的なディアスポラの状態に陥ったと言える。一方、マリーサの記憶に登場するもう一つの祖父の存在がある。それは、砂の入ったリュックを背負って海岸を歩く幼いマリーサ自身と、訓練をやり遂げた彼女のことを映画のタイトルにあるように「女闘士」と呼んで褒め称える祖父の姿である。そして、マリーサがラスルをボートに乗せて送り出した後、彼女の記憶として蘇ってきたのは、ナチズムの過去の罪を認めず反ユダヤ主義のイデオロギーを自身に植え付ける祖父の姿であった。すなわち、祖父の死によってネオナチ・グループを抜ける決心をしたマリーサであったが、そもそも彼女に憎しみの教育を施してナチズムへと導いたのは祖父だったのである。

マリーサがラスルを傷つけたザンドロに報復するため、彼のいるネオナチのアジトへ殴り込みをかける際、母ベアは実父の本当の姿を、すなわちマリーサの祖父フランツの本当の姿を明かしてマリーサを押し留めようとする。祖父フランツは、その昔、母ベアがマリーサを身ごもったとき、ベアを階段から突き落として彼女のお腹を踏みつけたことがあった。母ベアは、愛する祖父の死によって己を見失っているマリーサを、祖父フランツの本性を明かすことによって、その呪縛から解き放とうとしたのである。ベアはかつてこう語った。「ここは私の家よ」、と。それは、ベアが祖父フランツの私物を二階の窓から放り捨て、それを見咎めたマリーサが「それはあなたの物ではない」と抗議したことに対してベアが発した反論の言葉である。そして、ベアは今こう語る。「お前が今この家を去るなら、お前はもうここには戻らない」、と。しかし、「すべての代償を支払わなければならない」という祖父の呪いを、ベアは娘から取り除くことはできなかった。マリーサは母の制止を聞かず「家」を後にし、そして母の言葉どおり二度と「家」には戻らなかった。マリーサがザンドロに撃たれて祖父フランツが真の〈ホーム〉ではなかったことに気づく前に、マリーサが母の「家」を出た時点で、文字どおり彼女にとっての真の〈ホーム〉はすでに消失していたのである。

〈ホーム〉であると思われた祖父が結果としてマリーサから真の〈ホーム〉を奪うことになるという捻れた結末は、映画の構成それ自体とも呼応する。思い起こせば、《女闘士》も《よそ者の女》と同じく、映画のオープニングがすでにエンディングを先取りする構造になっていた。それゆえ、形式は回帰の体裁を取っているが内容は回帰ではないため、《女闘士》は二〇〇〇年代の楽園回帰物語に対するアンチテーゼとして機能していると言える。

4 《ヴィクトリア》（二〇一五年／金賞）――神としての資本主義――

あらすじ

映画《ヴィクトリア》は、全編をワンカットで撮影する実験的手法を用いた作品として知られる。映画のタイトルにもなっている主人公のヴィクトリアは、スペインのマドリード出身の若い女性で、三ヶ月前に仕事を求めてベルリンにやって来た。物語は、とある地下のディスコ・クラブでヴィクトリアが機嫌よく踊るシーンから始まる。明け方も近づいた午前四時頃、ヴィクトリアがそろそろ家へ帰ろうと店を出たとき、先ほどクラブの入口で言葉を交わした若者が声を掛けてきた。名前をゾンネという。他に三人の仲間がいて、喧嘩っ早いのがボクサー、お調子者がブリンカー、そして、その日が誕生日だという若者はフースという。ヴィクトリアはドイツ語が話せないので、お互いに英語でコミュニケーションを取る。四人の若者と意気投合したヴィクトリアは、フースの誕生日を一緒に祝うことになった。

行きつけの店でビールを何本か金を払わず拝借し、それを持っていつもゾンネたちが溜まり場にしているビルの屋上へと向かう。そこで五人は、たわいのないおしゃべりをする。楽しい時間はあっという間に過ぎ、ヴィクトリアは仕事先のカフェに向かわなければならない。ゾンネがヴィクトリアをカフェまで送る。しかし、二人はまだ別れがたく、ヴィクトリアはココアをご馳走するべくゾンネを店に誘う。店にはピアノが一台置いてあって、ヴィクトリアがリストの『メフィスト・ワルツ』を披露する。とても素晴らしい演奏だった。ゾンネは深く感動する。話を聞けば、ヴィクトリアはずっとプロのピアニストを目指してきたという。しかし、自分の能力の限界を指摘されたヴィクトリアは夢を諦め、このベルリンにやって来たのだった。二人は互いに心を通わせたことを実感する。そうこうするうちに、ボクサーからゾンネに電話がかかってくる。ゾンネは行かなくてはならない。二人は再会を誓って別れた。

ボクサーからの用件は非常に深刻なものだった。かつてボクサーは刑務所に服役したことがある。そのとき、刑務所の中で彼が世話になったという人物がギャングのボスで、ボクサーはその人物への借りを返さなくてはならない。その者は四人の協力者を要求しているという。もちろん、ゾンネたちもボクサーの手伝いをするつもりである。ところが、フースが酔いつぶれてしまって人数が足りない。そこで、ヴィクトリアがフースの代わりに加わることになる。

ゾンネたちが依頼された仕事の内容は、銀行強盗だった。彼らに断わる選択肢はなく、すぐに本番となる。ヴィクトリアが任された役割は運転手である。ゾンネたちが銀行に押し入り、五万ユーロを持って車に戻ってくる。すると車のエンジンがかからず、ヴィクトリアはパニックになる。それでも何とか車を発進させる。焦る気持ちを抑えながら、ようやく安全と思える所まで辿り着く。ヴィクトリアたちが我に返ったとき、自分たちが大金を手に入れたことに気づいた。彼女たちはその日、出会った地下のディスコ・クラブに行ってお祝いをすることになる。しかし、四人は喜びのあまり羽目を外しすぎて、クラブを追い出されてしまう。それでも機嫌よく車に戻ったところで、事態が急変する。車の周りには警官が集まり、傍らではパトカーの警報灯が回っていた。犯行がばれて、もう足がついたのである。酔いつぶれて車に残っていたフースは、すでに捕まっている。逃げるヴィクトリアたちを警察が追う。銃撃戦になり、ブリンカーとボクサーが撃たれた。ゾンネとヴィクトリアの二人は、付近の集合住宅の一室に逃げ込む。そこで服を着替え、赤ん坊を誘拐して住民になりすまし、見事に警察の捜査網を脱出する。しかし、ホテルに辿り着いたところで、ゾンネの様子がおかしいことに気づく。彼は撃たれていたのだった。ヴィクトリアは救急車を呼ぶが、到着の前にゾンネは息絶えてしまう。ここでも多くの移民映画に通底する「移民」と「死」を結びつけたモチーフが繰り返される。ヴィクトリアは悲しみに暮れる。しかしながら、手元には大金が残っており、外国人である自分の身元を知る者はほぼいない。ヴィクトリアがホテルを出て遠く立ち去ってゆくところで、映画はエンディングとなる。

主題展開

映画《ヴィクトリア》を仮に何かしらの映画ジャンルに括るとすれば、「クライムサスペンス映画」ということになろうか。「クライムサスペンス」は、犯罪を主要な題材としつつ、スリリングな物語展開を提供することを旨とする。「クライム」は犯罪のことであるが、「サスペンス」とは、事態が常に未決定な宙吊り状態に置かれている中での不安感や緊張感のことを指す。映画はこれによって観者をはらはらどきどきさせ、次の物語展開へと興味をつなぐ。クライムサスペンス映画として、映画《ヴィクトリア》が観者への心理的効果を主眼とする以上、必ずしも映画の物語展開において人間の精神や社会の問題が主題として深く掘り下げられているわけではない。しかし、〈ドイツ人のディアスポラ〉という視点を交えて映画を捉えたとき、《ヴィクトリア》は単なるサスペンス以上の意義を持つ。すなわち、「金と労働」という隠された主題が見えてくるのである。

ゾンネたちは「本当のベルリン人」を自称する。よその地域から移住してきたわけではなく、彼らはベルリンに生まれ、ベルリンで育った。彼らは互いのことを「兄弟」「家族」と表現し、その点においてもベルリンは彼らにとって〈ホーム〉に他ならない。また、フースが「東ベルリン」と連呼していたように、ベルリンの中でも彼らが暮らすのは東側のようである。映画《ヴィクトリア》が作品賞を受賞する四半世紀ほど前、東ドイツは西側へと吸収され、「地上の楽園」としての社会主義国家は消滅した。〈ホーム〉としての故郷を失った東ドイツ人は、言わばディアスポラの民として新たな生活を始めることになる。彼らが迷い込んだその新しい世界は、弱肉強食の資本主義社会である。かつて楽園を追われ地上で暮らすことになった最初の人類アダムが労働の罰を与えられたように、資本主義社会では自分の糧は自身の労働力によって調達しなければならない。そこはまた何よりも金がモノを言う世界であり、人々は働いて金を稼がなければならなかった。だから、マドリードからやって来たヴィクトリアも金のために働く。ディスコ・クラブでワン・ショット四ユーロのウォッカを飲むために、時給四ユーロのカフェで彼女は日々働くのである。

ところが、「本当のベルリン人」であるゾンネたち四人組は働かない。ヴィクトリアが「あなたは働かないの?」

と質問しても、彼らは無回答である。もちろん、お金がなければディスコ・クラブに入ることはできない。物語の序盤にあったように、お金を持たないゾンネたち四人は、ディスコ・クラブを追い出されてしまう。店員に向かって「いつかこのクラブは俺たちのものだ」「お前のクラブを買ってやる」と言い放つも、彼らの言葉は虚しい。しかし、ゾンネによれば「本当のベルリンはストリートにあって」、「クラブにはない」。「ストリート」ではお金がなくても、好きなものが何でも手に入る。ここに映画《ヴィクトリア》全体を貫く「盗み」というモチーフが姿を現す。

ゾンネたちが盗むものは様々である。彼らは、車を盗んでヴィクトリアをドライブに誘おうとした。パーティーのためのアルコール類も、店員が寝ているすきにこっそり盗み出した。彼らは、かつて自分たちが行った盗みについて語る。ゾンネは十一歳の頃トラックを盗んで高速道路を飛ばし、ポーランドまで行った。ブリンカーは、ピザ屋のバイクから腹を空かせた友人たちのためにピザを盗んだ。楽園を追放される前のアダムが、楽園にある木の実を好きに取って食べていたように、ゾンネたちは「ストリート」にあるものは何でも盗んだ。ベルリンの「ストリート」は、ゾンネたちにとって資本主義社会の中で幸運にも出現したユートピアであり、現金を必要としないアナーキーな楽園に他ならない。「ここは俺たちの場所」と呼ばれるビルの屋上は、最も象徴的な天上の楽園であった。そして、資本主義社会によって自分の労働を盗まれていたヴィクトリアも、その楽園を体験することになる。そこは、基本的に何にも支配されないアナーキーな所だが、唯一の「ルール」は静寂を乱さないことである。ところが、ヴィクトリアはエヴァのごとくその「ルール」を破りたい衝動に駆られる。そして、このルールを破るという小モチーフが次の展開へと接続する。

かつてアダムが楽園において、善悪の知識の木からは木の実を取って食べてはならないと唯一禁じられていたように、やはりゾンネたちにも盗んではならないものがあった。すなわち、それは「金」そのものである。金は労働を通じて手に入れるものであって、盗むものではない。それが資本主義社会の「ルール」であり、金と労働は資本主義という神の本質に他ならない。ところが、蛇のごときギャングのボスに要求されるまま、ゾンネたちは銀行から金を盗む。それは、一旦は成功したかに見えた。ゾンネたちは、先ほど追い出されたクラブに大金を持って舞い戻り、金を払ってクラブで遊んだ。「お前のクラブを買ってやる」という彼らの言葉は、わずかながら実現した。しかし、それは資本主義の流儀に反していた。金は労働を商品化することで与えられなければならない。禁断の木の実によって知恵をつけたアダムが原罪を負ったように、禁断の金を盗んだゾンネたちも同様に罪を免れない。そうして、彼らは追われる者となる。警察に追われるゾンネたちにとって、ベルリンの「ストリート」はもはやアナーキーな楽園ではない。彼らの〈ホーム〉は消失してしまった。東ドイツ人の末裔である彼らは、再びディアスポラの民となってベルリンの「ストリート」を逃げ惑うことになる。そして、労働しない「本当のベルリン人」の四人は破滅し、最終的に大金を手に入れたのが、時給四ユーロで労働力を搾取され、盗まれていたヴィクトリアであった。以上、〈ドイツ人のディアスポラ〉というビッグ・モチーフを介することによって「金と労働」という主題展開の筋道が浮かび上がってくることとなる。

メディア論的考察

〈ドイツ人のディアスポラ〉という観点から行われた以上のような分析を踏まえつつ、さらに《ヴィクトリア》をメディア論的な視点から眺めるなら、現代ドイツの移民社会に対してこの映画は極めてシニカルなメッセージを発していることが分かる。ゾンネたちのナショナル・アイデンティティは、ドイツではない。ゾンネは自分たちのことを「本当のベルリン（real Berlin）」と呼ぶ。ゾンネは語る。「ここにはたくさんの者がただやって来て、奴らは自分たちのことをベルリンだと思っている。けれども、俺たちがベルリンだ。俺たちこそが本当のベルリンだ。」この言葉は、かつてトーマス・マンが『ヴァイマールのロッテ』の中で「私こそドイツである」とゲーテに語らせた言葉の事実上のもじりとなっている。ゾンネにしてもボクサーにしても、ナショナリティとしてドイツ人であるかどうかは不明である。ボクサーの本名はどうやら「ボクセーロ」というらしく、「ボクセーロ」が果たしてドイツ系の名前であるかどうかは疑わしい。ヴィクトリアもゾンネに対して「あなたは全くドイツ人に見えない」と言う。すなわち、二人とも移民の背景を持つ者である可能性を残す。彼らにとってナショナリティは大きな意味を持たず、重要なのはベルリンというローカル・アイデンティティである。ゾンネは「多文化（multiculture）」を称揚するが、それとベルリン・ローカリズムは必ずしも矛盾しない。

しかし、「本当のベルリン人」を自称する彼らは、自分たちを他の「ベルリン人」から特権的に差別化しようとする。彼らは「本当のベルリン人」として、ベルリンのストリートにおける非資本主義的なアナーキズムを謳歌する。ところが、映画の結末においては、ゾンネたち「本当のベルリン人」は消滅し、新参の「ベルリン人」であるヴィクトリアが皮肉にも漁夫の利を得る。「本当のベルリン人」であると称して働かない者を、もはやベルリンは必要としない。ベルリンが必要とするのは、時給四ユーロの低賃金で自分の労働力を切り売りする外国人移民労働者である。そして、このような「新しいベルリン人」は、場合によっては大金を手にする幸運に恵まれるのかもしれない。

5 《女は二度決断する》（二〇一八年／銀賞）――ネオナチ化する犠牲者――

映画《女は二度決断する》は、「民族社会主義地下組織（NSU）」といういわゆるネオナチの一集団が二〇〇〇年から二〇〇七年にかけて引き起こしたテロ事件にヒントを得て制作された。それゆえ、この作品を「ナチ・ドイツ」という題材カテゴリーにおいて論じることも可能である。しかし、この映画の全体の構成を考えると、ドイツの移民社会という題材の方が主題との連関が深く、それゆえ本書では「移民の背景を持つ者」という題材カテゴリーの中で取り上げたい。

あらすじ

主人公のドイツ系女性、カティヤ・イェッセンは、服役中のトルコ＝クルド系男性、ヌーリ・シェケルジと刑務所の中で結婚式を挙げる。それから何年かが過ぎ、カティヤには息子のロッコが生まれ、今では六歳になる。夫のヌーリは妻にも子供にも優しく、カティヤの生活は申し分ない。ところが、ある日、夫と子供が爆弾テロに遭い、亡くなってしまう。カティヤには、犯人として思い当たる人物がいた。テロの当日、ハンブルクのトルコ人街にある夫の店の前に自転車を止めたドイツ系の女性である。自転車に鍵をかけていなかったので、そのことに注意を促したことをよく覚えている。カティヤの推測だと、彼女はネオナチの一味と思われた。

ところが、警察はそう考えてはいない。ヌーリは薬物をめぐってマフィアとの抗争に巻き込まれたのだと、警察では考えている。夫のヌーリには薬物売買の前科があり、それで刑務所にも服役していた。収入に釣り合わない立派な家、薬物売買容疑のある者との頻繁な通話記録などヌーリには怪しい点があった。間の悪いことに、警察の家宅捜索によって自宅から薬物が発見される。それは、友人で弁護士のダニーロ・ファーヴァから事件後にカティヤがもらったものであったが、明らかに警察の心証を悪くする。加えて、カティヤが夫ヌーリと知り合ったのは、学生時代にカティヤがヌーリからマリファナを購入したことがきっかけだった。ヌーリには未だに裏社会との関係が疑われる。犯人は東欧系、トルコ系、クルド系、アルバニア系などの非ドイツ系の人間が想定される。

状況は絶望的だった。警察は、夫を悪者に仕立て上げようとしている。見当違いの捜査では、真犯人は捕まりそうもない。義母からはロッコの死を責められた。実母は愛する夫の悪口を言う。妊娠中の友人ビルギットに対しては、家族同然であったはずなのに嫉妬の思いを抑え切れない。カティヤは孤独だった。もはやカティヤに家族はいないのか？　ついに彼女は、浴槽で両手首を切って自殺を図る。ところが、そのとき弁護士で友人のダニーロから電話がかかってくる。事件の犯人が捕まった。カティヤの予想どおり、容疑者はドイツ系のネオナチだった。カティヤに生きる気力が湧いてくる。

裁判の被告となったのは、エダ・メラーとアンドレ・メラーの夫妻である。女の方はカティヤが目撃したあの時のドイツ人だった。警察に通報したのは、アンドレの家の隣に住む実父である。ハンブルクのテロ事件が起こったとき、犯人は息子に違いないと思って警察に知らせたのだった。メラー夫妻のガレージからは、爆弾に使用されたと思われる種々の材料が発見される。物証は確かだと思われた。しかし、被告の弁護士も盲点をついて反論をしてくる。やがて、宿泊業を営むニコラオス・マクリスというギリシャ人が証人として出廷する。事件の当日、メラー夫妻はマクリスのペンションに宿泊していたという。名前の書かれた予約台帳も残っている。けれども、それは明らかに後から無理やり欄を作ってメラーの名前を書き足したいい加減なものだった。マクリスは「黄金の夜明け」というギリシャのネオナチ政党の一員で、マクリスのSNSにはメラー夫妻が「いいね！」を押した形跡もある。もともと三人は、ネオナチ関係の知り合いだった。しかしながら、このような被告側の強引な主張にもかかわらず、メラー夫妻は無罪となる。カティヤが薬物を使用していたせいで、また薬物鑑定を拒否したせいで、被告人エダ・メラーを目撃したという彼女の証言能力に疑問符が付されたためである。再び絶望の淵に沈むカティヤは、無念さと自責の念を募らせつつ、しばらく滞っていたサムライの刺青を彫り進める。

その後、カティヤはマクリスのホテルがあるギリシャへと向かう。ギリシャには、メラー夫妻がマスコミの目を避けるため、ドイツから逃げてきていた。カティヤは、マクリスとメラー夫妻が接触しているところをその目で確認する。三人はやはり知り合いだった。決意を固めたカティヤは、夫と息子の命を奪った爆弾と同様の釘爆弾を作成する。彼女がそれを担いでメラー夫妻のキャンピング・カーに乗り込む。直後、車が爆発したところで映画は終局を迎え、「移民」と「死」を結びつけるモチーフが強力に体現される。

主題展開

映画《女は二度決断する》が主題化するのは、人間の絶望と復讐心である。その主題は、爆弾テロによって夫と息子を失ったカティヤという女性が、自らの命を賭けてその仇を取るまでの痛ましく壮絶な生き様を通じて表現される。映画は全体が三つの章から構成されていて、それぞれ「家族」「正義」「海」のサブタイトルが付されている。

第一章「家族」では、主にカティヤが自身固有の家族を獲得する場面からすべての家族を失うまでの過程が描かれる。映画の序盤において、カティヤは結婚し、初めて自分固有の家族を獲得する。姓もシェケルジと夫のトルコ系の姓に改めた。そして、息子のロッコが生まれる。二人の家族と一緒に暮らす生活は、幸福この上ない。もちろん、母やその恋人、夫の両親も大事な家族である。特にカティヤの親友で、現在は妊娠中のビルギットとは家族同然の付き合いをしており、カティヤにとってかけがえのない存在である。事件の直後も家族一同がカティヤの家に集まり、人々は悲しみを共有した。

ところが、突然、家族関係の崩壊が始まる。夫の両親は、夫と息子の遺体をトルコに連れて帰りたいと言い出す。これに対してカティヤは、「二度も私から家族を取り上げるつもり?」と強く反発する。カティヤの実母にしても、家宅捜索で出てきた薬物が娘のものであるということに納得がいかない。「お前の亭主がお前をこんな風にしちまったのかい?」と母がカティヤと夫ヌーリの双方を侮辱する。カティヤは、母に向かって「出て行け!」と叫ぶ。カティヤを気遣ってお茶を入れてくれようとするビルギットに対しても、彼女が子供を身ごもっていることへの妬ましさから、カティヤは「妊婦用のお茶?」と皮肉で返す。「あなたを一人にできない」とビルギットが心配しても、「一人になりたい」とカティヤは親友の思いやりを受け入れない。こうしてカティヤは夫と息子を失っただけでなく、他の家族もみな自分から遠ざけてしまう。カティヤは、原タイトルにあるように文字どおり「無」になってしまった。彼女にはもはや何も残されてはおらず、夫と息子のいる場所へ行こうと手首を切って自殺を図る。

孤独と絶望の淵から、やはり原タイトルに示されているように「無から」カティヤを引き上げたのは、「シェケルジ一家」の仇を取りたいという思いだった。こうして「人間の絶望と復讐心」という主題が物語展開の中ではっきりと浮き彫りにされる。第一章から第二章へのつなぎの場面では、カティヤたち家族のホームビデオが挿入されていて、その中では夫ヌーリがファミリー・ネーム「シェケルジ」を連呼し、カティヤが息子ロッコの壊れたラジコンを修理する。すなわち、そこでは「シェケルジ一家」の再生が示唆される。彼女が願うのは、第二章のサブタイトルにもあるように、裁判と法によって犯人に「正義」の鉄槌を下して仇を取り、一家に着せられた一連の汚名をそそぐことである。

そのためには、自身の目撃証言が有力な証拠となるのは間違いない。とはいえ、相手も手強い。被告の弁護士は、夫ヌーリの前科に言及して話を薬物問題へと誘導する。かつてヌーリは五〇キロの大麻所持で逮捕され、禁錮四年の刑に服した。この事実はヌーリが今でも違法な薬物売買に関わっていて、何らかのトラブルに巻き込まれた可能性を疑わせる。しかし、相手の狙いはむしろカティヤだった。家宅捜索によって発見された薬物に被告の弁護士が言及すると、カティヤの弁護士ダニーロはその薬物が夫ヌーリのものではなくカティヤのものであることを告げる。するとこの答えを待ち構えていた被告の弁護士は、カティヤの薬物鑑定を要求してくる。もちろん相手がカティヤの心証を悪くするために薬物鑑定を要求してくることは、想定内のことだった。ところが、相手の弁護士の狙いはカティヤの証言能力そのものを問題視することにあった。カティヤは事件当日も薬物を使用していたのではないか？　薬物の影響下にあった者の証言は信用に値するのか？　薬物の入手経路と時期を明らかにできればよいのだが、カティヤの所持していた薬物は担当弁護士のダニーロからもらったものなので、それもできない。カティヤ側は当初の作戦どおり鑑定を拒否した。しかし、この作戦が裏目に出る。カティヤ側が証言能力の鑑定を拒否したため、彼女の目撃証言の有効性が評価外に置かれてしまったのである。

結局、メラー夫妻を有罪にすることはできなかった。夫妻に「正義」の鉄槌を下してやりたいという思いは叶わなかった。カティヤの無念さはこの上ない。しかも、敗因の一つは自分が薬物を使用してしまったことにある。カティヤは再びすべてを失って「無」となってしまった。しかし、彼女は再度「無から」這い上がろうとする。それは、日本語版タイトルにあるように、「二度」目の「決断」である。自身の無念さや自責の念を、そして復讐への誓いを改めて刺青の痛みと共にカティヤは自分の体へと刻み込む。「人間の絶望と復讐心」という主題は、こうした物語展開の中で再びしっかりと浮き彫りにされることとなる。

第三章「海」では、「絶望」と「復讐心」という主題を通じた心理展開の中に、〈ドイツ人のディアスポラ〉というビッグ・モチーフが極めて技巧的に体現される。第二章から第三章への移行においては、やはりシェケルジ一家のホームビデオが挿入される。そこでは、ロッコとヌーリがまず海に入り、カティヤも海に入るよう誘われ、その誘いに促されたカティヤが立ち上がるところまでが描かれる。当然のことながら、この映像は、亡くなった夫と息子のもとにカティヤが行こうとしていること、つまりカティヤの死を示唆している。この小モチーフは映画の中で繰り返し提示される。ギリシャにやって来たカティヤが泊まるペンションは、部屋の前がすぐに海岸へと通じている。「気に入りましたか?」というペンションのスタッフの問いにカティヤが「イエス」と答えたのも、夫と息子がいると思われる海が目の前にあるからに他ならない。釘爆弾による報復テロを実行する前夜も、カティヤは家族と海へ行ったときの動画を見る。そして、夫と息子に誘われでもしたかのように部屋を出て夜明け前の海岸を歩く。薄暗がりの中に荒れ模様の海が見渡せる。荒涼たる風景は、寂しく荒れ果てたカティヤの心境にむしろ馴染みやすい。海の中からは、カティヤを呼ぶ亡くなった家族の声が聞こえるのだろうか? こうして、カティヤは自爆報復テロへの決心を固めるのである。

特に着目すべきは、自爆テロ後のカメラの動きである。カメラは上方に燃え広がる炎や上昇する煙の動きに合わせ、上方へ向けてゆっくりとパンする。やがて画面一杯に青空が現れ、BGMとして『アイ・ノウ・プレイシス（I Know Places）』が流れる。歌声は、「私たちが行く場所を私は知っている」「ここでは高みが消えることはない」と囁く。カメラワークは、明らかにカティヤの魂が天上の世界へと昇ってゆくところを想起させる。ところが、やがて画面の上部から逆さまになった海面が現れる。それによって、カメラは半回転したことが分かる。そして、画面いっぱいに海面が映し出されたところでカメラは止まる。要するに、カティヤの向かった先は海の中であった。カティヤの魂は天上世界には向かわなかった。彼女が海に向かったのは、海で夫と息子が待っていると思われたからである。

当然のことながら、そこで疑問が湧く。果たして、夫ヌーリと息子ロッコは本当に海の中にいるのだろうか？自爆テロを行ったカティヤは、おそらく天上の楽園には行けない。しかし、ヌーリとロッコは天上には向かわなかったのか？　ここに〈ドイツ人のディアスポラ〉というモチーフが体現される。第一章において「家族」という〈ホーム〉を失ったカティヤは、精神的なディアスポラの状態にあったが、第三章において再び〈ホーム〉へと戻ろうとした。しかし、彼女が向かった先はもちろん天上の楽園としての〈ホーム〉ではなく、かといって「家族」のいる〈ホーム〉であったかどうかも疑わしい。むしろ彼女の〈ホーム〉は消失してしまったのであって、再び彼女は「離散した者」となって、海の中をさまようのである。「絶望」を「復讐心」によって克服しようとする主題展開は、こうして最終的に〈ホーム〉の消失という形で否定的な結論を与えられることになる。

メディア論的考察

メディア論的な観点から眺めたとき、映画《女は二度決断する》が発するメッセージは極めて辛辣である。というのも、ネオナチに家族を奪われたカティヤであるが、今度はカティヤ自身がネオナチ化して、報復の連鎖という悪路へと道をつなげるからである。つまり、《女は二度決断する》は、テロの報復連鎖を批判するにあたって、ネオナチ化する犠牲者という表象を用いている。この節の冒頭でも述べたが、この映画のもとになったのは、「民族社会主義地下組織（NSU）」が二〇〇〇年から二〇〇七年にかけて引き起こしたテロ事件である。映画の終局にも明記されているように、この事件ではもっぱらその人が「非ドイツ系の出自」であることのみを理由にしてテロの標的とされた。しかし、ここでは、問題をドイツ人対外国人の安易な対立図式にはめ込んでしまうことがないよう、注意しなくてはならない。というのも、二〇〇〇年代以降の移民映画が描き続けてきたのは、外国人移民の二世や三世の姿であり、たいていはすでにドイツ国籍や一定のドイツ的価値観を有していて、言わば事実上のドイツ人としての移民たちだからである。

映画《女は二度決断する》において特徴的なのは、犠牲者側がネオナチ化してゆく姿を描いていることだが、それが主人公の脱ドイツ化ないし多文化化の傾向と重なっていることに注意しなくてはならない。しかも、それが夫ヌーリとの対照において描き出されていることにも気をつける必要がある。移民の背景を持つ者たちを犯罪裏社会と結びつける表現は、移民映画においてよく見られる現象であり、《女は二度決断する》も例外ではない。しかし、トルコ＝クルド系のヌーリは出所後に大学で経営学を学び、薬物との関係を断ち、見事に更生する。トルコ人男性を描く際に見られる父権的で暴力的なキャラクターも一切ない。ヌーリは脱トルコ化され、ドイツ化され、完全にドイツ社会に統合されてしまった人物であると言ってよい。それに対してカティヤの暮らしは、多文化性を帯びる。彼女はトルコ風呂に通ったり、夫の嫌がるサムライの刺青をしたりする。やめていたはずのドラッグも、ヌーリの旧友で、おそらく移民の背景を持つと思われるダニーロからもらい受ける。また頻繁に吸うタバコの銘柄は「アメリカン・スピリット」であった。そして、最も示唆的なのは、報復テロを決意するにあたって、カティヤがデス・メタル音楽をBGMにサムライの刺青を完成させる点である。そこには「仇討ち」「神風」といった異国的日本趣味とテロリズムとが結びつけられている。デス・メタル音楽はときにナチ・ロックとも呼ばれ、刺青と共にネオナチ独特の表象を作り上げ、映画《女闘士》においても同様の表現が多用されていた。加えて、息子のロッコが突然、乱暴な俗語を叫ぶ場面が映画序盤で極めて唐突に挿入されることも忘れてはならない。その言葉を誰から習ったかと言えば、ヴァイオリンの先生から習ったという。ヴァイオリンが現在の形になったのがイタリアであるということを考えたとき、そうした非ドイツ的表象にはある共通性があることに気づく。すなわち、そのような暴力的表象と結びつけられたトルコ、日本、イタリアという国々が、かつての二度の世界大戦においてドイツと同じ同盟国側であったことには注意を向けておく必要があろう。振り返ってみれば、報復のためにカティヤが最終的に向かった場所はギリシャであり、ネオナチのイデオロギーはドイツを越えてグローバルに展開しているのだった。このように映画《女は二度決断する》においては、カティヤがネオナチ化する過程が、脱ドイツ化ないし多文化化の過程と重ねられていたことを理解しておく必要がある。

第2章　ナチ・ドイツ（決別）

《楽園追放》
ハインリヒ・アルデグレーファー（1540年）
　神との契約を破ったアダムとエヴァを、神は楽園から追放した。善悪を知る者となったアダムには、さらに手を伸ばして命の木からも木の実を取って食べる恐れがあった。そこで神は、エデンの園の東にケルビムときらめく剣の炎を置いた。もはや二人に引き返す道はなく、こうしてアダムとエヴァは徹底して神から決別を告げられた。

二〇一〇年代のドイツ映画賞作品賞を受賞した作品のうち、ナチ・ドイツを主要な題材とした映画として本章では六作品を取り上げる。それらを「闇教育」との連関において精査するなら、旧いドイツとの「決別」という観点で捉えることができる。二〇〇〇年代の諸作品に通底していた旧いドイツとの「和解」を、もはや二〇一〇年代の作品が描くことはない。「教育する者」と「教育される者」との衝突はときに根深い所でもつれ合い、かえって旧いドイツが再生産されてゆく姿が描かれたりもする。映画において「教育する者」と「教育される者」との衝突が根本的な解決に至ることはなく、それゆえに旧いドイツとの「決別」が様々な形で告げられる。

そうした一連の物語内容を〈ドイツ人のディアスポラ〉という戦後ドイツの伝統的なビッグ・モチーフの観点から眺めるなら、二〇〇〇年代の諸作品とは異なって、登場人物がもはや自分の〈ホーム〉を取り戻すことはない。自身の地理的・精神的故郷を失った登場人物はそのまま〈ホーム〉を決定的・根本的に失うか、あるいは新たな〈ホーム〉の獲得を宣言する物語となっている。このことは、「移民の背景を持つ者」の場合もそうであったように、やはり二〇一〇年代の受賞作全般に共通する傾向であると言える。

1 《白いリボン》（二〇一〇年／金賞）——破滅への序曲——

あらすじ

物語は、第一次世界大戦前の北ドイツのある村を舞台として進行する。そこはキリスト教プロテスタントの村で、権威と従属を基礎とする封建的な社会システムに基づいていた。[36] 物語の語り手を務めるのはこの村の小学校教師で、映画はこの人物が何年も後になって自身の経験を回顧的に語るという形式を取る。

出来事の発端となったのは、皆からドクターと呼ばれる村の医師が落馬し、大怪我を負った事件である。原因は、何者かによって道に針金が張られていたからだった。次に起こったのは、小作人の妻の落下死亡事故である。彼女は製材所での軽作業中に、二階の腐った床を踏み抜いて階下に落下した。落馬の事件も落下の事故も真相は明らかにされていない。それから、収穫祭の日、男爵の畑のキャベツが切り刻まれ荒らされた。この事件の犯人は判明していて、小作人フェルダーの息子が母を失った恨みから犯行に及んだのだった。続けて男爵の息子のジギが行方不明になる。村人が手分けして探した結果、製材所で逆さまに縛り付けられているところを発見された。ジギはズボンを引き下げられ、尻が血で染まっていた。どうやら鞭で打たれたようである。この事件も犯人は分からない。

この二ヶ月の間に不審な事件や事故が次々と起こった。ドクターの件と男爵の息子の件については、犯人が分かっていない。男爵は村の平和のために犯人を探し出し、そして必ず罰を与えることを明言する。村人にも情報提供の協力が求められ、村は恐怖と不信感に包まれた。

こうした不可解な出来事と並行して物語の中に描き込まれるのが、子供たちが厳しい教育を受ける姿である。子供たちが何かしらのルールに違反したり、無作法を働いたり、親に反抗したりすることがあれば、夕食抜き、接触の禁止、鞭打ち、殴打、身体拘束等々の罰が与えられる。その際には、罰せられる子供よりも罰する親の側の痛みがより強調されたりもする。また戒めの印として子供たちの髪や腕には、「純真無垢」を意味する「白いリボン」が結びつけられることもあった。原タイトルの「白いリボン」はこのことに由来する。

一連の事件の犯人が捕まらないまま冬がやって来た。村には相変わらず不可解な出来事、恐ろしい出来事が起こる。農場管理人の家では、赤ん坊が熱を出した。外は寒いのに、部屋の窓が開け放たれていたのである。上の階には姉兄たちがいたにもかかわらず、なぜか誰も赤ん坊の泣き声に気づかなかったという。それから農場の建物が火事になった。これも原因が分からない。さらに小作人のフェルダーが自ら命を絶った。男爵のキャベツ畑を荒らしたあの若者の父親である。そして、牧師が可愛がっていた小鳥が無残な姿で殺された。小鳥にはハサミが突き立てられ、まるで十字架に架けられたような姿だった。映画の観者には犯人が分かっている。父である牧師から理不尽に怒られた長女クララによる復讐であった。

一連の事件の背後にあるものが次第に分かってくる。農場管理人の娘エルナが語り手の小学校教師に打ち明けた話によると、自分の見た夢が現実になるとのことだった。彼女は助産師の息子で障害のあるカーリが、男爵の息子ジギと同じように酷い目に遭うことを予言する。そして、現実はそのとおりになった。行方不明となって発見されたカーリは視力を失うほどの大怪我をしており、現場には犯行声明が添えられていた。そこには、父祖たちの悪事に対して神が罰を与えた旨の内容が書かれてあった。それからまた、農場管理人の息子二人が男爵の息子ジギを沼に突き落とすという事件が起こる。

そんなとき、語り手の小学校教師は奇妙な出来事に遭遇する。息子のカーリが襲われた件で母親の助産師が言うには、犯人が判明したというのである。教師は男爵夫人から自転車を借りていたのだが、助産師は半ば強引にその自転車を又借りして街の警察へと向かう。彼女は二度と戻らなかった。奇妙なことにドクターとその二人の子供も、いつの間にか姿が見えなくなっていた。一連の事件に関して、語り手の教師には子供たちが何かを隠していると思われた。しかし、ドクターと助産師がいなくなったことで噂が流れ、村人は一連の事件をドクターと助産師のせいにした。やがて第一次世界大戦が勃発し、村の雰囲気が刷新されるところで、物語は終焉へと向かう。

主題展開

映画《白いリボン》が主題化するのは、「闇教育」を通じて表象される「父権社会」の闇である。本書の第I部第2章で確認したように、啓蒙主義の教育方法に対して「闇教育」という名称を付したのはカタリーナ・ルーチュキーである。そうした啓蒙主義的な「闇教育」は二〇〇〇年代においては副次的にあるいはその変化形がモチーフとして使用されたが、年代の変わり目においてついに中心的な題材となって表に現れ出たことになる。

闇教育のあり方は宗教的権威と深く結びついている。《白いリボン》を扱った『映画ノート』によれば、マルティン・ルターの『ドイツ教理問答』には「我が子を愛する者は、我が子を折檻する」という言葉があり、その言葉は闇教育を支える理念の一つであった[37]。それゆえ、《白いリボン》において重要な役割を担う子供が牧師の長女クララと長男マーティンであったことは、極めて納得のいくことである。

長女クララはとても礼儀正しい。弟のマーティンが村の助産師に挨拶なく話しかけたときも、クララは弟に代わってその無作法を詫びた。クララは言う。ドクターが大怪我をし、その娘のアンナのことが心配だったために弟は「自身の教育（Erziehung）」を忘れてしまったのだ、と。その晩、夕食に遅れたクララたちに牧師である父親が施した罰は、闇教育の典型と言ってよい。父親が子供たちに与えた罰は、夕食抜きや鞭打ち一〇回などであった。またクララとマーティンが自分の手にキスをしてお休みの挨拶をするのを、父親は拒否した。つまり、汚れを理由に自分への接触を禁じた。そして、戒めとして「純真無垢（Unschuld und Reinheit）」を象徴する「白いリボン」が長女と長男に結びつけられる。その際、強調されるのが、罰せられる子供よりも罰する親の痛みの方が大きいという点である。すなわち、愛する我が子をその愛ゆえに折檻することは親にとって辛いということであって、ここにはルターの言葉との共鳴を読み取ることができる。

こうした教育の結果としてまず子供たちが示す反応は、自己の存在理由への疑念である。父親に叱られた晩の翌日、マーティンが橋の欄干の上を歩いているところを、小学校の教師が目撃する。マーティンは言う。自分は「神に自分を殺す機会を与えた」、と。神がマーティンの存在に満足していなければマーティンは落下して死に、神が満足していればマーティンは死なない。宗教的権威に基づいた「闇教育」の結果、マーティンは自己の存在価値を自分自身で肯定することができず、その価値判定の全てを神に委ねたのであった。

「闇教育」を受けた子供たちの中で抑圧された負の感情は、やがて他者への暴力となって、しかも自ら神を騙る形で発露される。牧師の長女クララが父親の可愛がっていた小鳥を殺すことになったのは、学校で父親から理不尽な叱責を受けたからである。堅信の授業の際、牧師である父が教室にやって来ると生徒たちが大騒ぎをしていた。長女のクララはクラスの生徒を静かにさせようと大きな声で注意を促していたのであるが、それを父親はクララが率先して騒いでいたと誤解したのである。クララは罰として教室の後ろに一人だけ立たされたまま、他の生徒がいる中で長々と父親の苦言の標的にされた。耐え切れなくなったクララはショックで倒れてしまう。彼女が父親の愛鳥を惨殺したのはその後であった。着目すべきは、小鳥にはハサミが突き立てられ、まるで十字架に架けられたかのごとき様相を呈していた点である。クララは父親に対して単に復讐をしたのではなく、自ら神になり代わって罰を与えたのだった。

子供たちの復讐劇が神の代理という形を取っていることは、助産師の息子カーリが虐待を受けたときに明らかとなる。現場に添えられていた声明文には、「父祖たちの罪業」ゆえにその報いが「嫉妬深い神」によって「子々孫々」にまで与えられると書かれていた。この言葉は、旧約聖書におけるモーセの十戒からの引用である。ポイントは三点ある。一つはすでに述べたように、復讐が神の代理という体裁を取っていること。それから、報いを受けるのが誰の罪業によるのかと言えば、「父祖たち」と明記されていること。そして、その報いを受けるのが子供や孫であること。思い起こせば、クララをはじめとする子供たちが父親から「闇教育」を受けた際、その抑圧された負の感情が向かう先は父親自身ではなかった。その矛先は小鳥、障害を持ったカーリ、か弱いジギなど、より弱い者へと向かう。犯行声明の二点目と三点目のポイントは、そうしたヒエラルキー構造が存在することを言い表している。そして、クララたちが父なる神を騙ることは、言わば自分たちの父親のさらなる父として、そのヒエラルキーの頂点に君臨することを意味した。このように、声明文において告発されているのは、「闇教育」を通じて明らかにされたプロテスタンティズムを基礎とする「父権社会」の権威主義的なヒエラルキー構造であった。「父権社会」は「闇教育」を通じて再生産される。子供たちの行動は、立場の弱い者へとその抑圧が連鎖するそうした「父権社会」の写しに他ならない。男爵に愛想をつかしてこの村を離れることを決心した妻は言う。ここを支配しているのは「悪意、嫉妬、無気力、残忍」である、と。

メディア論的考察

映画においてこのような父権社会は、やがてファシズムを生み出すことになる二〇世紀前半のドイツ社会へと接続してゆく。映画《白いリボン》は、そうした父権社会がファシズムの基盤になったことを示唆する。着目すべきは、映画の終焉において示される村人の姿であろう。ドクターと助産師が行方知れずとなったことで、村人の噂はこの者たちが一連の事件の犯人であったことに収斂してゆく。また第一次世界大戦が始まったことで、村が「期待と旅立ちの気分」に包まれたことも語られる。これらのことは、根拠なく様々なプロパガンダに翻弄され、やがて足元がおぼつかなくなっていったその後のドイツ社会を想起させる。父権社会は一面において権威主義的な硬直した姿を見せるが、他面において雰囲気に対する脆弱さを露呈させるのであった。〈ドイツ人のディアスポラ〉という観点からこのことを鑑みるなら、旅立ちの気分に包まれた村人たちの行く末は、やがて自分たちの〈ホーム〉を失い破滅へと至る旧いドイツの姿を示唆する。映画の物語はそうした破滅への序曲であると言えるだろう。

メディア論的な視点から眺めるなら、二〇〇〇年代の諸作品とは異なり、そうした旧いドイツとの和解を映画はもはや主張しない。一連の事件が全く解決を見ず、映画が不可思議な終焉を迎えるように、旧いドイツは現在の私たちにとってただただ不可解なものとして放置される。《白いリボン》は、やがて旧いドイツとの決別を描くようになる二〇一〇年代の始まりを告げる作品だと言える。

2　《女闘士》（二〇一二年／銅賞）――金銭教育の末路――

映画《女闘士》については、前章の「移民の背景を持つ者」のところですでに一定の考察を行った。物語の内容は主人公のマリーサとアフガニスタン難民ラスルとの交流が中心であったが、本章ではマリーサと同じネオナチ・グループの少女スヴェンヤに焦点を合わせて考察を行いたい。

あらすじ

スヴェンヤは十五歳の少女である。スヴェンヤの父オリヴァーは彼女の実父ではないが、娘の教育に熱心だった。しかしながら、彼の教育方針はいささか極端で根本的な愛情を欠く。スヴェンヤが良い成績を取ってきても、彼は決して褒めることをしない。総合ではクラスで二位だったことをスヴェンヤが告げても、オリヴァーはそれを称えることなく、次はもっと良くなるようにとそっけなく言うだけである。スヴェンヤとしては、それ以上の成績となるとクラスで一番になるしかない。スヴェンヤの成績に対するオリヴァーの応答としては、その成績の報酬として小遣いを与えることだけである。お札を握りしめるスヴェンヤには、義父から愛情が感じられないことへの不満がありありと窺える。加えて、スヴェンヤが不満を持っているのは、オリヴァーが喫煙のチェックをすることである。オリヴァーは娘の指と息の臭いを嗅ぎ、タバコを吸っていないかどうかを検査する。少女スヴェンヤにとってこのことがどれだけ嫌であるかは、想像に難くない。またスヴェンヤが喫煙を見つかった際は、逆にタバコ一箱を全て吸い切ることを命じられることもある。オリヴァーの教育方法は非常に極端で、倒錯している。他方、スヴェンヤは母親との関係については良好であった。二人は一緒に買い物に行くことも、一緒にタバコを吸うこともある。

いつしかスヴェンヤは、二十歳の青年マルクスを通じてネオナチのグループに加わるようになっていた。そのグループは主人公マリーサが所属するグループでもある。当初、マリーサはスヴェンヤに冷たかった。しかし、大喧嘩をした後、二人はいくばくか心を通わせるようになる。スヴェンヤは、ネオナチの集まりでナチのイデオロギーに触れ、マリーサにそうしたイデオロギーのタトゥーを入れてもらったりもした。スヴェンヤの様子が大きく変わったのは、このときからである。仲の良かった母のことを疎ましく思うようになった。ナチのイデオロギーを理解しない母のことが、愚かだと感じられた。決定的となったのは、義父オリヴァーがスヴェンヤのパソコンを壊した一件である。そのパソコンは、スヴェンヤがかつて実父に買ってもらったものだった。その晩スヴェンヤは、赤いペンキで家の壁に民族社会主義（ナチズム）の復活を宣言する言葉とハーケン・クロイツを書きつけ、家を出る。

スヴェンヤはネオナチの集まりに入り浸るようになった。そんなスヴェンヤをグループから救い出そうとしたのが、主人公のマリーサである。ちょうどそれは、マリーサがアフガニスタン難民のラスルをスウェーデンに密航させようと考えているときだった。彼女は、ラスルにひどく暴力を振るった恋人のザンドロをバットで殴りつけ、復讐を果たす。そして、スヴェンヤが家から持ち出した金を借りれば、ラスルを密航させることができるとも思った。後は、まだ十五歳のスヴェンヤを家に戻してあげればよい。改心したマリーサは、ラスルとスヴェンヤを救うことで自分の過去を償おうと考えたのだった。当のスヴェンヤはマリーサと一緒に逃げることを望んだが、マリーサはスヴェンヤに対して家に帰るべきであることを告げる。ところが、家に帰りたくなかったスヴェンヤは、マリーサを裏切ってザンドロに電話をし、自分たちの居場所を教えてしまう。マリーサは無事にラスルを密航船に乗せてやることができたものの、報復をしにやって来たザンドロに銃で撃たれて死んでしまうのである。

《女闘士》が主題化しているのは、ネオナチ・グループに属する一人の女性が難民の少年と交流する中で自覚する人間の改心である。これについては第II部第1章の「移民の背景を持つ者」のところで論じているので、ここでは繰り返さない。本章では、サブ・テーマと言ってもよい「闇教育」の問題がどのように表現されているかを確認してゆくことにする。

スヴェンヤの義父オリヴァーの教育方法がいかに極端で倒錯しているかを、より具体的に確認しておきたい。オリヴァーの教育方法の特徴がよく表れているのは、スヴェンヤが喫煙の事実を見つかってしまったときのエピソードである。オリヴァーの前妻はどうも肺癌で亡くなったらしい。オリヴァーがタバコを嫌い、スヴェンヤの喫煙を厳しく禁じる理由は、どうやらその点にあるようだった。オリヴァーは言う。スヴェンヤが肺癌で死ぬようなことになってほしくはないのだ、と。ところが、オリヴァーはこうも言う。スヴェンヤがタバコを吸いたいと思うなら、そうするべきである、と。オリヴァーは、一箱全てのタバコを吸い切るようスヴェンヤに命じる。彼女が一箱全てを吸い切るに際しては、何度もバケツに嘔吐しなければならなかった。スヴェンヤの体を心配しているはずなのに、吐くほど大量にタバコを吸わせようとする振る舞いは、極端で倒錯していると言わざるを得ない。オリヴァーの目的はもはやスヴェンヤの体を守ることではなく、服従させることにあると言える。

加えて、教育の中に金銭の論理が入り込んでくるのも、オリヴァーの教育方法の特徴である。例えば、良い成績を取ったスヴェンヤには、「稼ぎ（verdienen）」として現金が与えられる。こうした「稼ぎ」は、愛情のこもった「ご褒美」とは大きく性質が異なると言わねばならない。またスヴェンヤはオリヴァーに対してわざと反抗的な態度を取るにあたり、自分のメガネを折り曲げてみせたことがあった。その際、オリヴァーはその行為そのものを叱るのではなく、自分の小遣いでメガネ代をまかなうよう要求した。もしお金が足りないなら、スヴェンヤのパソコンを売ってお金を作れとも命じた。このようにオリヴァーの教育方法には、すべてを金銭で解決しようとする傾向が見られる。

物語の流れにおいて、スヴェンヤのこのような金銭教育の積み重ねが、主人公マリーサの運命を破滅へと導く結果をもたらす。マリーサがスヴェンヤをネオナチの集団から連れ出したとき、スヴェンヤはマリーサと行動を共にしたかったのだが、マリーサはスヴェンヤを家に帰そうと考えた。このことは、スヴェンヤがマリーサに対して不信感を抱くきっかけとなる。スヴェンヤはマリーサのために密航代を立て替えており、彼女としてはマリーサがただ自分の持っているお金が目当てだったのではないかと感じたのである。こうした物語展開については、義父オリヴァーがスヴェンヤを教育するにあたって、常に金銭の論理を持ち出していたことがスヴェンヤの心理に悪影響を与えたのだと解することができる。

メディア論的考察

以上のことがらを〈ドイツ人のディアスポラ〉という視点から眺めるなら、家を出たスヴェンヤは文字どおり自身の〈ホーム〉を喪失した状態にあったと言ってよい。あるいはむしろスヴェンヤが家にいたときから、すでに彼女はほとんど〈ホーム〉を喪失していたとも言える。かろうじて〈ホーム〉と言えた存在は母であった。しかし、ナチズムのイデオロギーに染まったスヴェンヤは、母のことを軽んずるようになる。それはつまり、本来の〈ホーム〉を捨ててネオナチという「擬似ホーム」に走ってしまったことを意味する。主人公のマリーサはそのことに気づいていた。だからこそ彼女は、スヴェンヤを家に帰そうと考えたのである。しかしながら、マリーサの言葉はスヴェンヤには裏切りと感じられた。スヴェンヤには、やはりネオナチ・グループこそが自身にとっての〈ホーム〉だと思えた。スヴェンヤは、マリーサが恋人のザンドロに殺されて、初めてネオナチ・グループが「擬似ホーム」

に過ぎなかったことを理解するのである。

補足しておくと、主人公のマリーサにも「闇教育」的なモチーフが色濃く反映している。マリーサの場合、そうした教育は祖父から受けた。重い荷物を背負わされ、忍従を伴いながら海岸を歩くマリーサの姿と、そうしたマリーサを「女闘士」と褒め称える祖父の姿が映画の中には登場してくる。祖父はマリーサに反ユダヤ主義のイデオロギーを植え付けており、「闇教育」的なモチーフとナチズムとの関係が、マリーサにおいても強く結び付けられている。

スヴェンヤにしても主人公のマリーサにしても、最終的に自身の〈ホーム〉を失うことになる。このことをメディア論的に捉えるなら、映画は二〇〇〇年代の諸作品とは異なって、もはや旧いドイツとの和解を主張しない。映画において旧いドイツを体現しているのはスヴェンヤの義父であり、ネオナチの集団であり、マリーサの祖父であった。こうした旧いドイツはさらなる旧いドイツを再生産するため、それとの関わりにおいては破滅への道しか残されておらず、それゆえ映画《女闘士》は旧いドイツとの決別を主張するのである。

3 《コーヒーをめぐる冒険》（二〇一三年／金賞）――過去の弔い――

あらすじ
映画の冒頭は、主人公のニコ・フィッシャーが朝方、恋人に対してつれない態度を取るところから始まる。それから、場面変わってニコの自宅。部屋の中はまだ引っ越しの荷物が片付いていない。恋人と写った写真を寂しげに見ている様子からすると、ニコは恋人と別れたのだろうか？　溜まった手紙をチェックしていると、飲酒運転の件で面接を受けなければならないことに気づき、急いで家を出る。
面接は不愉快極まりなかった。面接官は嫌味な男で、ニコは感情にむらがあるという理由で免許証を返してもらえない。これが奇妙な一日の始まりであった。コーヒーショップに入ってコーヒーを注文すると、料金は三ユーロ四〇セントもする。あいにく手持ちの現金が足りない。ニコは妙に営業口調が鼻につく女性店員にホームレスに間違われた上、コーヒーを買うこともできなかった。その後、ニコはATMでお金を下ろそうとする。ところが、キャッシュカードが機械の中に取り込まれて戻ってこない。家に帰ると、今度は上階の男性が手作りミートボールを持ってニコを訪ねてくる。奇妙なことが立て続けに起こった。押しの強さに根負けしたニコは、男性を家に招き入れてしまう。ニコはその男性と酒を酌み交わすことになるが、サッカー好きのその男性は、奥さんに対する愚痴をこぼすと泣き出してしまう。

その後、ニコは俳優をやっている友人のマッツェと街に出かけた。一緒に入ったカフェでは、ユリカ・ホフマンと再会する。ユリカは学生時代のクラスメートで、当時の彼女は今の三倍ぐらい太っていた。ユリカはかつてニコのことが好きだったという。けれども、ニコは当時ユリカが太っていることをからかっていた。傷ついたユリカは、それがきっかけで自分を変えようと決心したようである。見違えるほどスマートになったユリカは、今は舞台俳優をやっていた。ニコとマッツェは、その晩、彼女の舞台を見に行く約束をして別れる。

ニコとマッツェは、マッツェの友人を訪ねて撮影所にやって来た。その友人は俳優をやっていて、そこで撮影する映画の主演を務めている。物語はナチの将校とユダヤ人の女性が恋に落ちる話であった。熱を入れてそのストーリーを語る主演俳優の友人だが、あまりにもステレオタイプな物語展開にニコもマッツェも驚きを隠せない。

その後、ニコは父親とゴルフ場で会うことになる。キャッシュカードがATMに吸い込まれてしまったので、そのことを父親に相談するつもりでいた。しかし、ATMにキャッシュカードが吸い込まれたのは、父親が銀行口座を解約していたからであった。ニコは大学の法科に通っているはずだったが、二年前にすでに大学をやめていた。そのことが父親にばれてしまったのである。ニコは父親からの資金援助を打ち切られたのであった。その帰り、ニコは鉄道に乗ろうとするものの自動販売機が故障していて切符が買えない。仕方なく切符を買わずに乗車をすると、係員に見つかってしまう。押し問答の末、ニコは隙を見て逃げ出し、なんとか係員を振り切った。奇妙な一日はまだ続いている。

その晩、ニコとマッツェはユリカの舞台を見るために再び街に出た。マリファナを購入するため、途中で売人のマーセルの家に立ち寄った。そこでニコは、マーセルの祖母と不可思議にもひとときの親交を温める。その後、二人はようやく演劇場に到着した。舞台はすでに始まっている。前衛的とも時代遅れとも言えるような演出と脚本に、ついマッツェは吹き出してしまう。マッツェと演劇のスタッフが口論している一方で、ニコとユリカは互いに親密な気分になる。自体はやがて情事へと発展しそうになるが、うまくはゆかない。ユリカは激怒し、二人の関係は物別れになる。

ニコは夜のバーに入る。すると奇妙な老人男性が話しかけてきた。その老人は六〇年ぶりにベルリンに戻ってきたという。やがて老人はある昔話を語り出す。それは、一九三〇年代にベルリンで起きた水晶の夜を思わせた。一通り話し終えると、老人はバーを出るが、店先で倒れてしまう。救急車で病院に搬送されるものの、老人は助からなかった。最後まで付き添ったのはニコであった。奇妙な一日はようやく終わり、ニコが明け方のコーヒーを飲んで一息つくところでエンディングとなる。オープニングの彼女の家でコーヒーを断ったところから始まり、場面場面でニコがコーヒーを飲み損ねるというエピソードが、「コーヒーをめぐる冒険」という邦題の由来となっている。(38)

主題展開

《コーヒーをめぐる冒険》が主題化するのは、モラトリアム的期間を終えなければならなくなった若者の困惑と憂鬱である。大学の法科を中退したニコは、約二年もの間、自分のやりたいこと、自分の進むべき道を見つけることができず、無為な暮らしを送っていた。そして、何事にも煮え切らないニコはついに彼女に愛想をつかされてしまう。同時に訪れたのは、父親からの資金援助打ち切りの宣告である。ニコは、自分の人生について真剣に考えなければならない局面に立たされてしまった。原タイトルの「オー、ボーイ（Oh Boy）」という嘆息の言葉は、もはや少年ではいられなくなったニコ自身の戸惑いや諦念、あるいはニコの境遇に対する第三者の同情を表現した言葉だと考えてよい。彼女と別れ、また金銭的に不自由になったニコにとって、ベルリンは突然、異世界として立ち現れる。ニコの眼に映るベルリンの街はどこかしら現実感がなく、それゆえに美しい。当たり前だった今までの日常世界とニコとの隔たりを、そうした風景は表現している。

メディア論的考察

異世界となったベルリンの街は、ニコにとって単にそのように感じられるというだけでなく、映画が描き出す一日の中で、ニコは実際に奇妙な人物との遭遇を繰り返す。その中で物語全体に通底するモチーフを分かりやすく言語化してくれるのは、ニコがユリカに対して発した言葉であろう。ニコとユリカが情事に及びそうになったとき、ユリカは自身のトラウマから「太った女の子としたい」という言葉をニコが述べるよう要求した。しかし、ニコはこの要求によって気がそがれてしまう。というのは、かつて自分がいじめたユリカと今ここで結ばれるのは、まるで罪滅ぼしをしているかのように感じられたからである。ニコはそうした罪滅ぼしを「過去の清算（Vergangenheits-bewältigung）」と形容した。「過去の清算」という言葉は、ドイツにおいて一般にナチの過去を想起させずに済ますことはできない。この点を鑑みるなら、ニコが「過去の清算」を拒んだことは、映画全体において意味のネットワークを形成する。メディア論的な視点からすれば、それは旧いドイツといかに関わるべきかを問わずにはおかない。

映画の中でナチを題材としている箇所は二ヶ所ある。一つは、マッツェの友人が主演する映画がナチを題材としていたのであった。二一世紀以降のナチ・ドイツを題材とした受賞作を通覧しても分かるように、当時のナチ・ドイツそのものを直接的に題材とした作品は少ない。それに対して、マッツェの友人が主演を務める映画は、大戦当時のナチ・ドイツの姿を直接的に題材としている。加えて、その物語内容は、ニコがその先の物語展開を簡単に言い当てられるほど紋切り的な内容であり、その展開の陳腐さにニコとマッツェは驚いて顔を見合わせるほどであった。その上、ニコがその撮影現場を見学していた際は、重要なシーンを撮り終える瞬間にニコの携帯に電話がかかってきて、そのシーンの撮影を台無しにしてしまう。しかも、その後に挿入されるシーンは、強制収容所の監視員とユダヤ人に扮した俳優が二人並んでタバコを吸いながら休憩しているという悪趣味な場面である。これら一連のシーンについて指摘し得るのは、戦後のドイツが行ってきた旧いドイツとの関わり方を、《コーヒーをめぐる冒険》が辛辣とも表現し得る仕方で軽んじ、揶揄している点である。

では、《コーヒーをめぐる冒険》が新たに描き出す旧いドイツとの関わり方は、どのようなものであろうか？　この映画の中でナチ・ドイツが題材とされているもう一つの箇所は、映画の終盤においてニコが老人男性の昔話を聞く場面である。この老人は子供の頃にどうやら水晶の夜を経験したらしい。「水晶の夜（クリスタル・ナハト）」とは、一九三八年一一月九日夜から一〇日にかけてドイツ全土において行われたユダヤ人迫害事件のことである。ユダヤ人の商店やシナゴーグが破壊され、砕けたガラスの破片がキラキラ光ったため、この呼び名が付けられた。

ニコが出会ったその老人の昔話では、彼が自身の父親から自転車の乗り方を教わったというエピソードが語られる。それからまた、父親からは石を店の窓ガラスめがけて投げつけることも教わったという。こうして教育とナチズムとが結びつけられ、《コーヒーをめぐる冒険》においても「闇教育」のモチーフが潜在していることが示唆される。

この老人が言うには、彼はベルリンをずっと離れていて六〇年ぶりに戻ってきたらしい。明示はされないが、何かしらの罪で六〇年もの間、服役していたことを連想させる。老人の氏名はファースト・ネームだけが明らかにされ、「フリードリヒ」という。この名前は様々なドイツ王、プロイセン王の典型的な名前である。したがって、この老人の存在は旧いドイツそのものを代表すると考えてよい。老人が実際にどのような罪を犯したかは明らかにされないものの、この老人が旧いドイツとして犯した罪は、水晶の夜の事件に象徴される。この旧いドイツは六〇年間、罪を償い続け、そしてようやく出所したのであった。しかし、間もなくしてこの旧いドイツは亡くなってしまう。

これらのことを改めてメディア論的に理解するなら、やはり二〇〇〇年代の受賞作とは異なって、映画《コーヒーをめぐる冒険》においても旧いドイツとの和解は成立しない。そのことは、旧いドイツに対して行われた旧来の和解のあり方を、この映画が軽んじていることからも明らかである。むしろ映画《コーヒーをめぐる冒険》において描き出されているのは、旧いドイツとの永遠の別れであり、弔いである。「過去の清算」を拒否したニコであるが、代わりに「過去の弔い」に直面したのであった。この点を鑑みれば、ドラッグの売人マーセルの祖母の存在も理解し得るものとなる。すなわち、ニコとこの老婆との穏やかで優しげな抱擁は、旧いドイツとの永遠の別れを意味していたと考えてよいだろう。(39)

〈ドイツ人のディアスポラ〉というビッグ・モチーフとの関連で言えば、このモチーフは《コーヒーをめぐる冒険》によく馴染む。大学を中退し、彼女と別れ、父親からも生活費の支援を絶たれてしまったニコは、社会的にも、精神的にも、経済的にも〈ホーム〉を失ったディアスポラの状態にあると言える。数週間前に引っ越したという現在の住居もまだ引っ越しの片付けが済んでおらず、実質的にも〈ホーム〉を持たないニコはベルリンの街をまさしくさまよい歩く。ニコという存在を旧いドイツと対比するとして、仮にニコのことを「新しいドイツ」と呼ぶとするならそれは可能だろうか？　もしそれが可能であるなら、ニコという存在は、旧いドイツとの関係を絶って新たな時代へと突入してゆく新しいドイツの不安を象徴していると言える。

4 《ハンナ・アーレント》（二〇一三年／銀賞）――理解か？ 許しか？――

あらすじ

一九六〇年、アドルフ・アイヒマンがイスラエルの特務機関によってアルゼンチンで逮捕された。アイヒマンはユダヤ人大量虐殺の責任者の一人であり、移送の責務を担っていた。逮捕されたアイヒマンはイスラエルへと連行され、そこで裁判を受けることになる。主人公のハンナ・アーレントは、アイヒマン裁判を傍聴するため、イスラエルへと向かった。

映画のタイトルになっている「ハンナ・アーレント」は『全体主義の起源』の著者として名を知られた政治哲学者である。彼女はドイツ系ユダヤ人で、フランスのユダヤ人収容所に入れられていた経験もある。現在は、ニューヨークのザ・ニュースクールで教授を務めている。愛する夫や親しい友人・同僚に囲まれ、また学生たちからも慕われ、充実した日々を過ごしていた。アーレントの恩師は、ドイツを代表する哲学者の一人、マルティン・ハイデガーである。一九三三年、ハイデガーは民族社会主義ドイツ労働者党（ナチス）に入党し、フライブルク大学の学長に就任するにあたっては、親ナチ的な演説を行ったとされる。アーレントがドイツを離れる決心に至ったのは、このことがきっかけであったとも言われる。

イスラエルに到着したアーレントは、かつてのシオニスト仲間であったクルト・ブルーメンフェルトと再会する。そして、再会を喜ぶ一方で、ついにアーレントはクルトたちが「野獣」と呼ぶアドルフ・アイヒマンの裁判に臨むこととなった。ところが、アイヒマンの裁判を傍聴したアーレントは合点がいかない。というのも、アイヒマンは彼女が想像していたような凶悪な人物ではなかったからである。彼は野獣ではなく、極めて平凡な人間であった。アーレントは強調する。アイヒマンがしでかした事柄のおぞましさと、アイヒマンの凡庸さとを区別しなければならない、と。彼女によれば、アイヒマンは悪魔的な人物ではない。しかし、クルトをはじめとして多くのユダヤ人同胞は、アーレントの意見に賛同してはくれなかった。

アメリカに戻ったアーレントは、アイヒマン裁判についての執筆を開始する。その文章は雑誌『ザ・ニューヨーカー』の誌上に掲載されることになっていた。しかしながら、アメリカに戻ってもアーレントの意見は同胞のユダヤ人からの賛同を得られない。学生時代からの友人ハンス・ヨナスもアーレントがそうした意見を公表することに反対であった。その後、アイヒマンの悪に対するアーレントの考えは、さらなる進展を見せる。アイヒマンは普通の人間である。彼の悪には悪魔的な深さがなく、アイヒマンの悪は「思考」する能力の欠如に由来する。そうアーレントは考えた。

アーレントの記事は一大騒動となる。『ザ・ニューヨーカー』の編集部にもアーレント自身のもとにも、大量の苦情が寄せられた。大学の同僚・友人たちも、こぞって彼女のことを非難した。アーレントはアイヒマンを擁護していると人々は口々に言う。騒動の中でアーレントは、クルトが病床にあることを知る。彼女はイスラエルのクルトに会いに行ったが、雑誌記事の件でクルトにも非難されてしまった。大学はアーレントに辞職を迫る。アーレントは自分の考えを、少なくとも学生たちに対しては正しく理解してもらう必要があると考えた。

アーレントの講義が始まった。彼女はアイヒマンを法廷で裁くことの意味や難しさを語る。次第に彼女の声は熱を帯び、演説のようになってゆく。アイヒマンの行いに彼自身の意志は介在せず、彼は命令に従っただけだ、そうしたアイヒマン自身の弁解をアーレントは強調した。そして、アイヒマンに代表されるような現象を「悪の凡庸さ」と名づける。アーレントの講義は、やがてハイデガー的な「思考」の哲学へと移っていった。「思考」こそが人間を人間たらしめるものであり、思考する能力を失ったアイヒマンは人間であることを拒絶した存在に他ならない、そうアーレントは、自身の主張の核心部分を告げる。しかし、大学の同僚や友人たちの理解を得ることはできなかった。アーレントは孤独の淵に沈み、映画は終局を迎える。

主題展開

映画《ハンナ・アーレント》が主題化するのは、過去を「理解（verstehen）」することの難しさである。それは、ハンナ・アーレントという一人の政治哲学者の挑戦と苦悩を通じて描き出される。アーレントがアイヒマン裁判を傍聴しにいくことが決まったとき、夫のハインリヒは必ずしもそのことに賛成ではなかった。アーレントは収容所の体験者である。だから、アイヒマン裁判を傍聴することによって彼女が傷つくのを心配したのである。言わば、アーレントが再び「暗い時代」に戻るのを恐れたのであった。一方、アイヒマン裁判を傍聴することに、実はアーレント自身にも不安があった。エルサレムに旅立つにあたって、彼女は自身の不安を親友のハンス・ヨナスに告白している。

『ザ・ニューヨーカー』の記事が騒動になったとき、アーレントの周りの人々は彼女の心境を様々に慮る。友人のシャルロッテは、アーレントのシニカルな叙述の中にアーレント自身の痛みを見て取ろうとした。アーレントは歴史を彼女自身と引き離して客観的に眺めようとする一方で、ますます歴史を自分固有のものにしてしまっているというのである。とはいえ、収容所の体験を持つアーレントには、自身が感じる痛みを公にする権利もある、とシャルロッテは考えた。しかし、アーレントの夫ハインリヒは、そうは考えない。アーレントは自身の痛みと歴史の問題をきちんと客観的に引き離している。ハインリヒはそう考えた。

しかしながら、シャルロッテの考えもハインリヒの考えも、アーレントが行おうとしていることを正確には言い当てていない。アーレントの念頭にあったのは、かつてハイデガーから学んだ「思考（Denken）」の問題であった。ハイデガー哲学において理性と情熱は必ずしも対立しない。人間が生ける存在であると同時に思考する存在でもあることにおいて、ハイデガーは「情熱的思考」なるものを提示する。その意味において、思考は単なる客観的な認識ではなく、善悪や美醜の判断へとつながる。アーレントの思考観もそのような立場に立つ。アーレントがたびたび繰り返す「理解」とは、そうした「思考」のことを意味すると考えてよい。アーレントがアイヒマン裁判において行おうとしたのは、アイヒマンという現象を「理解」することであった。それゆえ、自己の情熱と切り離された客観的な歴史なるものを認識するかどうかというハインリヒやシャルロッテの論点は、そもそもにおいてアーレントが行おうとしていることにそぐわないのである。

アイヒマン裁判に関して何かを語ろうとする者は、アイヒマンという現象を「理解」する「義務」があるとアーレントは考えた。しかしながら、このようなアーレントの振る舞いを人々はそれこそ理解してくれない。「理解する」ことと「許す」ことは別であると訴えても、ナチを擁護しているとして人々はアーレントを非難する。友人も同僚もアーレントに背を向け、この点において彼女の実際的な苦悩は極まるのであった。

メディア論的考察

メディア論的な視点から眺めたとき、映画《ハンナ・アーレント》は他の二〇一〇年代の受賞作品と同じように、もはや旧いドイツとの「和解」を描かない。このことは、「理解すること」と「許すこと」とを区別するアーレントの振る舞いにおいて明らかである。例えば、ヨナスとの会話において、「アイヒマンを許すのか？」というヨナスの問いを、馬鹿げているとしてアーレントは一蹴している。あるいは、アイヒマンという人物の平凡さとアイヒマンが成した行為とのギャップに関し、「それを理解することは許すことと同じではない」、と演説の場面においても明言される。旧いドイツを代表するアイヒマンに関してその現象を「理解」するとしても、旧いドイツとの「和解」はあり得ない。

アイヒマンは「権威主義的性格」を典型的に具現する存在である。本書の第Ⅰ部第2章において確認したように、エーリッヒ・フロムによれば、「権威主義的性格」の根底には「自身の本来の自由と向き合うことのない無力さ」が潜んでおり、それゆえに「責任と自己決定」から逃れて「権威を志向する」のだった。この叙述はアーレントの主張とよく符合する。アーレントによれば、アイヒマンは思考する能力を欠いているため、人格を持った個人であることを、つまり人間であることを拒絶し、ひたすら命令にのみ従う存在である。悪をなすことに関し、思考を欠いたアイヒマンには確信も悪魔的な意志も存在しない。それゆえに、自己の責任と自己決定を拒絶する。このようなアイヒマン現象を「悪の凡庸さ（banality of evil）」とアーレントは名づけるのだった。「理解」と「許し」を区別するアーレントにとって、「悪の凡庸さ」とは旧いドイツとの「決別」を示した言葉に他ならない。アイヒマンは言う。当時はそのような時代であって、自分たちはそうした「世界観教育」を繰り返し施されたのだ、と。この点において映画《ハンナ・アーレント》にも、「闇教育」的なモチーフが潜在しているのを確認することができる。

こうしたアイヒマンとの対比において忘れてはいけないのが、ハイデガーの存在である。果たしてハイデガーは、旧いドイツに属するのか、属さないのか？　史実によれば、アーレントは一九五〇年にハイデガーとの再会を果たした。映画の中のアーレントは、親ナチ的であったとされるかつてのハイデガーの学長就任演説に関し、強い抗議の意を示す。そして、自分は「理解」したいからここにやってきたのだとアーレントは言う。これに対してハイデガーは、次のように自分を弁明した。「私は、夢見がちで自分のしていることが分からない少年のようなものだった。」「しかし、その間に私は学んだのであり、なおもさらに学びたい。」ここに「闇教育」と対照的な「学ぶ（lernen）」というモチーフが、意味を持って登場してくる。ハイデガーの言葉は、当時の自分はまだ未熟で成長の途上にあったと告げている。このことは、裏を返せば、「闇教育」を施されたアイヒマン的な旧いドイツとは、ハイデガーが一線を画していることを意味するだろう。少年のごときハイデガーは、「闇教育」を完遂された旧いドイツに属する存在ではない。ハイデガーはむしろ新しいドイツに属し得る可能性を持った存在であることを、映画は告げている。アーレントとの再会においてハイデガーが発した「新しい成長」という言葉は、そのことを示唆している。こうしたハイデガーの主張に対して、アーレントはその主張を公にすることをハイデガーに提案した。そして、映画の終盤においてアーレントが行った講演は、ハイデガーを代弁するものだったと考えてよいだろう。アーレントの講演は、アイヒマンやハイデガーを含むドイツの過去に対する一つの理解に他ならなかった。

〈ドイツ人のディアスポラ〉というビッグ・モチーフから《ハンナ・アーレント》を眺めた場合、この映画が〈ホーム〉を失う物語であることは明らかである。一九三三年に迫害を逃れてドイツを脱したアーレントは、文字どおりディアスポラの状態にあった。その後、彼女はフランスの収容所を抜け出してアメリカへと渡る。そのときのアメリカの第一印象を学生から尋ねられたアーレントは、「楽園（Paradise）」と答えた。その後も彼女は親しい友人、同僚、自分を慕う学生に囲まれ、アメリカはアーレントにとって楽園であり続けた。ところが、アイヒマン騒動の末、アーレントから多くの友人や同僚が離れてゆく。最終的に孤独の淵に沈むアーレントの姿を描き出す映画《ハンナ・アーレント》は、結果として楽園喪失の物語であったと言える。

5　《さよなら、アドルフ》（二〇一二年／銅賞）——連鎖の拒絶——

あらすじ

原タイトルにもなっているように、主人公の少女の名前は「ローレ」という。第二次世界大戦の末期、ドイツの敗戦が濃厚になった頃、十五歳のローレは、赤ん坊を含む幼い妹弟たちを連れ、子供たちだけで祖母の家に向かわなければならなくなった。ローレの父親はナチの高官であり、母親もナチズムの熱心な信奉者である。ローレの父親はどうやら逮捕されたようであり、もはや逃げ切れないと踏んだ母も出頭する覚悟を決めた。子供たちだけで行くには、祖母の家までの道のりは非常に遠い。南ドイツのシュヴァルツヴァルトから北ドイツのハンブルクへとドイツを縦断し、そこからフーズムまで行って、さらに干潟を渡らなければならない。母と離れるにあたって、ローレは母から幾らかの宝飾品を託されていた。それと物々交換で食べ物を手に入れ、なんとかローレたちは食いつないでゆくことになる。加えて、陶器の動物の置物も託された。それは母の故郷の北ドイツに所縁のある思い出の品だった。

旅の途中、ローレはユダヤ人虐殺の記事を目にする。その記事の写真には無数の死体とローレの父親が写っていた。ローレは大きなショックを受ける。尊敬する優しい父親がこのような犯罪に手を染めていたとは思わなかった。ローレはその記事の父が写っている部分を破り取った。

ローレたちは一人の老婆が住む家にやって来る。その老婆はヒトラーの死を悼み、ユダヤ人の虐殺を信じない。ローレの宝飾品と引き換えに薬をくれるものの、その薬は偽物であった。食料をもらいやすいからという理由で、ローレの連れた赤ん坊も要求する。かつては健全な生活態度を営んでいたであろうナチ信奉者の愚かな真の姿を見せつけられ、ローレは怒りを隠し切れない。とはいえ、ローレ自身も納屋で見かけた死体から時計を盗んだ。自分はこの老婆と同類の人間なのであろうか？　こうした思いがローレを苦しめる。

いつしかローレは、ユダヤ人の身分証を持ったトーマスという若者と知り合う。すでにドイツは連合軍に占領されていたため、本来なら自由に往来をすることはできない。そこでトーマスがローレたちの兄を名乗ることで、ローレたちはアメリカ軍の車に乗せてもらうことができた。トーマスは頼りになる人物であった。食料を調達してくれたり、弟たちの遊び相手になってくれたりもした。しかし、トーマスがユダヤ人であることを知ったとき、いつの間にか自身の中に巣食っていた反ユダヤ的な感情にローレ自身が気づかされることになる。けれども、トーマスに対する好意も隠し切れない。ローレは複雑な感情の中でトーマスとの旅を続ける。

やがてローレたちの行く手が川に遮られる。船を出してもらおうと漁師に頼むが、その漁師が見返りに要求したのはローレ自身であった。トーマスと目配せをしたローレは、その漁師に身を任せる素ぶりをする。漁師がローレに近づいたとき、トーマスが石でその漁師を殴り殺してしまう。自責の念に耐えられないローレは、赤ん坊を抱えたまま川の中に沈もうとした。トーマスが助けに入り、二人とも無事であった。ここまでは何とか姉妹兄弟全員で続けてきた旅である。しかし、占領地で弟のギュンターが撃たれ死んでしまう。ローレの苦しい旅はなかなか終わらない。

占領地を抜け、ローレたちは列車に乗った。係員がやって来て身分証をチェックする。ところが、トーマスの身分証が見当たらない。トーマスはローレたちを残して列車を降り、去ってゆく。実は、トーマスと離れたくない弟ユルゲンがトーマスの財布を盗んでいたのである。よく見ると身分証はトーマスのものではなかった。トーマスはユダヤ人ではなかった。何もかもが嘘であることに、ローレは愕然とする。

干潟を渡り、ついに祖母の家に辿り着く。久しぶりに会った祖母は厳しい人であった。祖母は父や母の行いが正しかったと言う。しかし、ローレは真実を知っていた。祖母に対する反発心を隠し切れないところで、映画はエンディングへと向かう。

主題展開

映画《さよなら、アドルフ》が主題化するのは、思春期を迎えた少女の大人たちに対する信頼の崩壊と怒りである。ナチの高官である父はローレに対して優しい。ローレも父のことが好きで、父のことを立派な人物であると思っていた。ところが、旅の途中で見かけた記事には、ユダヤ人の虐殺に父が加担していたことの証拠がはっきりと示されていた。父に対する信頼は大きく揺らぐ。母も同様であった。母はローレに厳しかったが、ローレは母を誇り高い立派な人であると思っていた。しかし、敗戦が濃厚となり隠れ家での生活が続く中で、母はすっかり威厳を失ってしまう。「総統が亡くなった」と、ヒトラーの死を嘆く母の姿は狂信的であり、その異様な姿にローレは少なからず怯える。その上、母は幼い妹弟や赤ん坊の面倒までローレに押し付けて去っていった。子供の養育を放棄するその無責任さにローレは呆然と立ち尽くす。

旅の途中で出会った大人たちもローレを幻滅させた。多くの大人たちは、たいていローレに冷たい。自分たちが今このような境遇に陥っているのは、自分の両親と共にナチに加担した大人たちのせいではなかったのか？　それなのに、状況が変われば手のひらを返し、ローレにも辛くあたる。その身勝手さにローレは納得がいかない。未だにヒトラーを総統と仰ぎ、ユダヤ人の虐殺を認めないあの愚かな老婆もローレをひどく幻滅させた大人の一人である。この老婆はローレから高価な宝飾品を巻き上げ、赤ん坊まで要求した。単に赤ん坊をダシに使えば食料品を調達しやすいという理由からである。大人に対する幻滅は、ローレの中で怒りへと変わる。とはいえ、自分もこの家の納屋で死んだ男性の時計を盗んだのだった。愚かな大人たちに対する幻滅と怒りと罪の意識の中で、ローレの心は乱れる。川を渡るときに出会ったあの漁師も愚かな人物であった。その男性は船を出す代わりにローレ自身を要求した。この漁師を殺したのはトーマスであるが、その殺人にローレ自身が加担したことは否定できない。今回は大人に対する幻滅や怒りよりも罪の意識の方が勝った。そして、罪を犯すような境遇へと自分を追いやったことへの理不尽さが回り回って再び大人たちへの怒りとなり、ローレの中に沸き起こってくる。

大人たちに対する怒りが決定的となったのは、祖母との再会である。行儀作法に厳しい祖母は、一見、立派な大人を装っていた。しかし、ローレの両親をはじめ大人たちが犯した罪を祖母は認めない。それゆえ、再びローレは怒りを覚える。今回の怒りは自覚的であった。トーマスが他人の身分証を所持していたことが、ローレの気持ちを複雑にする。この身分証の本当の持ち主は、おそらくドイツの大人たちによってその命を奪われたのだろう。悲しみと同時に罪の意識がローレを襲う。というのも、大人たちによっていつの間にか自分の中にも反ユダヤ的な感情が刷り込まれていたことを、旅の中でローレは意識させられていたからである。映画終局のローレは、このような後ろめたい感情を自分にもたらした大人たちに対して、明確に怒りの矛先を向ける。祖母はそうした大人たちの象徴的存在であった。

ローレの怒りが大人たちに向かう中で、トーマスの存在はローレにとってどのような意味を担うであろうか？　トーマスはナチに加担した大人たち世代よりもはるかに若い。とはいえ、すでに大人の仲間入りをした青年でもあって、もはや子供とは言えない。トーマスは大人たち世代とローレとの中間的な存在であり、ローレが遠くない未来において辿り着く姿であると言ってよい。映画の中におけるトーマスの振る舞いはすでに大人たち世代の愚かさを継承した人物として描かれ、嘘で塗り固められたトーマスという存在は、少なからずローレの行く末に不安を投げかける。このようなナチ的なものの「継承」というモチーフは、これまでの受賞作と同様に《さよなら、アドルフ》の中にも通底する「闇教育」のモチーフと相俟って、大きな意味を形成する。

映画の序盤で描かれていたように、ローレの母親の子供たちに対する態度はどことなく厳しく冷たい。とはいえ、母親がローレたちに対して「闇教育」的な態度を取る場面は直接的には描かれていない。「闇教育」のモチーフが明示的に現れるのは、ローレの弟ギュンターが盗みを働いたときである。ギュンターを連れてきた大人は、凄い剣幕でローレたちを非難する。「お前らの両親はいったいどんな教育（erziehen）をしたんだ。」これに対してローレは、ギュンターを木箱の中に閉じ込めてお仕置きする。「ドイツの男の子は盗みもしないし、赤ん坊のように泣いたりもしない。」こうした振る舞いは、ローレの親が子供たちに対して成してきた行為であろうと推測される。ここに「闇教育」が世代において継承される種類のものであることが示唆される。

ローレから金品を巻き上げたあの老婆も、「闇教育」的な態度を取っていた。ローレの弟を呼ぶとき、最初は猫なで声であったが、弟がすぐに反応しないと見るや机を叩いて怒鳴るのである。ナチズムの信奉者であるこの老婆はいかにも権威主義的な人間として描かれ、「闇教育」と権威主義的な人間との必然的な結びつきが示されていると言える。このような視点を取るとき、ローレの祖母とこの老婆に類似性を認めることは難しくない。ローレの祖母も行儀作法に厳しく、すぐに子供たちを叱りつけ、そして大人たちの罪を認めない人物であった。

メディア論的考察

以上のように考えたとき、映画の終局においてローレが取った行動は、メディア論的に見て大きな意味を有する。祖母の家に辿り着いて一夜明けた翌朝、ローレは大人びた服を着て、化粧をした。その服はもしかしたら若いときの母の服なのかもしれない。ローレの脚には痛々しい青痣が残っている。長旅の中でローレは心身ともに傷ついたのであった。思い起こせば別れる前の母の脚にもひどい青痣があった。ローレの痣はその母の青痣を彷彿とさせる。ローレは旅を経て自分が少し大人になり、母親に近づいたような気がした。母から預かった陶器の動物の置物を、感慨深く部屋に飾ってみたりもする。そこには似たような動物の置物がいくつも並んでいた。この部屋は母が育った部屋なのだろうか。ところが、その後、ユダヤ人の身分証を眺めたローレは複雑な思いに襲われる。食事の際、祖母は弟の行儀作法を叱った。ローレはそれに反発してわざと行儀の悪い行動を取る。部屋に戻ったローレは、飾ってあった陶器の動物の置物を足で踏みつけて砕くのであった。

この行為は、ナチ的なものの連鎖を断ち切る振る舞いであったと理解することができる。祖母から母に継承されたナチ的なものは、母を経由してローレ自身にも受け継がれていた。祖母の「闇教育」的な態度を見て、ローレは自分にも身に覚えがあると感じたのかもしれない。映画の中では、ローレが弟を木箱に入れてお仕置きする姿が描かれていた。その振る舞いには祖母に通ずるものがあった。ローレは置物を壊してそのような連鎖を断ち切ろうとしたのである。このことをメディア論的に捉えるなら、ローレの行為はナチに加担した大人たち世代、つまり旧いドイツへの決別宣言であったと解することができる。《白いリボン》や《女闘士》の中で描かれていたように、旧いドイツは旧いドイツを再生産する。映画《ローレ》が主張するのは、そうした連鎖構造への決別である。「さよなら、アドルフ」という映画の邦題は、こうした点とよく符合するものであったと言ってよい。

〈ドイツ人のディアスポラ〉というビッグ・モチーフに照らすなら、子供たちだけで敗戦間近のドイツに放り出されたローレは、まさしく心身ともにディアスポラの状態にあったと言える。ドイツは連合軍に占領され、その中を旅するローレは、文字どおり故郷喪失の状態にあった。〈ホーム〉を失ったローレは、祖母の家に辿り着いて一旦は〈ホーム〉を取り戻したかに見える。ところが、祖母に反発し、陶器の置物を足で踏み砕いたように、旧いドイツが再び〈ホーム〉になることをローレは強い態度で拒絶したのだった。

映画のオープニングには石蹴り遊びをするローレの妹の映像が挿入され、「天国」と「地獄」というモチーフが混入されている。映画の序盤でも、ときおりキリスト教の十字架がアップにされることがあった。したがって、映画は少なからず宗教的なイメージをまとっており、〈ホーム〉を失う物語は楽園喪失の物語であったとも言える。まだ戦況が良かった頃、ナチの高官を父に持つローレにとって日々の暮らしは、まさしく楽園のごときものだったに違いない。しかし、ドイツの敗戦が濃厚になってきたとき、ローレは地獄のごとき境遇へと放り込まれるのである。ただし、ローレがかつて楽園だと思っていた暮らしが実は偽の楽園であったということも同時に付け加えておかなくてはならないだろう。

6 《アイヒマンを追え！》（二〇一六年／金賞）――「ドイツの誇り」と「ドイツ人の誇り」――

あらすじ

主人公のフリッツ・バウアーは、ヘッセン州で検事長を務める。時は一九五七年、邦題に示されているように、バウアーはアドルフ・アイヒマンを追っていた。アイヒマンは、ナチ時代にユダヤ人移送の責任者を務めていた人物である。

あるとき、アルゼンチンのブエノスアイレスに住むローター・ヘルマンという人物から手紙が届く。その手紙には、アイヒマンの消息に関する重要な情報が書かれていた。バウアーは何とかしてアイヒマンを探し出し、ドイツの法廷で裁きたいと考える。しかし、ドイツの捜査機関や政府関係者にはまだナチの残党が数多く存在していた。そのため、アイヒマンの逮捕に向けて動いても横槍が入るに違いない。仮にアイヒマンが裁判にかけられれば、現アデナウアー政権や国際関係にも大きな影響を与えることになる。だから、アイヒマンの逮捕に反対の者は少なくない。その上、バウアーは常に監視されていた。ときおり脅迫状も届く。それゆえにバウアーがアイヒマンを逮捕しようと思っても、そう簡単にはいかないのである。

そこでバウアーは、イスラエルの諜報機関モサドに情報を流し、アイヒマンを捕えようと考えた。しかしながら、外国に機密情報を漏らすことは国家反逆罪にあたる。それでもバウアーは「祖国愛」に基づいてこの危険な作戦を決行しようと考えた。バウアーはモサドと接触する。しかし、モサドが改めて調査をしたところ、見当をつけた人物がアイヒマンであるという確証は得られなかった。さらなる第二の証拠が出てこなければ、モサドは動かない。

バウアーは部下のアンガーマンに協力を依頼する。しかし、賛同は得られなかった。部下はバウアーを「復讐心に燃えた男」であると非難する。けれども、バウアーが出演したテレビ番組を見て、アンガーマンは心を変える。その番組は、若者との討論番組であった。善行を成すことこそがドイツ人の誇りであるというバウアーのメッセージに感銘を受けたアンガーマンは、バウアーに協力することを決心する。

アンガーマンは、モアラッハというジャーナリストに連絡を取った。当初、モアラッハが裏切ったかに思えたけれども、彼はアイヒマンがアルゼンチンにいたことの重要な証拠をもたらす。どうやらアイヒマンは、自身の歴史上の評価を上げたかったらしい。彼は、ヴィレム・ザッセンというオランダ系の従軍記者のインタヴューに応じていたのだった。モアラッハは、そのインタヴューのテープを手に入れていたのである。バウアーとアンガーマンは勢いづく。二人は、アイヒマンがアルゼンチンのメルセデス・ベンツに勤務していることを突き止めた。アイヒマンが現在リカルド・クレメントという偽名を使っていることも分かった。さらなる証拠が見つかった。これによってモサドも動くことになる。

ついにアドルフ・アイヒマンがモサドによって逮捕された。バウアーの感慨もひとしおである。けれども、アイヒマンをドイツで裁くというバウアーの願いは叶わなかった。イスラエルで裁かれることになったのである。アイヒマンが逮捕されたのだからバウアーの勝利だと、友人のヘッセン州首相は言う。しかし、バウアーとしては、勝利したのはイスラエルであって自分ではない。ナチでありながら政府の要職に就く者を一掃できなければ、自分の負けだとバウアーには思えた。とはいえ、バウアーは諦めたわけではない。自分が生きている限り自分の仕事をするとバウアーは宣言する。これは、当局の罠にはめられて逮捕されることになった若いアンガーマンの労に報いることにもなる。こうして映画はエンディングを迎える。

主題展開

映画《アイヒマンを追え！》が主題化するのは、「祖国愛（Patriotismus）」のあり方である。「祖国愛」というテーマは、まずはヘッセン州首相との会話の中で明示的に登場する。一九四五年にナチ・ドイツが敗戦したとき、バウアーは悪しきものが一掃されて自由と公正と友愛に基づいた新しい社会が形成されると考えていた。ところが、現実はそうなっておらず、ドイツ社会にはナチの残党が数多く存在している。「ナチスがもっとも畏れた男」とサブタイトルがなっているのは、そうしたナチの残党の一掃にバウアーが執念を燃やし続けているからである。ナチの残党が存在しているからには、いくらアイヒマンの逮捕を望んでも当局は動かない。そこで、バウアーはイスラエルの諜報機関モサドに情報を流そうと考えた。しかしながら、これは国家を裏切ること、すなわち「国家反逆罪」にあたる。けれども、たとえその行動が法律上は国家反逆罪に相当するとしても、本質的に「祖国愛」に背くことにはならない。バウアーとしては、そう考えた。それは、ヒトラー暗殺事件の首謀者が今では国家反逆者ではないのと同様である。かつてヒトラー暗殺事件の実行者を国家反逆罪の汚名から解き放ったのは、バウアー自身の功績であった。

次に同様のテーマが明示的に登場するのは、アンガーマンとの会話においてである。検察がモサドと結びついて行動することは「国家反逆罪」にあたる。アンガーマンの考えはヘッセン州首相と同じだった。これに対してバウアーは次のように応じる。「我々が自分たちの国（Land）のために何かを成したいと望むなら、今回の場合、国を裏切らなければならない。」この言葉は州首相との会話よりも、さらに踏み込んだ主張となっている。法律上の国家反逆罪に相当する行為と祖国愛とは単に矛盾しないだけではなく、場合によってはむしろ法律的に国を裏切ることこそが祖国愛につながるとバウアーは述べるのである。

そうしたバウアー的な「祖国愛」のあり方を支えるのが、「正義（Gerechtigkeit）」の理念である。「正義」を成す

ために は国家を裏切ることもやむを得ない。バウアーはそう考える。そして、この理念はバウアーにおいて「ドイツ人の誇り」という思想とも結合する。若者との討論番組においてバウアーは、「ドイツ人の誇り」とは何かという問いに対して、誇ることができるのは「我々自身が成した善行」だけであると答えた。すなわち、「正義」を成すこと、これだけがドイツ人の誇りだというのである。他方、番組に出演する若者は、自分たちの民主主義的な憲法はドイツ人の誇りであると主張する。しかし、バウアーとしてはそれだけでは十分でない。「民主主義的な事柄を規範として生きる人間」の存在が、つまり「正義」を行う人間の存在が重要であることをバウアーは強調する。

「ドイツ人の誇り」という概念は、メディア論的な視点にとっても非常に重要な意味を提供する。というのは、映画冒頭でバウアーのドキュメント映像が挿入されるのだが、そこで語られている「ドイツの誇り」と討論番組の中で語られている「ドイツ人の誇り」とが、その内容に関して異なっているからである。

冒頭のドキュメント映像における実際のバウアーは次のように述べている。

「ドイツは今日、経済復興の奇跡を誇りに思っている。ゲーテやベートーベンの故郷であることも誇りである。けれども、ドイツはヒトラーやアイヒマンの、そしてたくさんの共犯者や追随者の国でもある。しかし、一日が昼と夜から成るように、あらゆる国民の歴史も光と陰の側面を持つ。私が思うに、ドイツの若い世代には、ドイツの全歴史を、全真実を聞き知る覚悟がある。むろん、それを克服することは時としてその親たち世代にとっては困難なのである。」

他方、若者との討論番組の中では、バウアーが次のように述べている。

「我々ドイツ人は、我々の森や山を誇ることはできない。というのも、そのために我々は何も成し得ていないからである。

我々はゲーテやシラーも、それからアインシュタインも誇ることはできない。なぜなら、それらすべてのために〝我々〟はやはり何も成し得ていないからである。」

そして、これに続けてバウアーは、「我々自身が成した善行」だけが「ドイツ人の誇り」であると主張する。では、その「善行」がいかなるものかと言えば、「我々みなが父として母として息子として日々行うこと」であるとバウアーは語る。

両者の最も大きな違いは、ドキュメント映像におけるバウアーがゲーテやベートーベンなどドイツの偉人を「ドイツの誇り」だと述べているのに対して、討論番組でのバウアーは、そうしたドイツの偉人を「ドイツ人の誇り」だとは捉えていない点にある。こうした違いは、「ドイツ」という「国家」の誇りと「ドイツ人」という「国民」としての誇りとの違いと言えるのかもしれない。そのように考えれば、ドイツの民主主義的な憲法がそのまま「ドイツ人」にとっての誇りではなく、「それを規範として生きる人間」の存在が必要であることを説いたバウアーの主張とも符合する。

「ドイツ人」の誇りは、バウアー自身が強調しているように、特定の個人に間接的に帰すことのできるものではなく、「我々自身」が直接的に成したものに対して帰せられなくてはならない。また森や山のようにもとから与えられているものではなく、主体的に成し得たものでなくてはならない。そして、ドキュメント映像における実際のバウアーが概ね歴史や伝統などの過去への志向を示しているのに対して、映画が独自に演出するバウアーの方は明らかに現在や未来を志向している。

実際のドキュメント映像の趣旨とは異なる演出を映画が行っているとすれば、それは映画《アイヒマンを追え！》が、「ドイツの誇り」とは区別される「ドイツ人の誇り」なるものを新たな概念として意識的に提示しているのだと考えてよいだろう。要するに、映画《アイヒマンを追え！》は、「ドイツ人の誇り」という概念を、間接的に成されたものではなく直接的に成されたものとして、もとから与えられたものではなく主体的に成し得たものとして、そして過去ではなく現在や未来を志向するものとして捉えることを新たに提案しているのだと言える。

メディア論的考察

《アイヒマンを追え！》をそのように理解してこの映画を特徴づけるとすれば、二〇一〇年代の他の受賞作と同じようにこの作品はもはや旧いドイツとの「和解」を望んではいない。映画《アイヒマンを追え！》がメディア論的に主張するのは、やはり他の二〇一〇年代の諸作品と同様、旧いドイツとの「決別」である。

こうした主張は、映画終盤の次のような一連の流れの中に最も分かりやすく見出すことができる。物語の中で連邦刑事局のゲープハルトは、バウアーのことを「我らの国の敵」と呼んでいた。ここでの「我らの国」とは、まさに「旧いドイツ」のことに他ならない。そして、これに呼応するように映画のエンディングでは、このゲープハルトと協力関係にある上席検事のクライトラーに対してバウアーが次のように述べる。「私は自分の仕事をするだろう。私が生きている限り、誰もそれを妨げることはできない。」すなわち、この言葉は「我らの国」という旧いドイツに対するバウアーの対決宣言であると言ってよい。そして、こうした旧いドイツとの対決図式を、「ドイツの誇り」よりも「ドイツ人の誇り」を重視する先ほどの議論に照らすなら、それは全体主義的な「国家」と「祖国愛」を持って生きる「国民」との対決であると言ってもよいだろう。こうした対決図式は、実は「国家 vs. フリッツ・バウアー」という原タイトルに予めしっかりと示されてもいたのであって、この原タイトルはそのように理解することによってより有意味なものとなる。

以上の点を踏まえるなら、映画《アイヒマンを追え！》に関しては、「闇教育」に関するモチーフのいくらか変容した姿を見出すことができる。ナチ・ドイツを描いてきた二一世紀以降の受賞作品には、一貫して「闇教育」のモチーフが通底していた。しかし、映画《アイヒマンを追え!》に関しては、「闇教育」的な内容そのものを直接的に見出すことは難しい。けれども、映画《アイヒマンを追え!》にはそうしたモチーフの変容型を見出すことはできる。

映画の中で終始、表現されてきたのは、当時のドイツの若者世代に対してバウアーが一定の教育的なメッセージを送る姿である。討論番組の中でも描かれていたように、当時の若者はバウアーたちのことを、国を台無しにした世代として批判し、国を再興するための気力が湧いてこない原因もバウアーたちの世代に負わせた。こうした若者たちに対してバウアーが発するメッセージの内容は、概ねドイツの若者がマイカーやマイホームなどの個人的な希望ばかりを述べて、国家や社会に対するヴィジョンを持っていない点に向けられる。このことは、バウアーが部下のアンガーマンを説得する際に、「正義」と「新しい台所」とを皮肉を込めて二者択一的に対比させたことに象徴される。しかし、後にバウアー自身も述べているように、皮肉と罵りの言葉を交えて相手に意見する自身の態度は「激しく」て「攻撃的」であったとバウアーは反省する。すなわち、若者に対するバウアーの態度は広い意味において「闇教育」的であった。だから、バウアー自身も部分的に旧いドイツに属する人間だったのであり、それを修正させた姿が映画においては描かれているのである。

〈ドイツ人のディアスポラ〉というビッグ・モチーフの観点からこの映画を眺めるなら、二〇一〇年代の他の受賞作と同じく、バウアーは故郷を喪失した状態にあったと言える。戦前のバウアーはユダヤ系ドイツ人としてナチの迫害を逃れて国外に移住し、実際に難民としての生活を送った。戦後はドイツに戻ったバウアーであるが、社会にはナチの残党がいて、ドイツはまだバウアーにとっての〈ホーム〉とは言えなかった。バウアーは述べる、「私の職場は敵地にある」、と。したがって、「祖国愛」に基づいてなされるバウアーの「正義」は、こうした失われた祖国を築き直し、新たな〈ホーム〉を獲得しようとする試みだったと言える。

第3章　東西ドイツ（贖罪）

《労働するアダムとエヴァ》
ハインリヒ・アルデグレーファー（1540年）
　罪を犯したアダムとエヴァは楽園を追放され、罰を与えられることとなった。エヴァにおいては、出産の苦しみが大きなものとなった。アダムにおいては、食べ物を求めて苦しむようになった。土は呪われたものとなり、茨とあざみを生えいでさせた。かつて土を耕す労働は神への奉仕であったが、罪が贖われるまでそれは苦役となった。

二〇一〇年代のドイツ映画賞作品賞を受賞した作品のうち、「東西ドイツ」を主要な題材とする映画として、本章では四作品を取り上げる。それらをメディア論的な視点から精査するなら、「贖罪」というキーワードにおいて捉えることができる。二〇一〇年代の作品は、二〇〇〇年代の諸作品があまり焦点化しなかった東ドイツの負の側面を正面から積極的に描き出し、その罪責を問う物語となっている。特に四作品中三作品がシュタージ（国家保安省秘密警察）の犯した罪を題材とし、映画ではその贖い方が旧東ドイツ国民に向けて示唆される。二〇一〇年代の諸作品を〈ドイツ人のディアスポラ〉という戦後ドイツの伝統的なビッグ・モチーフにおいてさらに精査するなら、二〇〇〇年代の諸作品とは異なり、〈ホーム〉に気づく物語や〈ホーム〉に帰る物語とはなっていない。むしろ精神的に故郷を喪失した登場人物が最終的に〈ホーム〉を失うか、あるいは新たなる〈ホーム〉の獲得を示唆する物語となっており、その傾向は「移民の背景を持つ者」や「ナチ・ドイツ」を主要題材とした他の二〇一〇年代の諸作品と一致する。

1　《東ベルリンから来た女》（二〇一二年／銀賞）――エデンの園の東――

あらすじ

一九八〇年、夏、まだ壁が崩壊する前の東ドイツ。主人公のバルバラ・ヴォルフがバルト海沿岸のとある地方都市に赴任してくる。原タイトルの「バルバラ」はこの主人公の名前である。バルバラがこの場所にやって来る前、彼女は東ベルリンの有名なシャリテ病院に勤めていた。しかし、バルバラはそこで何かしらの理由で当局に拘束され、その後、釈放されるものの、こうして地方の病院へと左遷されることとなった。新しい同僚たちに対するバルバラの振る舞いは淡白であり、彼女は同僚たちとあまり深く関わろうとはしない。同僚たちの方も、ベルリンからやって来たバルバラのことをお高く止まっていると見なす。バルバラが勤める小児病棟の中で、ただ一人、アンドレ・ライザーという男性医師だけは彼女のことを気にかけた。あまり孤立することがないようにと、アンドレはバルバラにアドバイスをする。彼の物腰は柔らかく語り口もソフトで、部下からの信頼も厚い。彼はバルバラに対しても優しく接した。

しかし、アンドレには謎めいたところがある。はたしてその優しさは本物であろうか？　どうやらアンドレはバルバラを監視する立場にあるらしい。かつて出国申請を出したことによって、バルバラには西側へ亡命する疑いが掛けられていた。実際にバルバラには西側に恋人がいて、それゆえ西側への亡命を計画している。たびたび彼女は遠出をして亡命資金を受け取ったり恋人と密会したりして、亡命の準備を進めていた。しかしながら、彼女には常に監視役として国家保安省の秘密警察、すなわちシュタージが付きまとう。バルバラを監視するシュタージの責任者はクラウス・シュッツという。もし数時間でもバルバラの行方が分からなくなれば、シュッツたちから家宅捜索を受け、彼女は身体検査をされる。アンドレにバルバラの監視を指示しているのもこの人物であった。

亡命を計画している一方で、バルバラは医師としての業務には真摯に取り組んだ。特に髄膜炎を患う少女ステラは、バルバラにしか心を開かない。バルバラもその思いを受け止め、献身的な態度で医療に取り組む。ステラは「トルガウ作業所」と呼ばれる青少年更生施設から逃げてきた少女である。数日間、草むらに潜んでいたためマダニに噛まれ、それで髄膜炎を患ったのである。アンドレの作った血清のおかげで、ステラの命は救われた。ところが、彼女が妊娠していたことが判明する。できれば子供を産みたいと彼女は考える。ステラとしてはもう作業所には戻りたくない。バルバラに言わせれば、その作業所は「絶滅施設」である。この国を離れたいとステラは思った。しかし、ステラは人民警察に連行され作業所へと連れ戻されてしまう。

バルバラに対する監視の日々は続く。しかし、アンドレから監視されてはいるものの、一緒に仕事をするうちにバルバラは少しずつアンドレに対して心を開くようになる。彼もまた医療に対してとても真摯に取り組む人物であった。地方の医療環境は決して良いとは言えない。それでもアンドレは自身で血清を作り、研究設備も自力で整えた。アンドレには医療に対する情熱があった。バルバラの中にはそんな彼に対する尊敬も生まれる。そして、その気持ちはやがて愛情にもつながってゆく。けれども、完全にアンドレを信用したわけではない。シュタージであるシュッツの妻は末期癌に侵されており、以前からアンドレはその妻を診療していた。シュッツとアンドレはいったいどんな間柄なのか？　アンドレは言う。病人であればそれがシュタージであっても助ける、と。

バルバラが亡命を決行するときが近づいてきた。近くの海岸から船でデンマークへと密航する手はずになっている。決行日は今週末である。その日は仕事があった。バルバラは家のリフォームがあると言って休みを取る。ところが、自殺を図ったマリオ青年の症状が思わしくない。バルバラは麻酔係として手術に立ち会わなくてはならなくなった。バルバラは悩む。手術に参加して医者としての責務を全うするべきか、それとも予定どおり亡命して自由と幸せを手に入れるか？

決行の日、彼女は病院に現れなかった。亡命を決心したのである。ところが、バルバラの家にトルガウ作業所を逃げ出したステラがやって来る。ステラは怪我をしていて、ひどく消耗していた。もはやバルバラに迷いはない。バルバラはステラにお金を渡し、自分の代わりに彼女をデンマークへと密航させた。バルバラの部屋にはアンドレとシュッツがやって来る。しかし、そこにバルバラの姿はない。もう二度と彼女は戻ってこないと思われた。ところが、翌日バルバラは病院に現れ、そこで映画はエンディングを迎える。

主題展開

映画《東ベルリンから来た女》が主題化するのは、仕事に対する責務と情熱である。映画の中ではそうした「責務と情熱」という主題が特に医療を通じて具体化される。

首都、東ベルリンの大病院に勤務していたバルバラにとって、地方の小さな病院に転任させられたことは本来であればキャリアの断絶を意味する。しかし、医療に対するバルバラの態度は誠実であり、彼女のモチベーションに大きな変化があったようには見えない。もちろん、もともと亡命を望んでいたバルバラからすれば、東ドイツにおいてキャリアの道が閉ざされたことにそもそも大きな意味はなかったとも言える。とはいえ、常に亡命の機会を模索しているのであれば、新しい病院での仕事が疎かになる可能性も十分にあり得た。しかもバルバラは日々監視の目に晒されているので、常に精神的な疲労を抱えている。ところが、バルバラがステラをはじめ、目の前の患者に対する責務を放棄していい加減な態度を取ることはない。

ステラの髄膜炎をいち早く見抜いたことからして、医療に対するバルバラの知識と経験には確かなものがある。しかし、彼女の取り組みを特徴づけるのは、そうした医療に関する知識よりも、患者を一人の人間として扱おうとする態度に他ならない。例えば、バルバラはアンドレがステラのことを単に「少女」と呼ぶのをわざわざ「ステラ」と呼ぶよう訂正させた。つまり、患者を一人の人間と見なすべく、バルバラは患者を名前で呼ぶよう心がけているのである。またステラのために本の読み聞かせを行ったり、ステラ自身の個人的な相談に乗ったりもする。トルガウ作業所の劣悪な状況を知れば、ステラができるだけ長く病院にいられるよう取り計らおうともした。自殺を図って頭部を損傷したマリオに関しても、バルバラが気にかけているのは患者の直接的な症状だけではない。見舞いに来ていたマリオの恋人の嘆き悲しむ姿を見逃すことなく、その恋人から事情を聞くことにより、医療的な検査では見つからなかったマリオの異常に気づくことができた。このようにバルバラは相手を単なる患者と見なすのではなく、一人の生きている人間として接する。そうした態度には仕事に対する単なる義務感以上のものが存在し、人間愛に基づく医師としての情熱が感じられるのであった。

一方、アンドレも医師という仕事に対して「責務と情熱」を持って取り組む人間に他ならない。強い痛みの伴う治療であれば、患者が怖がることのないよう相手をリラックスさせることにアンドレは気を配る。同様の態度は同僚スタッフに対しても求められ、もしそうした気遣いが同僚スタッフにおいて欠けているのであれば、アンドレは上司として積極的にそれを正そうともする。患者に対する心のケアは、アンドレにとって医療に従事する上での重要な責務に他ならなかった。

アンドレはまた技術面においても現状に甘んじることなく最善を尽くそうとする意欲に溢れている。地方の小さな病院の医療環境は決して十分とは言えない。必要な備品を調達するには、常に時間がかかる。それでもステラの治療のために血清が至急必要となれば、諦めるのではなく自ら血清を作って対処する。必要な研究施設も自力で少しずつコツコツと整えた。そこには医療に対するアンドレの情熱が表れている。そうした情熱は研究室に掛けられている絵や自宅の本棚からも見て取ることができる。アンドレの研究室にはレンブラントの《テュルプ博士の解剖学講義》が飾られており、彼はバルバラに対してその絵の解釈を熱心に披露してみせる。自宅の本棚には医者の物語ばかりが並んでおり、やはりその物語内容をバルバラに対して熱く語った。彼の生活すべてが医療に対する情熱で溢れていた。

目の前の仕事に真摯に取り組むアンドレではあるが、だからといって今の境遇を彼が望んでいたかというと全くそうではない。かつてアンドレは、ベルリン近郊の都市エーベルスヴァルデの病院に勤めていた。しかし、部下が器械の操作を誤って患者であった双子の子供を失明させたことで、アンドレはその責任を取らなければならなくなる。アンドレはこの件を穏便に処理してもらう代わりに現在のこの地方病院へと転任し、そこでシュタージの仕事を手伝うことになった。これによって研究への道は絶たれ、ベルリンのシャリテ病院に勤めるというキャリアへの道も途絶えた。だから、バルバラと同様に、アンドレにとっても現在の状況が彼にとって望ましい境遇にあるかというと決してそうではない。

バルバラとアンドレに共通するのは、自身の望まない環境にあるにもかかわらず、「医療」という目の前の仕事に対して情熱を失わず責務を全うしようとする姿勢である。「責務と情熱」というこうした主題がまさしく物語の主題として本格的に現れ出るのは、バルバラが亡命を止めて東ドイツに留まることを決断するまでの一連の文脈においてである。それは自由を取るか仕事への思いを取るかの物語として表現される。バルバラの中に亡命することへの疑念が初めて生まれたのは、恋人との会話においてであった。バルバラの恋人は彼女に向かって言う。「向こうに行ったら君はいつだってぐっすり眠ることができる。」「僕には十分な稼ぎがある。君はもう働く必要がない。」これらの言葉に対するバルバラの反応は薄い。バルバラが西側に行きたいのは自由を求めるからであって、楽な暮らしをしたいからではない。これまで医者という仕事に対して真摯に取り組んできたバルバラとしては、恋人の言葉がわずかながらも自身の心を曇らせる。亡命決行の日が近づいても、バルバラにとって気になるのは患者のことであった。だから、自分がこの地を離れる前にできるだけのことはしておきたいと彼女は思う。いざ決行の直前になっても、バルバラは患者のことが気になってしかたがなかった。彼女の中には、このままこの地を離れることへの迷いが依然として残っている。医療に対して常に真摯であったアンドレに対する思いが、自らの中で尊敬から愛情に変わりつつあることももはや誤魔化し切れない。こうした気持ちの揺らぎの中で、傷だらけのステラがバルバラの前に現れたとき、もはや彼女の心が迷うことはなかった。バルバラは怪我をしたステラの手当てを行い、自分の代わりに彼女をデンマーク行きの船に乗せる。そして、次の日バルバラはいつもと変わらぬ様子で病院に現れ、仕事に対する「責務と情熱」という物語の主題をこれによって決定づけるのである。

こうした主題内容が、ステラの境遇と対比されていることにも注意しておく必要があろう。ステラが生活する「トルガウ作業所」とは、実際には「青少年作業所（Jugendwerkhof）」と呼ばれる東ドイツの青少年更生施設のことだと考えられる。歴史上この施設についてはその悪評が伝えられている。もっぱらそこで意図されているのは、若者が社会や体制に順応できない場合にそうした「若者を破壊すること」[40]であったとされる。バルバラは言う。ステラが生活するトルガウ作業所は「絶滅施設（Vernichtungsanstalt）」である、と。こうした言葉遣いが、民族社会主義（ナチズム）の時代における安楽死施設を連想させることにも着目しておきたい。この施設において、ステラたちが強制されている労働は、例えば、小川の底に溜まった草木をスコップでさらうことである。果たしてこのような労働が、本当に必要があって行われているかは分からない。不必要な労働はまさに「苦役」そのものであり、そうした「苦役」は「責務と情熱」の伴う仕事の対極に置かれる。

以上のような主題展開が、キリスト教的な意味づけをなされていることにも注意する必要があろう。海の近くにはかつて処刑場だった場所があり、そこには木製の十字架が立っている。そばには二つの「漂石（Findling）」、大きい漂石と小さい漂石とがあり、その場所は常に強い風に吹かれていた。この場所は亡命に必要な資金等の隠し場所として幾度か画面の中に登場し、亡命当日の待機場所として使用されることにもなっている。「漂石」とは氷河に運ばれた岩石が氷河の溶けた後に残ったものである。したがって、十字架との関係を鑑みれば、この地に流れ着いた大小二つの漂石は宗教的な意味を持ち、それらは要するにエデンの園を追放されたアダムとエヴァを象徴していると考えてよい。そしてまた、アンドレとバルバラが二人とも望まない形で地方の病院へと転任することになったことを鑑みれば、この大小二つの漂石はアンドレとバルバラ二人のことも意味していると考えてよいだろう。こうして二つの漂石が一方でアダムとエヴァを他方でアンドレとバルバラを表すゆえ、アンドレとバルバラは漂石を媒介にしてアダムとエヴァという表象を獲得することとなる。アダムとエヴァが楽園を追放されることになったきっかけは、二人が神との約束を破って知識の木の実を食べてしまったことに由来する。神との約束を破ったアダムとエヴァのもとに神が現れたとき、エデンの園には風が吹いていた。よって、このことを踏まえれば、十字架の登場する場面でことさら風の吹く様子が映し出されていたのも極めて合点のいくことと言ってよい。

アンドレとバルバラの二人がアダムとエヴァの二人に重ねられているとすれば、仕事に対する責務と情熱という主題は、旧約聖書の「創世記」における労働観の解釈と結びつかざるを得ない。アダムが神との約束を破ったとき、その罪の代償としてアダムに与えられたのは「顔に汗を流して」行われる労働であった。こうした労働の解釈については、一般に二つの方向性を指摘することができる。キリスト教における労働が、神との約束を破ったアダムの罪に対する「罰」であると理解される場合、そうした労働は「苦役」として位置づけられる。他方、労働が「罰」ではなく罪の「贖い」として、つまり「贖罪」としての意味を担うなら、労働は「召命」であると解される。「召命」とは神の恵みによって神に呼び出され、伝道者としての使命が与えられることである。ドイツ語において一般に「職業」を意味する「Beruf」という言葉が、ときに「天職」、神による「召命」という意味になることもここでは合わせて確認しておきたい。

よって、以上のようなキリスト教的な労働観を映画《東ベルリンから来た女》と照らし合わせるなら、映画の示唆する労働観がそうしたキリスト教的な労働観と符合していることに気づく。映画において「苦役」としての労働は、「絶滅施設」とも形容されるトルガウ作業所での労働と結びつけられることによって強く否定される。他方、映画が主題化するのは「責務と情熱」の伴った労働観であった。この労働観がキリスト教的な文脈の中に置かれるなら、バルバラとアンドレが「責務と情熱」を持って臨む医師という仕事は、贖罪と使命感に基づいた「天職」、すなわち神による「召命」という意味を帯びる。とりわけアンドレにおいては、医療に対する使命感が、双子の子供を失明させてしまったことへの贖罪意識と結び付いていた。だから、映画の中でアンドレがレンブラントの絵の解釈において何か人智を超えるものの存在を示唆するのも、映画の根底に神学的な労働観が備わっていることを示しているのだと解することができる。

仕事や労働をめぐる以上の主題展開をメディア論的な視点から眺めるなら、映画《東ベルリンから来た女》は、「東西ドイツ」を題材とした二〇〇〇年代の諸作品の傾向と大きく異なると言わねばならない。二〇〇〇年代の作品が唱えたのは祖国の「再生」であった。それらの作品は、旧東ドイツ時代の国家社会主義体制における負の要素をほとんど描かない。主として描かれたのは、東西統一後の困難な状況の中に見出される未来への希望であった。かりに《善き人のためのソナタ》のように負の部分を物語の中心として描くとしても、それに関わった主人公の人生を肯定的に意義づけることが物語の主眼となっていた。つまり、そこでは「善きシュタージ」が描かれ、旧東ドイツの国家社会主義体制に伴う罪責の問題は、さほど焦点化されなかった。

一方、《東ベルリンから来た女》では、同様に東ドイツの国家社会主義体制が描かれるが、そこでは「気の毒なシュタージ」が描かれるとしても、それ自体が肯定的に意味づけされることはない。むしろ《東ベルリンから来た女》が描くのは、旧東ドイツの国家社会主義体制における罪責の問題である。主人公のバルバラ自身がその体制の受難者であるが、この体制の最も深刻な受難者として象徴的な立場にあるのはトルガウ作業所のステラであると言ってよい。だから、バルバラが医師として献身的な態度でステラに接し、最終的にステラを国外へと亡命させたことは、祖国東ドイツの罪をバルバラが祖国に代わって贖ったのだと言える。したがって、映画《東ベルリンから来た女》の主題展開をメディア論的な視点から位置づけるなら、それは祖国の「贖罪」を指向していると言うことができるだろう。映画は東ドイツ時代の体制を告発し、仕事に対する責務と情熱という主題を通じて、旧東ドイツ国民に対しその贖罪のあり方を示唆するのである。

以上のことを戦後ドイツのビッグ・モチーフである〈ドイツ人のディアスポラ〉という視点から眺めるのであれば、やはり《東ベルリンから来た女》はこの点においても二〇〇〇年代の諸作品と異なると言わねばならない。旧東ドイツの国家社会主義体制の下で抑圧を受けてきたバルバラは、実質的に故郷を喪失したディアスポラの状態にあったと言える。また、「東ベルリンから来た女」という映画の邦語タイトルでも示唆されているように、バルバラが東ベルリンの大病院を追われ地方の小病院に転任してきたということも、バルバラに対して故郷喪失者の表象を与える。では、物語の結末においてバルバラはどのような人生を選択したかと言えば、東ドイツに残ることであった。それはすなわち、医師という職業を通じてバルバラが祖国東ドイツとは別の新たな居場所をその地に見出したことを意味する。したがって、二〇〇〇年代の諸作品は〈ホーム〉に「気づく」、〈ホーム〉に「帰る」物語であったが、二〇一〇年代の《東ベルリンから来た女》では、〈ホーム〉を新たに「創る」あるいは「築く」物語に転じたと言える。その点において、亡命の当日、バルバラが仕事を休むために使った口実が「家のリフォーム」であったことは示唆的である。

映画の中でバルバラは、たびたびシュタージから家宅捜索を受けていた。その意味において、映画の序盤におけるバルバラの居住空間は彼女にとっての〈ホーム〉ではなかったと言える。他方、菜園もあるアンドレの居住空間は彼自身の〈ホーム〉を見事に作り出していた。最終的にバルバラが東ドイツに残ることを決心したのは、アンドレの暮らしぶりを見た彼女がこの地に自らの〈ホーム〉を築き得る可能性を見出したことが一つの要因でもあった。映画序盤のバルバラとアンドレとの会話において、ことさら「家に帰る」というフレーズが繰り返されたことも、この地がバルバラにとって〈ホーム〉になり得ることの可能性を示唆する。あるいは映画終盤、バルバラの部屋にいるアンドレに対してシュタージのシュッツが「家に帰れ」と言ったことも示唆的であり、〈ホーム〉を「創る」「築く」物語として映画を理解する視点がこのことによっても補強される。

これに加えて、「創世記」におけるアダムとエヴァがエデンの園を追放されたことを鑑みるなら、アダムとエヴァに比されるアンドレとバルバラは、宗教的な文脈においても故郷喪失者であると言える。その際、興味深いのは西側自由主義圏が「エデンの園」という表象を獲得し、その一方で東ドイツが「エデンの園の東」という表象を獲得し得る点であろう。「創世記」にあるように、「エデンの園の東」には命の木に至る道を守るためにケルビムときらめく剣の炎が置かれた。すなわち、エデンの園の東からエデンの園へと通ずる道がケルビムと剣の炎によって阻まれたように、東ドイツから西ドイツへと通ずる道はベルリンの壁によって阻まれているのである。エデンの園にいたとき、アダムとエヴァは食べ物を求めて汗を流す必要はなかった。その意味において、バルバラの恋人が語った西側での生活は楽園での暮らしに通ずるものがある。しかし、バルバラはそうした楽園的生活を選ばなかった。エデンの園を追放されたアダムとエヴァがエデンの園の東に自分たちの〈ホーム〉を新たに築いたように、バルバラは東ドイツの国内においてそれとは異なる自分たち固有の新たな〈ホーム〉の創設を決意するのである。

2　《誰でもない女》（二〇一四年／銅賞）――「生命の泉」の真実――

あらすじ

時は一九九〇年、ベルリンの壁崩壊から約一年が経ち、ドイツは再統一を果たす。ノルウェーで暮らす主人公のカトリネ・ミュルダルは、家族に囲まれ幸福な毎日を送っていた。カトリネの家族にとって目下のところ一番の課題は、赤ん坊のトゥリドの面倒をみることである。トゥリドはカトリネの娘アンネの子供で、カトリネの孫にあたる。娘のアンネは一人で子供を育てており、その上まだ大学生なので、多くのことを家族に頼らざるを得なかった。だから、カトリネの家族は協力してトゥリドの面倒をみる。カトリネの母親、つまりアンネの祖母オーゼ・エヴンセンは度々ひ孫トゥリドの世話を任される。オーゼに家を空けられない事情ができれば、カトリネがトゥリドをオーゼの家まで送り届ける。その際、さらに娘アンネを大学まで送る余裕は無いとなれば、夫のビヒャルテがカトリネに代わってアンネを車で大学まで送る。母オーゼにも、夫ビヒャルテにも、そしてカトリネにも自身の仕事があった。しかし、それでも家族みんなが協力してアンネとトゥリドの親子の暮らしを支える。カトリネはかわいい娘と孫、頼もしい夫、優しい母親に囲まれ、忙しくも幸せな日々を送っていた。

ある日、そんなカトリネのもとに弁護士のスヴェン・ソルバッハがやって来る。かつてノルウェー人女性がナチ・ドイツに占領されていたとき、ドイツ兵と恋に落ちてドイツ兵の子供を出産したたくさんのノルウェー人女性がいた。カトリネの母オーゼもそのような女性の一人であり、そうしたドイツ兵との間に生まれた子供の一人がカトリネであった。ドイツ兵との間に生まれたカトリネのような子供たちはたいていドイツへと連れ去られ、戦後になっても母親と再会することはままならなかった。スヴェンたち弁護士は、裁判を通じてそうした過去の不正を正そうと考えたのである。

スヴェンは裁判の証人としてカトリネに協力を依頼する。ところが、カトリネとしてはこの裁判にあまり関わりたくはない。やがて家族も知らなかったカトリネの秘密が少しずつ明らかとなってゆく。カトリネは東ドイツ政府の許可をもらってノルウェーに帰ってきたと家族には伝えていたが、本当は東ドイツから亡命してきたこと。幼いときに養子に出されたため、カトリネ・リーンハーバーという正式名があったこと。亡命した際には尋問官の一人から性的な陵辱を受けたらしいこと。

しかし、本当の彼女はカトリネとは別人で、その正体は東ドイツの秘密警察（シュタージ）であった。「誰でもない女」という邦語タイトルは、彼女がいくつもの名前や立場を持っていることを逆説的に言い表した言葉だと考えてよい。主人公「カトリネ」の本名はヴェラ・フリュンドという。戦中に家族を失った主人公は孤児院で育ち、やがてシュタージとして働くようになる。約二〇年前、主人公は諜報活動の一環として、オーゼの娘カトリネ・エヴンセンになりすまして、カトリネの実母オーゼや海軍士官のビヒャルテに近づいた。現在ではアンネという子供と孫のトゥリドを授かり、幸せな家庭を築いている。一九九〇年の今、諜報員として奉仕するべきドイツ民主共和国はもう存在しない。主人公「カトリネ」は現在の幸福な暮らしを守りたいと思った。そのためには自分がシュタージであることを知られてはならない。「カトリネ」は旧東ドイツ地域に行き、自分の正体へとつながる痕跡を消そうと画策する。

しかしながら、今までの生活を続けることをシュタージの上司フーゴが許さなかった。「カトリネ」は社会主義国家キューバへの移住を指示される。彼女は愛する人がいると夫に嘘をつき、辛い気持ちを抑えて家を出ることを決心する。ところが、主人公「カトリネ」が本当のカトリネではないことを弁護士スヴェンが突き止めることになる。「カトリネ」は家族に対してついに真実を告げた。自分がシュタージであること、自分はオーゼの本当の娘ではないこと、そして本当の娘カトリネは一九六九年に東独からデンマークへと亡命を試み、母オーゼを訪ねてノルウェーにやって来たにもかかわらず、シュタージによって殺されてしまったこと。「カトリネ」は自首を決意する。けれども、車で警察へと向かう途中、なぜかブレーキが効かなくなり、車が岩壁へと乗り上げて炎上するところで映画はエンディングとなる。

主題展開

映画《誰でもない女》が主題化するのは「本当の家族愛」である。主人公「カトリネ」が娘のアンネからシュタージになったことをなじられたとき、それに対する抗議の言葉が「あなたには家族がいる」という言葉だったことは、物語の主題がどの点にあるかを端的に示している。「カトリネ」は戦争で両親を亡くし、孤児院で育った。物語の中では、彼女が東独の諜報員になったきっかけが、家族愛と関連づけて語られる。当時、東ドイツは孤児院の子供たちをシュタージとして採用していた。「カトリネ」のときも優しい大人の男たちが孤児院を訪れ、少女たちにプレゼントをしたり、外出に誘ったりする。それは「カトリネ」のような少女たちにとってとても魅力的なことであった。家族の愛を知らない少女たちが、それを本物の家族愛と取り違えるのは無理もないことであった。東独はこうして本当の家族愛を知らない子供たちの心の隙に入り込むことによって、その子たちを諜報員へと育てていったのである。

こうした物語展開において大事なのは、「本当の家族愛」という主題が「偽りの家族愛」との対比を通じて提示されている点である。その点において重要なのが、シュタージの上司フーゴの存在である。主人公「カトリネ」とフーゴの関係は、東ドイツが利用した擬似家族関係の典型例であると言ってよい。彼女がフーゴと久しぶりに再会する場面の描写は、二人の関係が家族のような一定の親愛の情によって結ばれていたことを示唆している。しかし、そうした関係はあくまでも疑似的な家族関係に他ならない。それゆえ、「カトリネ」はそれとは別の本当の家族関係を求めてビヒャルテとの結婚を望むようになる。当初、彼女がノルウェーの海軍基地に勤めて海軍士官のビヒャルテに接近したのは、任務の一環であった。けれども、彼と結婚したいと彼女が思ったのは諜報活動とは関係がない。「カトリネ」は上司のフーゴに向かって、自分が結婚を望む理由を伝える。彼女は言う。自分には「家族」が必要なのだ、と。フーゴはビヒャルテから情報を取ることを条件に結婚の許可を出すが、彼女としては少なくとも動機においては純粋な気持ちから結婚を望んだ。このようにして、「カトリネ」が求める家族愛は、物語の中では潜在的に偽りの家族愛との対比において特徴づけがなされる。

彼女が家族を思いやる場面は、映画の中でいくつも散見される。現在の生活を捨ててキューバへの逃亡を指示されたとき、「カトリネ」にとって一番に気がかりなのは「家族」の行く末であった。彼女が自首を決意して家を出るときも、付き添いを申し出た夫ビヒャルテに対して発せられたのは、「家族のもとにいて」という言葉であった。「カトリネ」が深刻な決断を迫られたとき、決まってそこに表れ出るのは家族への愛である。また物語の中で示唆されているのは、「カトリネ」から家族に向けられた愛だけではない。オーゼに向かって「あなたは私を愛してくれた」と彼女は明言しており、家族から「カトリネ」に向けられた愛も彼女は実感を持って受け止めている。しかしながら、そこには疑問が生じざるを得ない。主人公の「カトリネ」はオーゼの本当の娘ではなく、また家族には自分の正体を偽って日々の暮らしを営んできた。果たして、そうした関係は本当の家族と言えるのだろうか？

このような問いとそれに対する解答は、自首を決意した「カトリネ」が家を出る際に交わした夫ビヒャルテとの会話において明確に示されている。「カトリネ」からすべてを告白されたビヒャルテは、彼女がどうしてそのような苦しい人生に耐えることができたかを「カトリネ」に尋ねる。これに対して、「あなたの愛と私たちの家族」というのが彼女の答えだった。夫の愛と家族の存在が彼女を支えたというのである。しかし、それに対してビヒャルテは疑念を呈す。「すべてが偽り（falsch）であった」、と。しかし、「カトリネ」は「それは真実ではない」と言う。そして、「何が真実か？」というビヒャルテの問いに対して彼女が返した解答は、「私たちが過ごした人生」というものだった。「カトリネ」はオーゼの本当の娘ではなかった。夫ビヒャルテとの結婚も諜報活動を行うことを条件として許可されたものに他ならない。だからこそ、「カトリネ」の家族関係は見せかけだけの偽りの関係だったとも言える。しかし、特に孫のトゥリドをめぐって具体的に描き出されていたように、互いに家族を思いやる気持ちに偽りはなかった。それゆえに、自分たちが共に過ごした日々は真実であったと彼女は述べ、ここに「本当の家族愛」という映画の主題が明確に提示されるのである。

原タイトル「二つの人生」は、こうした主題展開によく適合していると言ってよい。「二つの人生」が何を指すかと言えば、それは「カトリネ」こと本名ヴェラ・フリュンドの二重生活を指すと言えるだろう。すなわち、オーゼの娘「カトリネ」およびビヒャルテの妻「カトリネ」としての人生と、東ドイツの諜報員ヴェラとしての人生である。そして、この二つの人生はそれぞれにおいて「本当の人生」「偽りの人生」ということになろう。即物的な視点を取るのであれば、オーゼの娘「カトリネ」としての人生は「偽りの人生」であり、諜報員ヴェラとしての人生こそが「本当の人生」と言えなくもない。しかし、物語の主題展開に従うなら、本当の家族愛はシュタージとの疑似家族的関係には無く、むしろトゥリドをめぐる家族愛の絆にこそ「本当の人生」を見て取ることができる。

メディア論的考察

「本当の家族愛」という主題を浮き彫りにするために提示された「偽りの家族愛」は、映画をメディア論的な視点から眺める上で大きな意義をもたらすことになる。主人公の「カトリネ」が物語の終盤において辿り着いた家族愛の自覚は、物語が提示する肯定的なメッセージを含んだ主題として意義深い。しかし、その裏において彼女たちシュタージが作り出した偽りの家族世界は、夫や母を深く傷つけるなどいくつもの悲劇を生んだ。中でも偽りの家族関係がもたらした最大の悲劇は、オーゼの本当の娘カトリネ・エヴンセンの死と東ドイツの諜報員である主人公「カトリネ」（ヴェラ）の死である。主人公「カトリネ」の死は明示的には描かれていないが、車が炎上したことを鑑みれば、その演出は彼女の死を意味していると考えてよい。また空港から彼女をつけて来た車の存在が描写されていることを踏まえるなら、彼女を死に追いやったのは擬似家族的な関係にあったシュタージであると考えてよいだろう。

シュタージの上司フーゴと主人公「カトリネ」との再会場所が十字架のそばであったことは、演出として非常にイロニックである。二人の再会は、二人の関係が親子とも恋人とも言い得るようなとても親密なものであることを印象づける。見方によっては、復活したキリストとマグダラのマリアの再会を連想させなくもない。しかし、両者の関係はあくまでも擬似家族的な偽りの関係に過ぎない。十字架が示唆するキリスト教的な世界観において、神と悪魔の対立、善と悪との対立は「真」と「偽」の対立としても位置づけられる。したがって、フーゴと「カトリネ」

における偽りの関係は、十字架との対比においてその表面上の親密さの背後に隠されたある種の邪悪さを示唆するとみてよいだろう。

主人公の「カトリネ」（ヴェラ）の告白によれば、彼女が本物のカトリネを助けるチャンスはいくらでもあった。しかし、それができなかったのは、「カトリネ」（ヴェラ）がようやく手に入れたオーゼの愛や家庭の幸福を本物のカトリネの登場によって奪われたくなかったからである。すなわち、シュタージの採用から始まる疑似的な家族関係の積み重ねが、結果としてカトリネ・エヴンセンの命を奪ったのである。それゆえ、「カトリネ」（ヴェラ）は言う。「私は彼女の死に関して罪がある（schuld）」、と。そして、この点を踏まえれば、映画の終局における主人公「カトリネ」（ヴェラ）の死は、オーゼの本当の娘カトリネの死に対する贖罪的意味を持つと言えるだろう。すなわち、主人公「カトリネ」（ヴェラ）の死は、彼女が犯した罪の代償であったと見なすことができる。メディア論的な視点から眺めたとき、こうした主人公の存在は東ドイツが犯した罪の象徴であると考えてよい。であるとすれば、映画《誰でもない女》は、同じく二〇一〇年代の作品《東ベルリンから来た女》と同様に祖国の「贖罪」を主張していると言える。日本語版ＤＶＤの冒頭では東ドイツの罪が指摘され、「旧東独市民は今後長らくその政治体制が生んだ過ちと対峙する事になるだろう」と述べられている。つまり、映画《誰でもない女》は旧東ドイツ国民に対して祖国が犯した罪の償いを示唆しており、その意味においてこの作品のメディア論的な主張は旧東ドイツ国民にとって極めて辛辣であると言える。

この点をより精確に理解するためには、映画が指摘する罪の内容を東ドイツに固有なものとそうでないものとに区別しておく必要がある。さしあたって映画《誰でもない女》が提示する罪は、主要モチーフとなる「生命の泉（レーベンス・ボルン）」に直接的にかかわるものである。その罪の内容は映画の裁判シーンにおいて概要が語られる。かつてオーゼは、ドイツ兵と恋に落ちてカトリネを産んだ。そのような女性たちはヨーロッパ中に存在し、「ドイツの売春婦」と呼ばれて迫害を受けた。戦後は収容所に入れられることにもなる。しかし、担当の弁護士によるとさらなる悲惨な事実があったことはあまり知られてこなかった。すなわち、そうした女性たちが産み落とした子供たちの存在である。アーリア人の純血という民族社会主義（ナチズム）の人種イデオロギーにとって、北欧人との間に生まれた子供の存在は貴重であった。それゆえナチは、子供たちが堕胎されないようその存在を確保するため、出産養護施設を作る。それがすなわち、「生命の泉」である。ナチはドイツ人の血を蘇らせるという民族社会主義のイデオロギーに従って、子供たちをドイツへと連れ去った。戦後、そうした子供たちは蔑まれ、「恥の子供」と呼ばれるようになる。ドイツに連れ去られたまま、生涯、母親に会うことのできなかった子供たちも少なくない。スヴェンたち弁護士の目的は、まずもってこうした悲劇を生み出したナチ・ドイツおよびノルウェー政府の不正を、裁判を通じて問いただすことにある。

これに加えてスヴェンが追及するのは戦後のドイツである。ノルウェーからドイツへと連れ去られた本当のカトリネは、そのまま母オーゼに会うこともなく戦後の東ドイツで成長した。東ドイツの国家社会主義体制の中にあって、人々に国外へ出る自由はない。それゆえ、彼女がノルウェーの母のもとに帰るためには、さしあたってデンマークへの亡命を試みなければならなかった。その亡命は大変に過酷なものであった。スヴェンがまずこの点において東ドイツの罪を告発する。しかし、これに加えてスヴェンは西ドイツの罪も告発する。それは、本当のカトリネがデンマークに亡命した際、西ドイツの人間から性的な陵辱を受けたからであった。こうして、スヴェンたち弁護士はナチ・ドイツ、ノルウェー政府、戦後の東ドイツおよび西ドイツの罪を裁判にて追及することになる。

しかし、《誰でもない女》が物語全体として問うのは東ドイツ固有の罪である。それは、戦争で両親を亡くした主人公を疑似家族的な関係を利用することでシュタージの諜報員に仕立て上げたこと。主人公をノルウェーへと送り込み、結果的に母オーゼ、夫ビヒャルテ、娘アンネを深く傷つけたこと。ノルウェーへとようやく帰還した本物のカトリネ・エヴンセンの命を奪い、結果としてその犯罪に主人公「カトリネ」（ヴェラ）も加担させたこと。そして、最終的に主人公「カトリネ」（ヴェラ）の命も奪ったこと。このように「生命の泉」を利用することによって生み出された東独シュタージの罪を、映画の物語はメディア論的に告発するのである。

戦後ドイツのビッグ・モチーフである〈ドイツ人のディアスポラ〉の視点から眺めるなら、映画《誰でもない女》はやはり二〇〇〇年代の諸作品とは異なって、もはや〈ホーム〉に「帰る」物語や〈ホーム〉に「気づく」物語を描かない。《誰でもない女》が描き出すのは〈ホーム〉を「失う」物語である。主人公の「カトリネ」（ヴェラ）は戦争孤児としてまさしく〈ホーム〉を持たない存在であった。ところが、いつしかシュタージを通じて疑似家族的な世界に関わるようになる。やがて彼女は本当の家族を獲得し、念願の〈ホーム〉を手に入れた。彼女は告白する。オーゼと暮らすようになって「人生で初めて我が家（Zuhause)」を手に入れた、と。しかし、弁護士スヴェンが「カトリネ」の秘密へと迫ってくる。オーゼに質問しようとするスヴェンに対して「カトリネ」は言う。「私の家では駄目」、と。この言葉にはようやく手に入れた〈ホーム〉を守ろうとする彼女の警戒心が象徴される。物語の中では、次第に「カトリネ」の罪が明らかにされる時が近づいてくる。遅く家に帰った彼女に対して夫ビヒャルテは皮肉を言う。「家を忘れてなかったか？」と。この言葉には、やがて〈ホーム〉を失うことになる主人公「カトリネ」の未来が予兆されていると理解してよい。そして、映画の終局において自首を決意した「カトリネ」が死に至るところで、予告どおり彼女は〈ホーム〉を失うのである。

3 《ヘビー級の心》（二〇一六年／銀賞）——幻のロス五輪——

あらすじ

主人公のヘルベルト・シュタムは、借金取りをして日々の生計を立てている。債務者の返済が滞れば、相手を殴って懲らしめるのがヘルベルトのやり方であった。ヘルベルトは、旧東ドイツ時代には大いに活躍した元ボクサーである。オリンピック出場も寸前のところまでいった。人々はかつて彼を「ライプツィヒの誇り」と呼んだ。多少の歳をとったとはいえ、今でも日々のトレーニングは欠かさない。現在はエディという若者のボクシング・トレーナーを務める。ヘルベルトの夢はエディをチャンピオンにすることであり、彼はエディを我が子のように可愛がった。原タイトルの「ヘルベルト」とは、主人公の名前である。

ヘルベルトは多くの人々から愛されていた。彼の誕生日となれば、ボクシング・ジムの人々はサプライズ・パーティーを開いてくれる。家に帰ればマレーネがプレゼントを持って待っていた。マレーネはかつてヘルベルトが多少の関係を持った女性であるが、ヘルベルトとしては彼女のお節介がいささか煩わしい。借金取りの仕事を回してくれるボードとは旧知の間柄で、ヘルベルトが現役だった頃のポスターをプレゼントしてくれたりもする。タトゥーの彫り師はヘルベルトの親友で、いつか一緒にアメリカのルート66をバイクで走ろうとたびたび夢を語り合っていた。ヘルベルトの背中には「TORGAU」という大きなタトゥーがあって、それはかつての「冴えない時代」の象徴でもある。親友の彫り師とはその冴えない時代の記憶を共有する仲間でもあった。

多くの人々がヘルベルトを慕ってくれるものの、彼の心はなぜか優れない。半年ほど前からたびたび彼を襲う原因不明の発作がその理由の一つである。シャワーを浴びているとき、タトゥーを入れているとき、頭を剃っているとき、突然ヘルベルトの体を痙攣が襲う。発作の回数は日を追うごとに増してゆき、ついにヘルベルトは倒れてしまった。検査の結果、彼の病気が筋萎縮性側索硬化症（ALS）であることが判明する。ヘルベルトの体は思うように動かなくなり、杖なしでは歩けなくなった。彼は借金取りの仕事を失い、トレーナーの仕事も続けられなくなる。疎遠になっていた娘サンドラと再会しても、つれなく追い返されてしまう。絶望したヘルベルトは自殺を企てる。しかし、彼は死に切れなかった。

しばらくの間、家に引きこもった後、ヘルベルトは生きることを決意する。彼の生活は変わった。これまでマレーネに対してはつれない態度を取ってきたヘルベルトであるが、彼女と暮らすことになった。娘サンドラとの時間も取り戻したいと考える。サンドラが六歳の頃、ヘルベルトは逮捕されて刑務所に入り、それっきり彼がサンドラと暮らすことはなかった。そのことがサンドラにとって大きな心の傷となっていた。自分の命が長くないことを自覚した今、ヘルベルトは娘のサンドラとその娘のローニャと過ごす時間を作りたいと考える。杖なしでは歩けなくなったヘルベルトは、これまで借金の取り立てをする中で痛めつけてきた人々から仕返しされるようにもなった。借金の取り立てに代わって、ボードから紹介された新しい仕事を始めるようにもなる。病院の深夜の受付け係だった。夜中に遺体が二、三体運ばれてきて、それを見るとヘルベルトは自分の死が遠くないことを改めて自覚する。

生きる決意をしたヘルベルトであるが、必ずしも新しい暮らしすべてを受け入れられたわけではない。ヘルベルトに対するマレーネの献身的な態度は、ややもすると愛犬キティに接するときの態度と似通ってくる。彼女が勝手に車椅子の手配をしたことも、ヘルベルトには気に入らないことであった。我慢できなくなったヘルベルトはマレーネの介護を拒否し、彼女はヘルベルトの家を出て行く。とはいえ、ヘルベルトが孤独になったわけではない。愛弟子のエディには子供が生まれ、ヘルベルトにとっては家族が増えたような気分だった。ドイツの介護サービスはとても充実していて、介護職員が日々ヘルベルトの生活を手厚く支援してくれる。その後もマレーネはときどきヘルベルトの部屋を訪れ、愛犬のキティだけを残して去ってゆく。キティと過ごす時間はヘルベルトにとってこの上ない癒しとなった。彼はマレーネに感謝の気持ちを伝える。ときに親友の彫り師もやって来て、一緒に酒を飲みに出かけたりもする。やがて施設に入ることになるが、ドイツの手厚い介護サービスは変わらない。テレビではボクサーのエディが順調に勝利を重ねる様子が映し出される。電動車椅子があれば、一人でエディの試合を見にいくこともできた。エディの姿にボクサーだった頃の自分の姿が重なる。エディが勝利したところで、ヘルベルトは目を開いたまま動かなくなった。波乱に満ちた人生を歩んできたボクサー、ヘルベルトの終末は思いの外、快適で穏やかで幸せだった。

一方、娘サンドラとの関係がどこまで修復できたかは定かでない。人生が残り少ないことを自覚したヘルベルトにとって、最終の目的は娘サンドラと孫娘ローニャとの時間を取り戻すことであった。彼は娘にお金の援助を申し出たり、別居中のサンドラの夫マルコに直談判したりするものの、良い結果には結びつかない。亡くなる前、彼はテープに自分の声を録音し、マレーネに託していた。病気のため、すでに彼は十分に声を出すことができない。必死に思いを伝えようとする父の償いの言葉に娘サンドラが耳を傾け、そうして映画は終局となる。

主題展開

映画《ヘビー級の心》が主題化するのは、難病を患った初老のボクサーを通じて描き出される人間の自尊心と葛藤である。「ヘビー級の心」という邦語タイトルは、そうしたボクサーとしての心の有り様に着目したネーミングであると言える。この主題を理解する上で欠かせないのが、「拳と筋肉」というモチーフの存在である。そのことは、この映画の冒頭からすでに示唆されていたと言ってよい。映画はヘルベルトが拳を洗うカットから始まり、続いてサンドバックを拳で叩く場面やバーベルを持ち上げて筋肉を鍛える場面が続く。ボクサーであったヘルベルトにとって、拳と筋肉は彼のアイデンティティそのものである。孫娘ローニャとの会話で示唆されたように拳は「勇敢」であることの印でもある。

かつて彼は「ライプツィヒの誇り（Stolz）」と呼ばれ、オリンピック出場も目前だった。だから、初老に差し掛かった今でも拳と筋肉はヘルベルトにとって「誇り」の象徴であり、自身のプライドを映し出す鏡に他ならない。それゆえ、拳と筋肉を活用してボクシング・トレーナーを務め、エディをチャンピオンに育てることは、自分の果たせなかった夢を繋ぐことでもある。そして、このことは現役を退いたヘルベルトが自尊心を保つ上でも意味があった。ヘルベルトはまた借金の取り立て屋でもある。それは今のヘルベルトの生計を支える重要な仕事である。その際、支払い期限が遅れれば、ヘルベルトは腕力に物を言わせて容赦なく拳で相手を殴りつけた。それをヘルベルトは特に悪いこととは思っていない。かつて有名ボクサーであったヘルベルトにとって、拳と腕力に物を言わせることとは現役を退いた彼が自身の存在意義を見出すことのできる数少ない機会であり、これによって彼の自尊心は少なからず保たれたのである。

けれども、ヘルベルトは難病を発症して体を思うように動かせなくなる。もはや借金の取り立て業もボクシング・トレーナーも続けられない。ボクサーとして「拳と筋肉」が自身の誇りであったヘルベルトにとって、このことは単に仕事を失うという意味に留まらず、自身の存在意義そのものが失われることを意味する。ボードがヘルベルトをクビにする代わりにいくらかの見舞金を渡そうとしてもヘルベルトが受け取らなかったのは、ボクサーとしてのせめてもの自尊心がそれを許さないからであった。自尊心を保てなくなったヘルベルトは絶望し、自殺を試みる。しかし、彼は死に至らず、そして再び立ち上がった。

では、ヘルベルトを再び立ち上がらせたものは何だったのか？　突き詰めるなら、やはりそれもボクサー、ヘルベルトの自尊心であったと言ってよい。映画においては、ヘルベルトのこの復活劇が、ボクシングの試合と重ねられていたことに着目する必要がある。自殺を試みるヘルベルトの背後に流れていたのは、伝説的なボクサー、ジョージ・フォアマンのビデオである。実況の声によると、どうやらフォアマンはダウンをしたらしい。そして、カウントが進み、カウント8のところで場面は明るい朝の光景へと移り変わる。ボクサーとしてのヘルベルトの人生は、ノック・アウト寸前のところで立ち上がったことが象徴的に示唆されるのである。

ヘルベルトを再び立ち上がらせたものはボクサーとしての自尊心であるが、それがヘルベルトを具体的にどのような行動へ導いたかと言えば、それは娘サンドラと孫娘ローニャとの時間を取り戻すことであった。ヘルベルトは娘が幼いときに事件を起こして刑務所に入り、その後は二度と娘と一緒に暮らすことはなかった。ヘルベルトはその理由を語る。「自分を恥じていたのだ」、と。つまり、裏を返せば、ヘルベルトが娘のもとに帰らなかったのは、父としての誇りを失ったからであると言ってもよい。だから、娘や孫娘との時間を取り戻すことは、失った父としての誇りを取り戻すことと同義であった。ヘルベルトはこの決意をボクサー、ヘルベルトとして語る。「俺はずっとボクサーだった」「これは最後の戦い」である、と。しかし、生きること、そして父としての誇りを取り戻すことは、現実的にはボクサーとしての自尊心を失ってゆくことと引き換えであった。こうしてその後の展開では、自尊心とそれを失うことへの葛藤という物語の主題が奥行きを持って展開されてゆくことになる。

例えば、再び生きることを決心して始めたマレーネとの暮らしも、ヘルベルトが自尊心を保つ上で大きな葛藤をもたらさずにはおかない。自分の飼っている熱帯魚がそうであるように、ヘルベルトはパートナーと共にその二人の暮らしをボクサーらしく「アグレシヴ」に守ろうと考えた。しかし、現実はそういうわけにはいかない。体を思うように動かせないヘルベルトは、食事など一つ一つの動作にマレーネの助けを必要とする。マレーネの介護は献身的であったが、ヘルベルトに対するマレーネの態度は愛犬キティへの態度と似通ってくる。これによってヘルベルトの自尊心は傷つけられた。マレーネが手配した車椅子も、ヘルベルトのボクサーとしての自尊心を損なうものであった。自尊心を保てなくなったヘルベルトは、そうしてマレーネとの暮らしを拒絶する。

また、難病を抱えて生きることは、これまで「誇り」の象徴であった自身の「拳と筋肉」が実は負の側面を持っていたことを思い知らされることでもある。借金の取り立てにおいて債務者の支払いが遅れれば、ヘルベルトは相手を容赦なく殴りつけた。しかし、相手を殴ることは、ボードも言っていたように、借金の取り立てにとって本来は大きな意義を持たず、実益とは関係がない。むしろその行為はただ相手の恨みを増幅するだけである。それゆえ、ヘルベルトの体が言うことを聞かなくなってもはや拳を使うことができなくなったとき、かつて借金の取り立てで殴った債務者から仕返しをされてしまう。それは、言わばヘルベルトが犯した罪の代償であり、この点において拳と筋肉が実は「罪」の象徴であったことが明らかにされる。

加えて娘のサンドラとの関係においても、ヘルベルトの「拳と筋肉」は同様に「罪」のイメージを負っていたことが明らかとなる。彼女が幼い頃に見た父ヘルベルトについての最後の記憶は、相手の顔面を殴りつけている姿であった。自身にとっては「誇り」であった「拳と筋肉」が、娘サンドラには「罪」のイメージを伴って理解されていたことにヘルベルトの心は痛む。彼女の夫マルコの言葉を信用するなら、暴力を振るう父の姿はサンドラのトラウマとなっており、サンドラはそのことを夢に見てたびたびうなされるという。マルコに対して「お前に誇り（Ehre）は無いのか？」と夫としての「誇り」を説くものの、サンドラがうなされていた事実を挑発的に聞かされたヘルベルトは、自分を抑え切れずまた相手を殴ってしまう。父としての誇りを取り戻すため再び生きる決心をしたヘルベルトであるが、それに反して、「拳と筋肉」に象徴されるボクサーとしての「誇り」が実は罪深いものであったことを彼は突きつけられる。こうしてヘルベルトは、父としての誇りを保つこととボクサーとしての自尊心を保つこととの葛藤に苦しむのである。

娘との関係を取り戻す上で、ヘルベルトの行動を結果として迷走させることになった要因は、そもそも父としての誇りにボクサーとしての自尊心を重ね合わせたことであろう。マレーネとの同居を決意したときに示唆されていたように、ボクサーであるヘルベルトにとって家族と暮らすことは、「アグレシヴ」に家族の生活を守ることに他ならなかった。だから、父としての誇りの取り戻し方は、ボクサーとしてアグレシヴに娘の暮らしを守ることだと思い込んだのである。ヘルベルトが娘サンドラの経済状況を早とちりして別居中の夫マルコのもとに乗り込んだのも、そうしたボクサーとしての自尊心と父としての誇りとが錯綜したからであった。マルコの挑発に対して「誇りは無いのか?」と応戦するものの、むしろ自身の自尊心を保てずヘルベルトはマルコを殴ってしまう。自分の誇りであった「拳と筋肉」が、実は娘にとっては「罪」の象徴であったことを思い知らされ、マルコの挑発がそれをさらにえぐったからである。ヘルベルトの行動が的外れになってしまったことの要因を繰り返すなら、父の誇りを取り戻すこととボクサーとしての自尊心を保つこととを重ね合わせたからに他ならない。

では、娘と孫娘との時間を取り戻すために、ヘルベルトはどうするべきだったのか? 物語の終局はこうした問いに対して一定の示唆を与えてくれる。マルコの一件でヘルベルトは完全にサンドラから拒絶されてしまう。そこでヘルベルトは病気で声が完全に出なくなってしまう前に、自身の声をテープに吹き込んでそれをサンドラに送付することにした。その中でヘルベルトは、かつて娘と見にいった映画のことを語る。映画のタイトルは「山賊の娘ローニャ」であった。「ローニャ」とは現在の孫娘の名前と同じであり、娘サンドラは父ヘルベルトへの思慕を込めて自身の娘に「ローニャ」という名前を付けたのだった。ヘルベルトのテープは、こうした娘サンドラの自分に対する思いを父ヘルベルトが自覚的に受け止めたことを伝えている。そして、娘サンドラの思いを受け止めたヘルベルトは、今度は逆に娘に対する自身の思いを告白するのである。ヘルベルトは娘と映画を見たときの記憶を次のように語る。「そのときワシはお前と一緒にいて自分が父親であると感じた。それでいいんだ、そうあるべきだと感じた。」この言葉は父としての誇りを語ったものであると解してよいだろう。そこには、ボクサーとしての自尊心は特に含まれていない。彼は父としての自覚と誇りを純粋に思い出したのであり、その思いを娘の思いに対する応答としてテープに込めたのである。しかし、このことに気づくのは遅く、ヘルベルトとしては今となってはただ「すまない」という償いの言葉を発するほかなかった。

他方、ボクサーとしての自尊心はどうなっていっただろうか？　明らかなのは、物語の進行の中でボクサーとしての頑なな自尊心が少しずつ和らいでいった点である。ヘルベルトは車椅子にも乗るようになった。人の手を借りる食事も受け入れるようになった。マレーネのときは嫌がっていたヘルベルトであるが、福祉サービスとしてなら他人の手を借りることも厭わなくなった。こうして、ヘルベルトは自身の「拳と筋肉」が思うように動かせなくなったという事実を少しずつ受け入れてゆく。かといって、ヘルベルトが自分で何もできなくなったわけではない。機械を使えば言葉を伝えることもできた。飲みにいけば車椅子に二人乗りをして親友を送って帰ることもできた。ボクサーとしての頑なな自尊心が和らいだヘルベルトは、マレーネに対して感謝の意を示すようにもなる。映画の終局において、ヘルベルトは愛弟子エディの試合を見ながら、ついに最期のときを迎える。エディの戦う姿には、ボクサーだったかつての自分自身の姿が重なる。現実の試合ではエディが試合に勝利した。しかし、ヘルベルトが夢想する自分自身はコーナーで立ったまま、ダウンさせた相手の挙動を見守っている。自身が勝利したかどうかは定かでない。そして、勝敗の行方を見守ったまま、現実世界のヘルベルトは最期を迎える。こうしてボクサーとしての自尊心の行方は、夢想の中で宙吊りにされたまま最終的な決着を見ることはないのである。

メディア論的考察

以上のような主題展開において浮かんでくるのは、なぜヘルベルトはボクサーとしての自尊心にそこまでこだわったのかという疑問であろう。その大きな要因は、ヘルベルトが寸前のところでオリンピックに出られなかったことにあると思われる。旧友のボードからプレゼントされた古いポスターからすると、ヘルベルトは旧東独時代の一九八二年にはライプツィヒ県のチャンピオンになっていたようである。だとすると、ヘルベルトの目指していたオリンピックは一九八四年のロサンゼルス・オリンピックであったと推測される。一九八四年のロス五輪は東ドイツをはじめとする東側社会主義諸国がボイコットをしたオリンピックであり、ヘルベルトにとっては幻のオリンピックとなったのかもしれない。その前のモスクワ・オリンピックでは西側自由主義諸国がボイコットをしており、当時は東西冷戦の真っ最中であった。親友の彫り師とヘルベルトの夢が、ロサンゼルス近郊のサンタモニカを目指してルート66をバイクで飛ばすことだったことを鑑みるなら、ヘルベルトが目指していたオリンピックはなおさらロス五輪であった可能性が高い。オリンピックが幻となってしまった後、当時の政治情勢のためヘルベルトはプロ・ボクサーになることもできなかった。ヘルベルトが長い人生の中でボクサーとしての自尊心にこだわり続けたのは、彼のボクサー人生が社会に翻弄される形で不運にも不完全燃焼であったからに他ならない。

ヘルベルトの背中には「TORGAU」という大きなタトゥーがある。映画《東ベルリンから来た女》にも登場してきたように、「トルガウ」とは「トルガウ作業所」、すなわち、かの悪名高い東ドイツの青少年更生施設を指していると思われる。ヘルベルトはこの「トルガウ」に関して、「冴えない時代（keine schöne Zeit）だった」と表現し、親友の彫り師もそれに同意する。ヘルベルトは若い頃この施設に入っていた可能性があり、おそらく親友の彫り師もそのとき以来の付き合いなのだろう。トルガウの時代、ヘルベルトはひどい扱いを受けたに違いなく、だからこそ、その当時の屈辱をタトゥーとして背中に刻んでいるのだと思われる。

こうしたオリンピックのボイコットやトルガウの問題など、旧東ドイツ時代の負の側面に映画が触れることは、メディア論的に大きな意味を持つ。ヘルベルトは旧東ドイツにおける国家社会主義体制の言わば犠牲者であったと言ってよい。しかしながら、ドイツの再統一後、祖国は近代的な福祉国家へと変貌を遂げ、難病を発症した後もヘルベルトは充実した福祉サービスを受けて快適な生活を送ることができるようになった。このことをメディア論的な視点から理解するなら、やはり他の二〇一〇年代の受賞作と同様に祖国の「贖罪」を映画は唱えていると言える。すなわち、福祉国家へと生まれ変わった祖国ドイツが、かつてヘルベルトに対して犯した罪の償いを行っているのだと理解することができる。娘に対するヘルベルトの償いという物語展開と、ヘルベルトに対する祖国の償いというメディア論的な主張とは互いに相似性を有しつつ、映画の作品世界を重層化しているのである。

戦後ドイツのビッグ・モチーフである〈ドイツ人のディアスポラ〉という視点から眺めるなら、映画《ヘビー級の心》はやはり他の二〇一〇年代の作品と同様にもはや〈ホーム〉に気づく物語も、〈ホーム〉に帰る物語も描かない。物語の始めからすでに祖国を失い、そしてまた娘が六歳のとき「パパは戻ってくる」と約束をしながらも家庭に戻らなかったヘルベルトは、ずっと精神的なディアスポラの状態にあった。病気を発症した後も、マレーネと「アグレシヴ」に〈ホーム〉を保持しようとするが上手くいかなかった。長年失われていた娘との関係を修復し〈ホーム〉を取り戻そうともするが、ヘルベルトの寿命が尽きて間に合わなかった。その一方、国家の福祉サービスによってヘルベルトの自宅はバリアフリーとなり、彼個人の〈ホーム〉は変貌する。その後、長年住み慣れた自宅を出て施設へと入ったヘルベルトは変わらず快適な生活を享受し、彼はさらに新たな〈ホーム〉を獲得することとなった。このように《ヘビー級の心》は、〈ホーム〉を失い続ける物語であると同時に〈ホーム〉を新たに獲得する物語でもあったと言える。

4　《グンダーマン》（二〇一九年／金賞）――東ドイツのボブ・ディラン――

あらすじ

ゲルハルト・リューディガー・グンダーマンは、旧東ドイツ時代に実際に活躍したミュージシャンで、東ドイツのボブ・ディランとも言われた。映画《グンダーマン》はそのタイトルにあるように、実在のこの人物をモデルとする。主人公のグンダーマンは、普段は炭鉱でパワーショベルの操作員として働き、その一方でミュージシャンとしてバンド活動も行う。彼は明るく仲間思いであるが、旧東ドイツ時代、裏で友人知人の情報を当局に密告するシュタージの「非公式協力者」でもあった。東独の消滅後、シュタージに協力した「犯罪者記録」とシュタージの監視対象となった「被害者記録」とが閲覧可能となり、「非公式協力者」の存在が明るみに出る。そのため、グンダーマンは大きな不安と葛藤にさらされることとなった。映画《グンダーマン》は、不安と葛藤に悩まされる一九九二年のグンダーマンの姿を、一九七五年頃のグンダーマンの回想場面と並行させながら描き出す。

一九九二年、グンダーマンは知人の人形作家から、かつて自分が「グリゴーリー」というコードネームの「非公式協力者」であった事実を指摘される。そのとき以来、自分の過去がいつ公になるか分からないという不安が、彼の心に影を落とすようになる。とはいえ、グンダーマンの日々の暮らしは概ね順調であった。新しいバンドを結成し、そのお披露目ライブが職場の採掘場で催され、同僚たちも喜んでくれた。レコーディング、コンサート・ツアー、採掘場での仕事、その合間を縫って行われる作詞活動やジャーナリストからの取材。グンダーマンは忙しくも充実した日々を送る。愛娘のリンダも生まれた。忙しい彼はリンダの子育てをなかなか手伝えず、そのことで妻のコニーはいくらか不満を抱えている。妻や愛娘との時間があまり取れないことは、グンダーマンとしても少し残念だった。

その間、彼は様々な人に自身の過去を告白し、そして思い悩む。映画の中ではそうした主人公の姿が断片的につなぎ合わされてゆく。職場の同僚であるフォルカーのもとをグンダーマンが訪問したときは、自分たちが互いに監視し合っていたという事実が明らかとなった。自分が「非公式協力者」であったことをパワーショベル操作員の同僚ヘルガにも打ち明けると、意外ではないと言われる。いわゆる「ガウク機関」[41]に行って自身の記録を調べようとしたが、閲覧することはできなかった。かつてのシュタージの上司のもとを訪問し、自分も監視対象であったことの不満をぶちまける。長い間、絶縁状態にあった父の死を看取り、ついに「非公式協力者」であったことをバンド仲間にも打ち明けた。グンダーマンは自分が協力者として何を語ったかを覚えていない。しかし、ジャーナリストのイレーネが調達してくれた「犯罪者記録」を読むとその内容に愕然とする。再び、人形作家のもとを訪れ、自分の過去を公表する意思を告げる。バンド仲間は彼の過去を受け入れ、バンド活動は継続されることになった。グンダーマンはコンサート中の舞台の上で自身の過去を聴衆に向かって公表し、聴衆もそれを受け入れるところで映画は終局を迎える。

映画の中では、一九九二年の出来事と並んで、グンダーマンの若かりし頃の物語も同時進行する。一九七五年、軍を辞めさせられたグンダーマンは、故郷の町ホイエルスヴェルダ、通称「ホイヴォイ」に戻ってくる。バンド仲間であった愛しいコニーは、同じくバンド仲間のヴェニーと結婚し、子供も生まれていた。そのことを除けば、ホイヴォイの町は以前と全く変わっていない。ホイヴォイは露天掘りの炭鉱町である。グンダーマンはそこでパワーショベルの操作員として働きながら、音楽活動を続けることになった。共産主義への理想を語るグンダーマンだが、同時にSED（ドイツ社会主義統一党）指導部への批判的な言動も見せる。同僚のヘルムートが事故で亡くなったことで、彼の指導部への批判はいっそう強まった。やがてグンダーマンは党を除籍となるが、党員手帳を我が信念と称して返還を拒む。他方で、グンダーマンはシュタージの「非公式協力者」として働くようにもなっていた。西側諸国を批判し祖国への愛を語る彼は、上司からもお褒めの言葉をもらう。コニーが結婚してからもずっと恋心を抱いていたグンダーマンであるが、ついにコニーと結ばれる。グンダーマンは父親と長らく絶縁関係にあり、その個人的な痛みを明かすことでコニーとの関係はさらに深まった。コニーの夫ヴェニーは同じバンドの仲間である。しかし、グンダーマンとコニーは二人の想いを優先し、グンダーマンはコニーと暮らすようになる。

主題展開

以上のような物語展開において、映画《グンダーマン》が主題化するのは、グンダーマンという人物を通して描き出される人間の自己省察とその苦悩である。「自己省察とその苦悩」という主題において重要なモチーフとなるのは「裏切り」である。邦語タイトルに付加されたサブタイトル「優しき裏切り者の歌」は、物語の主題展開の要点をうまく捉えていると言ってよい。このサブタイトルにあるように、一方においてグンダーマンは車に轢かれたハリネズミを助けてあげるような優しい心根を持ち、明るくて率直に物を言うその人柄は親しみやすい。仲間の労働環境を改善するため、上層部に意見するような熱い心も持っている。もちろんアーティストとして繊細な感受性も備えている。ところが、他方においてシュタージの「非公式協力者」として当局に情報提供を行い、友人知人を裏切っていた。その報告の量は膨大で、内容は友人知人たちに対する辛辣な批判的言説を含む。それは、ジャーナリストのイレーネをして「あなたには全く別のイメージを持った」と言わしめるほどであった。加えて彼はバンド仲間であるヴェニーを裏切り、その妻であったコニーを平気で奪う一面も持ち合わせている。物語の主題は、このような「裏切り」という自身の過去の営みに対して主人公がいかに自己省察を行い、いかに苦悩するかを描くことによって展開してゆく。

「裏切り」という自身の過去と向き合うことは、グンダーマンにとってなかなか容易ではない。特に「裏切り」という重要モチーフが登場するに先立って、物語の最初から彼に突きつけられたのは、「謝罪」の問題であった。シュタージの「非公式協力者」であったことを認めた彼が人形作家から「謝罪」について言及されたとき、彼は「何について?」と問わずにはおられない。グンダーマンとしては自分が何を語ったのか覚えておらず、「謝罪(Entschuldigen)」をするにはまずもってその対象を明確にする必要があると考えたのである。このドイツ語の中に「罪」や「責任」を意味する「Schuld」という言葉が含まれていることを踏まえておく必要があろう。その後の何気ない場面で、目当ての果物鉢がなかなか見当たらないとき、「自分が何もここで再び見つけ出すことができないのは自分の責任(Schuld)ではない」とグンダーマンは語る。こうした言葉には、たとえ彼がシュタージに喋ったことを何も覚えていないとしても、自分には「罪」や「責任」がないという彼の姿勢が暗示されている。しかしながら、後にグンダーマンが「たぶん自分はそのことを忘れたかったようだ」と自己省察しているように、彼が覚えていないことを強調するのは、「裏切り」という過去の営みに向き合うことを避けるための口実に他ならなかった。

「裏切り」という過去に対して正面から自己省察を行うことは、非常に苦しいことである。それゆえに、「非公式協力者」として何を報告したか覚えていないというグンダーマンの姿勢は、その後も繰り返される。覚えていないのであれば思いつく限りをリストアップしてみればよいとコニーが提案する際も、グンダーマンは話題をそらすのであって、そこには過去の自分と向き合うのを避ける彼の心情が表れている。そして、何も覚えていないという思いは、グンダーマンの足を「ガウク機関」へと向かわせる。その際も彼は自分が「非公式協力者」であったことに対して様々に言い訳を述べ、自身の過去に正面から向き合おうとはしない。そのようなグンダーマンに対して、機関の職員は「裏切りは裏切りだ」と冷たく言い放ち、ここに「裏切り」という重要なモチーフが映画の中で明示されることになる。

グンダーマンが自己省察を行うのを難しくしていることの背景には、彼が裏切りの加害者というだけではなく、実は友人知人から裏切られた被害者でもあったという事情が存在する。グンダーマンは職場の同僚フォルカーのことを監視していたが、反対にフォルカーも彼のことを監視していた。しかも、フォルカーはコニーとグンダーマンとの夫婦関係を破綻させるためのいわゆる「破壊工作」も命じられていた。友人のこのような裏切りにグンダーマンは愕然とする。

ただその際に映画が焦点化するのは、グンダーマンとフォルカーとの関係というよりも、むしろグンダーマンとシュタージとの関係であった。グンダーマンは、かつてのシュタージの上司を訪問した際、上司が「我々」という言葉を使うことに対して強い憤りの感情をぶつける。そこには、グンダーマンの入り組んだ心情が隠れている。当時、同じ志を持つ者としてシュタージの上司から賞賛の言葉をもらうのを彼は満更でもない気持ちで受け止めていた。上司から顕彰の印として贈られた果物鉢を今でも捨てずに持っていたのは、そのことを示唆していると言ってよい。ところが、そのシュタージは自分を監視し、コニーとの夫婦関係を破綻させようともしていた。グンダーマンの憤りはそうした裏切りに対して向けられたものであり、この裏切りによって彼の苦悩は深まり、その自己省察はより複雑化されるのである。

グンダーマンが「裏切り」という自身の過去と向き合えたのは、ようやく自分の「犯罪者記録」を読んでからである。それまで彼は様々な事柄を言い訳の材料とし、正面からの自己省察を避けてきた。喋ったことを覚えていない、シュタージとの会話はほんの少しの量だった、喋った内容はたわいもないことだった、など。しかし、「犯罪者記録」を前にしたグンダーマンは、もはや「裏切り」という過去の営みから目をそらすことができない。彼がシュタージに語った量は膨大で、その内容は対象者に関して批判的であり、場合によってはその人の逮捕とも関わった可能性がある。彼は自分が受け取った個人的な手紙もシュタージに手渡していた。「あなたには全く別のイメージを持った」というイレーネの言葉に同意してグンダーマンは告白する。「私も自分に関して別のイメージを持った」、と。こうして様々な苦悩の上に、グンダーマンはようやく一定の自己省察へと近づく。果物鉢をテーブルから落とす行為は、シュタージの上司からの顕彰に対して喜びを覚えた過去の自分に一つの否定的な評価を下したことを示唆する。とはいえ、例えば、バンド仲間からの質問に対して彼がすべて正直に答えていたかと言えば、それは疑わしい。そこには依然として真に自己の裏切りと向き合うことの難しさが顔を覗かせる。

イレーネのインタヴューにおいて、最終的にグンダーマンは自身の裏切り行為に正面から向き合うことを余儀なくされる。グンダーマンは語る。「心苦しい」のはその量の膨大さであり、「非公式協力者」であったこと自体は自分の中で「筋が通っている」、と。「誰に謝罪したいか」という問いについては、「やはり自分自身が謝罪することはできない、せいぜい許しを望むことしかできない」、と彼は答える。後悔はあるかという質問については、「自分自身に対する裏切り」「私は自分にとても失望している」、と彼は答えた。そして、コンサートの観衆に向けてグンダーマンが最終的に告白した自己省察は、次のようなものだった。「私は許しを求めるつもりはない。しかし、私は自分自身を許すことができない。」そこでは、他者に対する裏切りも、他者に対する謝罪も、他者からの許しも焦点化されない。こうしてグンダーマンの自己省察は、自身の営みが自身にとって「筋が通っている」かどうか、すなわち自分と他者との関係ではなく、もっぱら自身の自身に対する関係へと収斂することになる。

メディア論的考察

以上のような主題展開をメディア論的な視点から眺めるとするなら、それは多くの旧東ドイツ国民に対して一つの自己省察のあり方を提示することになろう。旧東ドイツ国民の多くは、グンダーマンと同じように矛盾した複数の側面を自己の中に合わせ持っていたに違いない。多くの人々は基本的に善良な人間でありながら、同時にシュタージの犯罪にも手を染めたのだろう。映画《グンダーマン》においては、そのような人間の矛盾する多面的側面が物語の主題を展開する際のモチーフとなった。けれども、そうした主題を超えたところで映画をメディア論的な視点から捉えるなら、そこに一つの首尾一貫性を認めることも不可能ではない。

グンダーマンは「共産主義の理想」を語る理想主義的な人間である。著名なミュージシャンでありながら炭鉱での仕事を辞めることはなく、労働者としての矜持を持ち続ける。理想を掲げる祖国東ドイツを「美しい国」と称し、それゆえ理想の実現のためにシュタージの活動にも協力したのであった。その営みは自身の中でも筋が通っていたと考えており、だからこそグンダーマンとしては他者に対して謝罪するつもりにはならない。一方で、グンダーマンはその理想ゆえに党指導部を批判することも辞さなかった。彼が問題意識として持っていたのは、「指導部と自分たちとの意思疎通が不十分なこと」である。理想主義的なグンダーマンは「個人崇拝」を否定し、だからこそ指導部と現場の労働者とのコミュニケーションが十分であることを望んだ。しかし、指導部の人間は一種の「聖なる円光」をまとうというのが党の立場であり、「人は互いに同じ目線で接しないといけない」と考えるグンダーマンの立場とは相容れない。グンダーマンのことを「社会主義を壊す人物」と見なす指導部は、彼のこれまでの言動に対して「謝罪（Entschuldigung）」を求めるが、自身の理想を希求するグンダーマンとしてはやはりそうした謝罪の要求にも応じられないのである。

このようにグンダーマンはかつての党指導部からも、そして現在のドイツ社会からも「謝罪」を求められるが、それには応じない。なぜなら、党の指導部を批判したこと、またシュタージに協力したことそれ自体は、彼にとって共産主義の理想に抵触するものではなかったからである。ところが、グンダーマンが自身の「犯罪者記録」を読むことで自身の過去と真摯に向き合った際、そこに記録されていることは決して自身の理想に適うものではなかった。だからこそ、彼は自分自身に対する「裏切り」「失望」という言葉を並べたのである。自分は「共産主義者」

だったと言い訳をするグンダーマンに対し、ガウク機関の職員は冷たく言い放つ。「人は豚野郎（Schwein）にならなくても共産主義者であることは可能だ、性格の問題だ」、と。この言葉は、結果として理想主義的人間であるグンダーマンにとって、極めて痛いところを突かれた形となるだろう。

理想に基づいた罪であったため、彼の罪は自覚し難い罪であり、それゆえに贖い難い罪である。そして、グンダーマンの振る舞いは、こうした贖い難い罪の贖い方の一つのモデルケースを旧東ドイツ国民に対して提示する。すなわち、自分自身に対する「裏切り」や「失望」を自己省察において十分に自覚すること、そして、そうした自分を「許さない」ことである。よって、理想主義的な主人公のグンダーマンが理想を目指したかつての祖国東ドイツを象徴するのであれば、映画《グンダーマン》は他の二〇一〇年代の諸作品と同様に、祖国の「贖罪」をメディア論的なメッセージとして放っていると言える。そして、こうした贖いがなされれば人形作家がグンダーマンに対して示したように、場合によっては「勇気がある」「尊敬に値する」という肯定的評価を得ることもできるかもしれない。

〈ドイツ人のディアスポラ〉という戦後ドイツのビッグ・モチーフの視点から映画《グンダーマン》を捉えるなら、それはやはり他の二〇一〇年代の諸作品と同じく、もはや〈ホーム〉に「気づく」、〈ホーム〉に「帰る」物語とはなっていない。軍を辞めさせられたグンダーマンは一九七五年に故郷の町ホイヴァイに戻ってきた。しかし、そこでは愛しのコニーが結婚して子供を出産しており、その町はグンダーマンにとって真の〈ホーム〉とは言い難い。実父との関係もずっと絶縁状態にあり、故郷に戻ったとはいえグンダーマンの精神的なディアスポラは依然として続いていた。やがてコニーと結ばれることになるが、それがヴェニーの〈ホーム〉を横取りし、そこに間借りしたかのような演出になっているのは、グンダーマンの精神的な故郷喪失をよく体現する。やがてグンダーマンは社会主義統一党を除名され、そして祖国であるドイツ民主共和国もついに無くなり、彼は文字どおり故郷を失う。その間、グンダーマンはコニーと正式に結婚して、一軒家に住むようになり、娘も生まれた。しかし、シュタージの「非公式協力者」であった過去に悩まされることになり、そのままでは統一ドイツがグンダーマンにとって新たな故郷となることはない。映画序盤では家の中の整理整頓をめぐってグンダーマンとコニーとの喧嘩がやや唐突に挿入され、グンダーマンが自分の家の散らかり具合を「豚小屋（Schweinestall）」と表現する。こうした表現は、ガウク機関の職員が放った辛辣な言葉「豚野郎」とのつながりにおいて「非公式協力者」であったグンダーマンの罪と苦悩を前もって自虐的に予示していたと言える。自身の〈ホーム〉をついに手に入れたかに見えたグンダーマンであるが、コンサート・ツアーや炭鉱の仕事で忙しい彼は、あまり妻コニーや娘リンダとの時間を取ることができない。そうしたグンダーマンに対してコニーは、ツアーが終わったら「しばらく家にいるの？」と尋ねてもみる。「非公式協力者」のこともあり、歌をやめれば「もっと家にいることができる」とグンダーマンは思い切った提案をしたりもした。けれども、かつて「非公式協力者」であったことに関してバンド仲間から理解を得ることのできた彼は、今までどおりのバンド活動を続けることになる。それゆえ、グンダーマンは引き続きバンド活動と採掘場での仕事を掛け持つこととなり、コニーやリンダと一緒に「家」で過ごす時間を十分に取ることのできない生活は続くこととなった。かつてのバンド仲間である妻コニーは、その存在自体グンダーマンが共産主義の理想に燃えていた時代に追い求めた一つの〈ホーム〉である。よって、物語の結末はそうした〈ホーム〉の獲得が最終的に完全には成就しなかったことを示唆する。一方で、グンダーマンが新しいバンド仲間を真に獲得したことは、新たな〈ホーム〉の創生を意味すると考えてよい。

こうした旧い〈ホーム〉と新しい〈ホーム〉をめぐる物語は、映画の挿入歌を通じて一種の神学的な復活の物語として象徴的に表現される。映画の最後は、グンダーマンの歌う次のような歌詞で締めくくられる。

「ここへと俺の旅が俺を導く。遠くへではなく、深みへと。ここで俺は産み落とされた。石が水の中へと落ちたように。ここで神は俺を失い、そしてここで神は再び俺を取り戻す。」

映画ではグンダーマンがボブ・ディランと出会うエピソードが挿入されるが、事実上この歌のイメージは、同じく〈ホーム〉を持たない者のことを歌ったボブ・ディランの「ライク・ア・ローリング・ストーン」に対する応答となる。故郷ホイヴォイに戻ってからも続いたグンダーマンの精神的なさすらいの旅は、ボブ・ディランの歌の歌詞の中でも暗示されていたように、それはもはや水平的な移動ではなく池に投げ込まれた小石のごとき垂直的な下降のさすらいであった。しかし、〈ホーム〉にいながら精神的な〈ホーム〉を求めつつ同時にそれを失い続けたグンダーマンであるが、ボブ・ディランの歌とは異なって、やがて別の新たな〈ホーム〉の獲得を指向することになる。そのさすらいは神学的なイメージを伴い、例えば、神からの逃亡、入水、そして復活を経験した旧約聖書における「ヨナ書」の物語を想起させる。「復活」の物語が二〇〇〇年代の「再生」の物語と異なるのは、「復活」の前後の非連続性と刷新が強調される点にある。

映画《グンダーマン》は、二〇一〇年代最後の金賞受賞作品である。〈ドイツ人のディアスポラ〉というビッグ・モチーフに対するその応答は、新たな〈ホーム〉の獲得として作品末尾の「復活」というモチーフと共に示され、これはその後の二〇二〇年代における新たな展開を予感させる。奇しくも翌年の二〇二〇年に銀賞を受賞した《ベルリン・アレクサンダープラッツ》では、アフリカからヨーロッパへと向かう途中の船が難破し、海中へと放り出された主人公の男性が復活するところから物語が始まることとなった。これによって《グンダーマン》の提示する「復活」のモチーフは、実際に次の時代への橋渡しという意義を獲得することになる。

「現代ドイツ映画史への手引書」という本書の試みは、これで締めくくりとなる。「手引書」という本書の役割を踏まえ、二一世紀の諸作品が〈ドイツ人のディアスポラ〉という戦後ドイツのビッグ・モチーフに対してどのように応答したか、本書の提示した六つの基礎概念を用いてもう一度、個々の作品を急ぎ足で振り返っておきたい。これによって現代ドイツ映画史の全体像が、読者の頭の中で整理されることを期待する。

移民の背景を持つ者

「移民の背景を持つ者」を主要な題材とする作品群を〈ドイツ人のディアスポラ〉という観点から総括するなら、二〇〇〇年代の諸作品は総じて〈ホーム〉に「帰還」する物語を描き出したと言える。《愛より強く》では、トルコ系ドイツ人の男女が精神的なディアスポラの中で死の淵をさまよった。女はトルコの因襲的な父権的暴力性の支配する家庭環境のゆえに、男は妻を失った絶望感のゆえに、両者は自分自身の〈ホーム〉を見つけられない。やがて二人は自らの意志で自身の〈ホーム〉へとたどり着くが、その結末は逆説的である。女は自らが逃れたいと思っていた「家庭」へと帰り着き、男の方は自身が無頓着であったトルコへと帰還する。《タフに生きる》では、母と共に養父の家を追い出され「父性」に失望したドイツ人の少年が、真の「父性」を求めてさまようことになる。少年はドイツ国内にありながら移民地区においてまさに外国人のごとき迫害を受け、精神的にも物理的にも〈ホーム〉を失っていた。そこに偽の父性と偽の〈ホーム〉が登場して少年は社会のダークサイドに落ち込む。しかし、物語の結末においてかろうじて少年は真の父性の存在に気づき、〈ホーム〉へと帰り着くのである。《そして、私たちは愛に帰る》では、三組の親子がそれぞれ精神的あるいは身体的に故郷喪失の状態にあった。中でも特に重要な人物は、大学でドイツ文学を教えるトルコ系ドイツ人の男性と、かつてトルコへの旅を経験したドイツ人女性である。二人とも日々の暮らしにおいて何か満たされないものを感じていたが、トルコへと渡りそれぞれにおいてチャリティの精神を発揮することで心の空隙を満たすことができた。トルコ系男性については自身のルーツの地に帰るという意味で、ドイツ人女性については若い頃に志を持って訪れた地に帰るという意味で、それぞれに〈ホーム〉への帰還を果たしたのである。

以上のような〈ホーム〉へと「帰還」する二〇〇〇年代の物語は、二〇一〇年代になって〈ホーム〉が「消失」する物語へと移行した。《よそ者の女》では、ベルリン出身のトルコ系女性が、嫁ぎ先のイスタンブールにあっても実家のあるベルリンにあっても、トルコの父権的な価値観に苦しむ。女性は夫や実父から暴力を振るわれ、離婚もなかなか認められず、子供も取り上げられそうになる。精神的な〈ホーム〉を失っていた女性は、実家との関係修復を模索しながら新しい仕事と新しい恋人に新たな〈ホーム〉を見出そうとした。しかし、女性は「名誉」を重んじる家族から命を狙われた末、最愛の息子が誤って刺されてしまい、最も大事な〈ホーム〉が消え失せてしまう。《おじいちゃんの里帰り》は、かつてガストアルバイターとしてドイツにやって来たトルコ人男性が、トルコに帰ることなくドイツに根づいた物語である。男性はその地に一家を構え、いったんはドイツを自身の〈ホーム〉とした。やがて男性は故郷に家を買ってトルコへの里帰り旅行をする。ところが、その旅行中に亡くなってしまう。すでにドイツ国籍を取得していた男性はトルコ人墓地には埋葬してもらえない。購入していた家も家の体をなしておらず、亡くなった男性の魂は〈ホーム〉の消失に直面して世界を漂うのである。《女闘士》は、ネオナチ・グループに属するドイツ人女性が、亡くなった祖父の言葉に従ってこれまでの罪を償うべく、アフガニスタン難民の少年を救う物語である。女性はネオナチの元恋人に銃で撃たれるが、死に瀕する女性の記憶として蘇ってきたのは、反ユダヤ主義のイデオロギーを孫の自分に植え付けた祖父の本当の姿であった。それまで女性にとって祖父の存在は心の〈ホーム〉であったが、ネオナチに入ったのは祖父の影響だったのであり、このことによって心の〈ホーム〉は根本的に彼女の前から消え失せたのである。ベルリンのストリートでは、《ヴィクトリア》では、「本当のベルリン」を自称して労働しない四人組の青年たちが登場する。ベルリンのストリートでは、何でも欲しいものを盗みによって手に入れられるため、そこは働かない彼らにとっての〈ホーム〉であった。けれども、世話になった人物の要求を断り切れず強盗を働くと、四人組は警察から追われる身となり〈ホーム〉としてのストリートは消え失せてしまう。四人は命を落とすか警察に捕まるかして、物語の結末ではスペインからの外国人労働者である働き者のヴィクトリアだけが大金を獲得する。《女は二度決断する》では、トルコ＝クルド系男性と結婚したドイツ人女性が、ネオナチのテロで夫と息子を失う。しかも夫は薬物トラブルの汚名を着せられ、捜査はまともに進まない。女性にとって家族は大事な〈ホーム〉であったゆえ絶望して自殺を図るが、裁判で夫の汚名をそそごうと考える。ところが、犯人は有罪にならず、正義は実現されない。その結果、女性は自爆テロによって復讐を果たした。けれども、彼女の魂が夫や息子のいる天上へと昇ることはなく、消え去った〈ホーム〉が戻ることはない。

個々の作品を振り返った上で、特筆点として三つを挙げたい。第一に、因襲的な父権的暴力性からの解放が挙げられる。二〇〇〇年代の作品に登場する人物の多くは、トルコをはじめとする非西洋の封建的価値観の中で苦しみ、そこから逃れようともがく。ときにその暴力性が自分の中に存在していることに気づき、愕然とすることもある。とはいえ、二〇〇〇年代の作品は父権的暴力性との関係の中で自分自身を見失っても、最終的には一定の着地点へと帰還することができた。ところが、二〇一〇年代になると、そのような回帰は見られなくなる。人々は自他の父権的暴力性の前に、より深刻な事態へと追いやられてしまう。こうした因襲的な父権的暴力性に対置されるのが、近代的な自我に基づいて自由に自己決定を行う個人の存在である。よって第二の論点として、近代的な自己決定の精神の称揚を挙げることができる。二〇〇〇年代の登場人物は自由な意志によって父権的な暴力性に抗おうとし、その試みは幸運にも一定の成功を見ることができた。しかし、二〇一〇年代の作品では、自己決定の精神が様々な暴力性に対峙したとき、自分自身の方が消失してしまい、ここに近代的自我の悲哀を見ることができる。第三に、ナショナル・アイデンティティへの無関心が挙げられる。二〇〇〇年代の登場人物は、自身のナショナル・アイデンティティを持ってはいても、それを個人が生きる上でのアイデンティティにすることはない。その一方で強調されるのがローカル・アイデンティティであり、登場人物は自身の身体的・精神的故郷への具体的な帰還を指向する。この振る舞いは、一種のヨーロッパ・グローバリズムでもあって、近代ヨーロッパ的な価値観の拡張を意味した。ところが、二〇一〇年代になると、そのような価値観の拡張は壁にぶつかる。様々なローカリズムの融合は中心性の喪失をもたらし、パーソナル・アイデンティティは多方に引き裂かれ、無数の匿名性の中へと雲散霧消する。

ナチ・ドイツ

「ナチ・ドイツ」を主要な題材とする二〇〇〇年代の作品群を「闇教育」との連関において総括するなら、次のように理解できる。物語の中で描かれる「教育する者」と「教育される者」との衝突は、ナチ世代を意味する「旧いドイツ」と戦後世代を意味する「新しいドイツ」との衝突を象徴し、その衝突は物語の結末において「和解」へと至る。登場人物は自身の精神的な故郷を失っているが、映画は最終的に自身の〈ホーム〉に気づく物語、あるいは〈ホーム〉へと帰る物語になっている。《名もなきアフリカの地で》は、ナチ時代に祖国ドイツを追われてアフリカのケニアにやって来たユダヤ人一家が、ドイツこそ自身の〈ホーム〉に他ならないという自覚に至り、祖国へと帰国する物語である。当初は一家の母親自身の中にも「旧いドイツ」が潜んでいた。しかし、現地のケニア人との交流を通して「違い」の尊さを学び、その自覚において一家は自身のドイツ・アイデンティティをも自覚する。この自覚は単なる郷愁ではなく「新しいドイツ」の再建に伴う倫理性を含み、これによって旧いドイツとの和解への道が開かれるのであった。《ベルンの奇蹟》は、ソ連での長い抑留生活を経てドイツに帰国したドイツ人男性が、子供との葛藤の末に和解へと至る物語である。子供たちに対する父の態度は「旧いドイツ」そのもので、規律と服従ばかりを求める父親に子供たちは我慢ならない。戦前と戦後の価値観のギャップに苦しむ父は家庭に戻ったはずなのに、〈ホーム〉の喪失は依然として続いた。やがて抑留生活の辛さを告白することで父の苦しみは和らぐ。父は末の息子をベルンのワールドカップ会場に連れていき、父子の和解が成立して父は真に〈ホーム〉への帰還を果たす。《白バラの祈り》では、ナチ抵抗運動を行う女子学生が逮捕され、取り調べの際にゲシュタポの取調官と自身の世界観を対決させる。ナチのイデオロギーを掲げる取調官に対し、女子学生は自由の理念で対抗する。取調官の思惑はナチに服従するよう女子学生を再教育することにあったが、むしろ教え諭されたのは取調官の方だった。ここに旧いドイツとの和解が成立する。自己の生命をかけてナチと対決した女子学生はイエス・キリストに重ねられ、神の子イエスが〈ホーム〉としての天上へと帰ったように、処刑後の女子学生も天上へ回帰するイメージを宿す。《四分間のピアニスト》は、無実の罪で服役する女性が、有名なピアノ教師とレッスンを続ける中で、自分という〈ホーム〉を取り戻す物語である。ピアノ教師は女性に対して厳しい従順を要求し、その態度は「旧いドイツ」そのものであった。自暴自棄になって自分を見失っていた女性は次第に自分を取り戻してゆくが、一方で横暴なピアノ教師に対する女性の反発心も無くならない。最終的に女性は教師の決めた曲とは別の現代風の曲をコンクールで披露し、自分の才能を自分の実存のために使用する。教師はそれを受け入れ、旧いドイツとの和解が成立する。《ウェイヴ》は、「独裁」の体験学習を通じてクラスが本当に独裁へと暴走する物語である。クラスの生徒は初めからそれぞれにおいて悩みがあり、心の〈ホーム〉を見失っていた。その心の隙間に「団結」と「排除」の論理が入り込むことで、クラスは言わば「疑似ホーム」となってゆく。人々は暴力性へと突き進み、その極まりにおいてようやく目が覚める。自分たちの中のナチ的なものを自覚することで人々は「旧いドイツ」との和解にこぎつけ、かろうじて真の〈ホーム〉へと帰り着くのである。《ジョン・ラーベ》では、ナチ党員のドイツ人男性が南京の人々を日本軍の蛮行から救う姿が描かれる。当初、中国人の部下に対する男性の威圧的な態度は「旧いドイツ」を体現していた。しかし、日本軍と対峙する中で、男性の内側には深い「人間愛」があることが明らかとなる。これによって「旧いドイツ」はナチ的なものから切り離され、物語は「旧いドイツ」との和解を指向する。祖国を離れて暮らす男性はディアスポラの状態にあったわけだが、やがて中国で築き上げた他者との信頼関係こそが真の〈ホーム〉であったことに気づく。

二〇一〇年代になると、二〇〇〇年代のようにもはや「旧いドイツ」との「和解」は描かれず、総じて「旧いドイツ」との「決別」が描かれ、主として〈ホーム〉を失う物語が語られるようになった。《白いリボン》は、第一次世界大戦前の北ドイツを舞台に父権社会の闇を描き出す。村では不審な事件や事故が多発し、その犯人は村の子供たちであった。日頃から子供たちは大人から理不尽な「闇教育」を受けていて、その抑圧が悪意、嫉妬、無気力、残忍の感情となり、より弱い者へと向かったのである。しかし、第一次世界大戦が始まると事件の真相は有耶無耶になる。村は「期待と旅立ちの気分」に包まれ、その姿はやがてファシズムを生み出し、自分たちの〈ホーム〉を失って破滅へと至るその後の「旧いドイツ」の姿を予告する。《女闘士》では、ネオナチのグループにはまった少女たちがそこを脱しようとするも抜け切れず、最後には破滅する姿が描かれる。少女たちに共通するのは、「闇教育」を受けたために家庭での〈ホーム〉を失っており、そのためネオナチという「擬似ホーム」と真の〈ホーム〉との区別がつかなくなっていたことである。少女たちに「闇教育」を施した祖父や義父、そしてネオナチのメンバーはナチ的な「旧いドイツ」そのものである。「旧いドイツ」は「旧いドイツ」を再生産するゆえ、破滅を避けるには「旧いドイツ」に決別を告げるよりほかないのである。《コーヒーをめぐる冒険》は、法科大学を中退して無為な暮らしを送ってきた青年がついに親からの資金援助を打ち切られ、困惑と憂鬱の中、異世界のようになったベルリンの街をさまよう物語である。映画の中では、「旧いドイツ」に対して行われた旧来の和解のあり方を揶揄する場面が散見される。そこではもはや「旧いドイツ」との和解は意図されず、描き出されるのはむしろ「旧いドイツ」との永遠の別れである。社会的にも経済的にも精神的にも〈ホーム〉を失った青年は、「旧いドイツ」との関係を絶って新たな時代へと突入してゆく「新しいドイツ」の不安を象徴する。《ハンナ・アーレント》は、ナチ時代に収容所も体験したユダヤ系の政治哲学者ハンナ・アーレントのアイヒマン裁判をめぐる一連の騒動を描いた物語である。権威に対するアイヒマンの無思考性は「悪の凡庸さ」と呼ばれ、「旧いドイツ」を体現する。アーレントはアイヒマンを「理解」しようとはするが、「許し」を与えることはなく、これによって物語は「旧いドイツ」との決別を示唆する。ナチ時代に祖国を離れたアーレントはアメリカにおいて自身の〈ホーム〉を獲得するも、アイヒマン騒動の中で友人という〈ホーム〉を失うことになる。《さよなら、アドルフ》は、ナチ高官の娘がドイツの敗戦後、妹弟を連れて祖母の家に向かう物語である。旅の途中で少女は、父親がユダヤ人の虐殺に関与していた事実を知る。かつて自分たちに規律と服従を要求した大人たちへの信頼は失われる。連合軍の占領地域に子供だけで放り出された少女は、身も心も故郷喪失の状態にあった。祖母の家にたどり着いた少女は〈ホーム〉に帰り着いたかのように見えたが、祖母はナチを支持した権威主義的人物であった。怒った少女は「旧いドイツ」の連鎖に決別を告げ、自ら〈ホーム〉を拒否するのである。《アイヒマンを追え！》は、検事長のフリッツ・バウアーがナチ時代のユダヤ人移送の責任者アドルフ・アイヒマンを逮捕しようと奮闘する物語である。ドイツにはナチの残党がまだたくさんいて、なかなかアイヒマンの逮捕には至らない。祖国ドイツは未だバウアーにとっての〈ホーム〉ではなかった。状況を憂えたバウアーは、若者たちに対して「ドイツ人の誇り」という教育的メッセージを送る。「旧いドイツ」との決別を宣言するバウアーは、新たな〈ホーム〉の獲得に意欲を燃やす。

「ナチ・ドイツ」を扱った諸作品に通底するのは「闇教育」のモチーフであり、これに関してやはり三つの特筆点を挙げておきたい。第一に、権威主義の専横性を挙げることができる。二〇〇〇年代の諸作品には権威主義的な性格を持った人物が登場し、規律や服従を一方的な命令として理不尽に要求する。第二に、権威主義的性格は受け手の側にも見出され、権威に追随することに大きな喜びを感じる者が登場する。二〇〇〇年代においては、そのような権威主義が自分の中にあることを自覚し反省することによってそこから解き放たれ、一定の着地点へと落ち着く物語が描かれた。その際、権威主義から解放されるための対抗手段となったのが、倫理的価値の称揚である。これが第三の特筆点である。「旧いドイツ」の中にも一定の倫理的な人間性を認め、そうした人間性に対する信頼が権威主義的な「旧いドイツ」との和解を促した。ところが、二〇一〇年代になると、権威主義から完全に解放されることの難しさが示される。権威主義への指向は専横性を行使する側にも受け手の側にも広く深く根ざしており、人間がそれを自覚し省みることは容易でない。その害悪たる特徴の一つはそれが連鎖することにあって、人々が権威主義の連鎖を断ち切るためには、「旧いドイツ」との積極的な対決姿勢が求められる。「旧いドイツ」の中にもはや信頼を置くことはできず、世間に溢れる権威主義と対決する者は孤独と不安の淵に沈むのである。

東西ドイツ

「東西ドイツ」を主要な題材とする作品群を総括すると、二〇〇〇年代において祖国の「再生」を描いた物語は、二〇一〇年代になって祖国の「贖罪」を描く物語へと移行する。東西冷戦終結後の混乱の中、祖国の「再生」を描く二〇〇〇年代の物語は、総じて〈ホーム〉に気づく、〈ホーム〉を取り戻す物語となっている。《階段の踊り場》

は、倦怠期を迎えた中年夫婦が、よそに〈ホーム〉を求めたものの本当の〈ホーム〉は実は身近にあったことに気づく青い鳥症候群の物語であった。不倫関係に陥った男女は二人の新居を探すがなかなか見つからず、結局はそれぞれのパートナーの元に戻る。ポーランド国境沿いの街フランクフルトに暮らすこうした夫婦の離反と復縁の物語は、戦後ドイツの分裂と再統一に重ねられる。旧東ドイツ地域の暮らしは楽ではないが、物語は祖国ドイツの再生を願うのである。《グッバイ、レーニン！》は、祖国東ドイツが無くなったことで愛する母がショックを受けないよう、東ドイツがまだ存続していると思わせるために息子が奔走する物語である。ベルリンの壁崩壊後、息子は精神的な故郷喪失の状態にあったが、母のために架空の東ドイツを作るうちに自身の理想を自覚し、心の〈ホーム〉を取り戻す。現実の東ドイツも理想のために必要な一段階であったと意義づけられ、物語は統一ドイツに対して祖国の再生を期待する。《幻の光》は、ドイツとポーランドの国境の街フランクフルトとスウビツェを舞台に、困窮する人々の希望と失望を描いた物語である。冷戦終結後も東西の格差は未だに無くならない。旧共産圏での暮らしは依然として厳しく、人々の希望もことごとく失望へと変わる。それでも人々には立ち上がる余地が残されており、物語は人々に対してタフに生きることを促す。自分たちの居場所はそこにしかないと悟ったとき、そこに〈ホーム〉の再認が生じて物語は祖国ドイツの再生を願うものとなる。《何でもツッカー！》は、ベルリンの壁に阻まれて離れ離れになったユダヤ系ドイツ人の兄弟が、壁崩壊後に再会し、許容の精神を通じてそれまでの確執を和解へと導く物語である。東ドイツ時代は華やかなスポーツ記者であった男性は、壁の崩壊後は職を失い、〈ホーム〉を喪失した状態にあった。しかし、西側で暮らす兄弟と和解することで、男性は〈ホーム〉を取り戻す。東西に分かれた兄弟は東西ドイツの象徴であり、両者が和解に至ることで物語は統一ドイツとなった祖国の再生を示唆する。《善き人のためのソナタ》は、ある劇作家の生活を監視する東独シュタージの男性が、芸術家の充実した暮らしぶりを通じて社会主義的使命よりも芸術体験の豊かさに目覚め、劇作家を救う物語である。芸術の豊かさを知った男性は、使命感を持ちつつも無味乾燥な日々に真の〈ホーム〉を見出せない。祖国東ドイツの崩壊後は社会主義に捧げた自分の人生を肯定できず、虚無感に襲われる。しかし、劇作家が自分を救った男性のことを小説にすることで、男性の人生は肯定される。この結末は統一ドイツで生きる旧東ドイツ国民にも力を与え、祖国ドイツの再生を指向する。

二〇一〇年代になると「東西ドイツ」を扱った作品群は二〇〇〇年代のように祖国の「再生」を描くのではなく、祖国の「贖罪」を描くようになる。それらはこれまでの諸作品があまり焦点化しなかった東ドイツの負の側面を正面から取り上げ、その罪責を問う内容になっている。それゆえ、もはや作品が〈ホーム〉を取り戻す物語を描くことはなく、代わって〈ホーム〉を「失う」物語や〈ホーム〉を新たに「築く」物語が描かれるようになった。《東ベルリンから来た女》は、地方の小病院に左遷された女性医師が、東独シュタージの監視体制下で亡命を計画するが、医療への責務と情熱から東ドイツに留まる物語であった。トルガウ作業所で苦役を与えられる少女は、東ドイツの国家社会主義体制における受難者であり、女性医師が自分の代わりに少女を亡命させる物語は、祖国の贖罪を意味する。監視体制下での女性医師は〈ホーム〉を失っていたが、亡命を取りやめたことはその地で新たな〈ホーム〉を築くことの決意を意味した。《誰でもない女》は、東独シュタージの女性が諜報活動として別人に成り代わり、ノルウェーで家族愛に包まれながら幸せに暮らすものの、諜報員であることが明らかとなって最終的にシュタージによって殺されてしまう物語である。戦争孤児であった女性は幼い頃から〈ホーム〉を持たない存在だったが、ノルウェーで別人に成り代わることで一旦は家族を手に入れた。しかし、それは他人の命の犠牲の上に立つ〈ホーム〉であり、やがて女性は東独の諜報員であることを暴かれて〈ホーム〉を失う。結末において女性が命を落としたことは祖国の贖罪を意味する。《ヘビー級の心》は、かつて家族を捨てた旧東独出身の元ボクサーの男性が難病を患い、娘との関係修復を試みる物語である。家族や祖国東ドイツを失い、難病によってボクサーとしての自尊心も失い、娘との関係修復も寿命が尽きて間に合わなかった男性は、様々に〈ホーム〉を失った。一方で、福祉国家へと変貌した統一ドイツは男性に新たな〈ホーム〉を提供し、それは男性を様々に翻弄した祖国の贖罪を意味する。《グンダーマン》は、旧東独時代にシュタージの非公式協力者であったミュージシャンのグンダーマンが、東ドイツの崩壊後に過去の自分を省みて苦悩する物語である。共産主義の理想に燃えながらも党と反りが合わず、祖国が崩壊した後はシュタージの非公式協力者であった過去に悩むグンダーマンは、常に精神的な故郷喪失の状態にあった。結末ではその過去を新しいバンドメンバーが受け入れ、新たな〈ホーム〉の創出がなされる。グンダーマンは東独の罪を象徴する存在で、その贖罪の一つのあり方を提示する。

やはりここでも三つの特筆点を挙げたい。第一に、冷戦終結後の東西の経済状況の格差が挙げられる。二〇〇〇年代においては、しばしば登場人物の経済的な困窮状況が描かれた。東西の経済格差は埋まらず、旧東欧地域に暮らす人々は、多かれ少なかれ楽でない暮らしを強いられる。それでも現状に対する自覚において、物語は旧東欧地域の人々に対して希望を持ち、タフに生きることを促す。しかし、二〇一〇年代になると、東西の経済格差に対する関心はほぼ見られない。代わって焦点化されるのは、特にシュタージに代表される東ドイツの負の側面であり、これが第二の特筆点である。二〇〇〇年代においてはシュタージを主人公にする物語があったとしても、むしろ善きシュタージが描かれた。ところが、二〇一〇年代においてはシュタージの悪事を真正面から取り上げ、批判的に描くようになる。第三に、二〇〇〇年代の諸作品はどのような題材を扱うかにかかわらず、〈ホーム〉への回帰や〈ホーム〉の再認を指向したが、二〇一〇年代では、「移民の背景を持つ者」や「ナチ・ドイツ」を扱った諸作品が〈ホーム〉を失う物語を中心に描き出したのに対し、「東西ドイツ」を扱った作品群では新たに〈ホーム〉を作り出す物語が中心となっている。

新世紀のディアスポラ

本書は、二一世紀のドイツ映画賞作品賞を受賞した作品群の中からドイツに特有の題材として「移民の背景を持つ者」「ナチ・ドイツ」「東西ドイツ」を取り上げ、それらの諸作品を理解するための基礎概念として、「帰還」と「消失」、「和解」と「決別」、「再生」と「贖罪」の三組を提示した。これらを手掛かりに、二〇世紀の半ば戦後のドイツ社会に投げ入れられた〈ドイツ人のディアスポラ〉というモチーフに対して二一世紀の受賞作がどのように応答したかと言えば、二〇〇〇年代の諸作品は〈ホーム〉に帰る・〈ホーム〉に気づく物語を展開し、二〇一〇年代の諸作品は〈ホーム〉を失う・〈ホーム〉を築く物語を展開した。新世紀に入って自分たちの〈ホーム〉を取り戻したかに見えたドイツ人だが、二〇一〇年代になって再び自分たちの〈ホーム〉を見失ってゆく。しかし、その一方で新たな〈ホーム〉を獲得する方向性も示唆された。二〇一〇年代におけるこの二つの方向性は決して矛盾するものではなく、新世紀のディアスポラは総じて〈ホーム〉を刷新する方向へと進みつつあると言えるだろう。

序において述べたように、本書の試みは確かに図式的である。当然のことながら、現代のドイツ映画史の全てをこの図式によって汲み取り尽くすことができるわけではない。とはいえ、現代ドイツ映画史の手引書を異文化理解の観点から提供するという目論見の限りにおいてなら、本書の提示する基礎概念は十分有効に機能するはずである。

註

（1）ドイツ映画賞の詳細については、以下のサイトを参照。Deutscher Filmpreis, in: Die Bundesregierung, https://www.bundesregierung.de/breg-de/bundesregierung/bundeskanzleramt/staatsministerin-fuer-kultur-und-medien/medien/filmfoerderung/preise/deutscher-filmpreis; DOTIERUNG, in: DEUTSCHER FILM PREIS, https://www.deutscher-filmpreis.de/ueber-deutschen-filmpreis/lola-die-preise-im-detail/; Autor: Jochen Kürten / Redaktion: Petra Lambeck, Lange Tradition: Der deutsche Filmpreis, 22. 04. 2010, https://www.dw.com/de/lange-tradition-der-deutsche-filmpreis/a-5481574

（2）Thomas Mann, *Deutschland und Die Deutschen*, übersetzt und erläutert von Sinzi Kato, Daigakusyorin Bücherei, 1957, S. 82 und 84.

（3）リヒャルト・フォン・ヴァイツゼッカー（永井清彦編訳）『言葉の力　ヴァイツゼッカー演説集』（岩波書店、二〇〇九年）、二七頁。

（4）早尾貴紀「ユダヤ・ディアスポラとイスラエル国家、そして難民的存在としてのパレスチナ人」『大阪経済法科大学アジア太平洋研究センター年報』第一号（二〇〇三年）、六頁。

（5）Stephen Brockmann, *A Critical History of German Film*, New York, 2010, p. 480.

（6）Brockmann, *A Critical History of German Film*, p. 481.

（7）「ドイツの移民政策と新移民法」『フォーカス』（労働政策研究・研修機構、二〇〇四年一一月）。

（8）Cristina Moles Kaupp, *Knallhart*, *Filmheft*, Bundeszentrale für politische Bildung/bpb, 2006, S. 5.

（9）Kaupp, *Knallhart*, *Filmheft*, S. 6.

（10）小林薫「ドイツの移民政策における「統合の失敗」」『ヨーロッパ研究』第八巻（二〇〇九年）、一二五頁。

（11）小林薫「ドイツの移民政策における「統合の失敗」」、一三〇頁。

（12）マラシュ事件に関しては次の論文が参考になる。石川真作「左翼運動からマイノリティへ――在独アレヴィーのマイノリティ化の一様相――」『白山人類学』第一一号（二〇〇八年）、五―二六頁。

（13）「闇教育」をめぐるルーチュキー、フロム、ライヒ、フレンケル＝ブルンスヴィックらの言説については、次の『映画ノート』を参照。Kyra Scheurer, *Das weiße Band – Eine deutsche Kindergeschichte*, *Filmheft*, Bundeszentrale für politische Bildung/bpb, 2009, S. 19-20.

（14）Philipp Bühler, *Das Wunder von Bern*, *Filmheft*, Bundeszentrale für politische Bildung/bpb, 2003, S. 8.

（15）Bühler, *Das Wunder von Bern*, *Filmheft*, S. 9.

（16）Bühler, *Das Wunder von Bern*, *Filmheft*, S. 9.

（17）Bühler, *Das Wunder von Bern*, *Filmheft*, S. 8.

（18）Philipp Bühler, *Sophie Scholl – Die letzten Tage*, *Filmheft*, Bundeszentrale für politische Bildung/bpb, 2005, S. 9.

（19）Richard von Weizsäcker, *Die freiheitliche Demokratie bedarf der Verantwortung und Solidarität ihrer Bürger*, erläutert von Mineo Osawa, Dōgakusha, 1993, S. 26.

（20）Eberhard Ortland, „Genie“, Karlheinz Barck / Martin Fontius / Dieter Schlenstedt / Burkhart Steinwachs / Friedrich Wolfzettel（Hrsg.）, *Ästhetische Grundbegriffe, Historisches Wörterbuch in sieben Bänden*, Band 2, Weimar, 2001, S. 704.

（21）Cristina Moles Kaupp, *Good Bye, Lenin!*, *Filmheft*, Bundeszentrale für politische Bildung/bpb, 2003, S. 10.

（22）《グッバイ、レーニン！》に関するより詳細な分析については次の拙論を参照されたい。「映画《グッバイ、レーニン！》における〈父〉のイメージ――国民と祖国の再生――」『広島修大論集』第五九巻第一号（二〇一八年）、六一―八七頁。

（23）Thomas Mank, *Lichter*, *Filmheft*, Bundeszentrale für politische Bildung/bpb, 2003, S. 9.

（24）Mank, *Lichter*, *Filmheft*, S. 15.

（25）Mank, *Lichter*, *Filmheft*, S. 8.

（26）Mank, *Lichter*, *Filmheft*, S. 8.

（27）Mank, *Lichter*, *Filmheft*, S. 9.

（28）連邦政治教育センターが発行する『映画ノート』には、「弟ヤーコプ」という記述がある。Philipp Bühler, *Alles auf Zucker!*, *Filmheft*, Bundeszentrale für politische Bildung/bpb, 2004, S. 9.

（29）Bühler, *Alles auf Zucker!*, *Filmheft*, S. 10.

（30）Marianne Falck, *Das Leben der Anderen*, *Filmheft*, Bundeszentrale für politische Bildung/bpb, 2006, S. 5.

（31）この曲を作曲したのは、ガブリエル・ヤレド（Gabriel Yared）である。Falck, *Das Leben der Anderen*, *Filmheft*, S. 10.

（32）Falck, *Das Leben der Anderen*, *Filmheft*, S. 9.

（33）Falck, *Das Leben der Anderen*, *Filmheft*, S. 9.

（34）Amin Farzanefar, *Die Fremde*, *Filmheft*, Bundeszentrale für politische Bildung, 2010, S. 7.

（35）Farzanefar, *Die Fremde*, *Filmheft*, S. 7.

（36）Scheurer, *Das weiße Band – Eine deutsche Kindergeschichte*, *Filmheft*, S. 4.

（37）Scheurer, *Das weiße Band – Eine deutsche Kindergeschichte*, *Filmheft*, S. 20.

（38）《コーヒーをめぐる冒険》という邦題が村上春樹の『羊をめぐる冒険』を連想させるということは、多くの人が考えることであろう。他方、原タイトルの「Oh Boy」がビートルズの『ア・デイ・イン・ザ・ライフ（A Day in the Life)』に登場する歌詞を想起させるという指摘もある。これについては次のWeb記事を参照。Scott Roxborough, Germany's New Cinema Hope: 'Oh Boy' Director Jan Ole Gerster, Apr. 25, 2013. それゆえ、村上春樹が『ノルウェイの森』においてビートルズのイメージと親近性を持っていることを考えるなら、映画《コーヒーをめぐる冒険》を村上春樹的世界とつなげて理解することは、決して的外れではない。

（39）ニコが老婆と別れた後、窓越しに映し出される風景描写や、それに続けて階段を上る流れは、小津安二郎の《東京物語》において老夫婦がバスに乗って東京見物を行った一連の場面を連想させる。《東京物語》も旧い日本の弔いというテーマを有しており、この点において《コーヒーをめぐる冒険》は《東京物語》へのオマージュである可能性を含んでいる。

（40）Angelika Censebrunn-Benz, Geraubte Kindheit – Jugendhilfe in der DDR, in: Deutschland Archiv, 30. 6. 2017, Link: www.bpb.de/251285

（41）東ドイツ国家公安局資料委託人機関の通称。東ドイツ時代にシュタージの行った監視活動の調査を目的として東西ドイツの統一後にヨアヒム・ガウクの主導のもとで設立された。ガウクは後にドイツ連邦共和国大統領を務める。これについては「現代外国人名録2016」における「ヨアヒム ガウク」の項を参照。

あとがき

本書のもととなった初出の論文は次のとおりである。

「ドイツ映画賞作品史（一）――移民の背景を持つ者（二〇〇〇年代）――」『広島修大論集』第六〇巻第二号（二〇二〇年）、七九―九三頁

「ドイツ映画賞作品史（二）――移民の背景を持つ者（二〇一〇年代）――」『広島修大論集』第六〇巻第二号（二〇二〇年）、九五―一一六頁

「ドイツ映画賞作品史（三）――ナチ・ドイツと闇教育（二〇〇〇年代）――」『修道商学』第六一巻第二号（二〇二一年）、八九―一一五頁

「ドイツ映画賞作品史（四）――ナチ・ドイツと闇教育（二〇一〇年代）――」『修道商学』第六一巻第二号（二〇二一年）、一一七―一四〇頁

「ドイツ映画賞作品史（五）――東西ドイツ（二〇〇〇年代）――」『修道商学』第六二巻第一号（二〇二一年）、二七―六二頁

「ドイツ映画賞作品史（六）――東西ドイツ（二〇一〇年代）――」『修道商学』第六二巻第二号（二〇二二年）、一―二七頁

本書を出版するにあたっては、次の科研費の助成を受けた。ここに深く感謝の意を表する。

科研費：基盤研究（C）一七K〇二三九八（二〇一七―二〇二二年度）
「現代ドイツ映画を巡る「難民としてのドイツ人」：政治メディア論的研究」

本科研費の研究課題を進めるにあたっては、私が勤務する広島修道大学の矢田部順二教授から研究分担者としてご協力を賜った。副学長や学部長を務める御多忙の中、政治学の見地から有益な御助言を頂けたことに改めて御礼申し上げたい。

ドイツ映画史の研究を進める上で、その他、過去には、次の外部資金の助成も受けた。本書はその研究成果の一部でもある。ここに改めて感謝の意を表する。

大川情報通信基金（研究助成：二〇一一）
「ポスト・ナショナル時代の映画メディアが作り出す国民国家表象：ドイツの歴史映画を事例に」
科研費：基盤研究（C）二六三七〇一九二（二〇一四―二〇一六年度）
「ナチ映画を巡る現代ドイツ・ナショナリズムのメディア論的研究：二〇一〇年代の新展開」

加えて、二〇一八年度後半の半年間、勤務校の広島修道大学からは、「広島修道大学派遣研究（短期）」の制度を通じて、ドイツのハンブルク大学にて在外研究を行う機会を頂いた。本書はその研究成果の一部でもある。この場を借りて改めて感謝の意を述べたい。

それから本書の出版を含め、本研究を進める過程で、「ひろしま未来協創センター」のスタッフの皆様方には大変お世話になった。前身の「広島修道大学学術交流センター」の時代まで遡れば、本研究は随分と長い間、ご支援を頂いたことになる。心より御礼申し上げたい。

ドイツ映画の研究を始めていつの間にか一〇年が経った。二〇〇〇年代のドイツ映画賞受賞作品に一定の傾向性を感じ取り、それが二〇一〇年代においてどのように変容するかという点に関心を持ち続け、ついに二〇二〇年代に突入した。最終的な到達点としては、二〇年間のドイツ映画賞受賞作全般に関して通史を作成する予定ではあるが、これまでの研究にとりあえず一つの区切りをつける時期だと考えた。奇妙に聞こえるかもしれないが、私は自分自身を映画の専門家だと思ったことはないし、事実そうではない。だから、映画の専門家からすれば、本書の研究作法は全くプロフェッショナルでないように見えるところがあるだろう。それは全く私の不勉強のためであり、もし誤りをご指摘頂けるのであれば幸いである。

自分の専門領域を示す必要がある場合、私は「美学・芸術文化学」と名乗るようにしている。大学院生のときはヒルデブラント、ヘルダー、ヴィンケルマンなどの彫刻論を研究した。当時、大阪芸術大学の大学院でご指導くださった新田博衞先生からすれば、私が映画に関する書物を出版するのは非常に意外なことに思われるだろう。二〇〇四年から広島修道大学に勤務するようになり、その後はカントを中心とする西洋近代の美学や倫理学の研究を細く長く続けている。また一方で、ヘルマン・シュミッツやゲルノート・ベーメなど「雰囲気」をキー概念とする新現象学の研究も行ってきた。さらに学部授業においては、キリスト教美術を中心に講義を行っている。一見、これらはすべて映画の研究とは無関係のように見えるかもしれないが、私のドイツ映画研究はカント研究や新現象学の研究、あるいはキリスト教的世界観の理解と極めて深い関係にある。

本書の試みは、その研究対象ではなく研究内容に即して分類するなら、映画研究というよりもドイツ思想史の研究と言った方が本質的には適切なのかもしれない。本書の中でも繰り返し使用してきた「メディア論的考察」という研究アプローチは、映画を思想史の文脈の中で理解する試みだとも言える。映画の物語内容が世論空間へと投げ込まれるなら、その内容は一種の思想的主張の一つとして機能するようになる。作品が投げ込まれる世論空間は様々な既存の哲学思想や宗教観や歴史観が滞留する情感的な空間であり、その中に映画の思想的主張がプレゼンテーションされれば、雰囲気論的な論争の場を呼び起こさずにはいられない。こうした視点は、「雰囲気」をキー概念とする新現象学の発想の応用形である。またドイツ映画が論争的に提示する様々な価値規範を読み解くには哲学的、宗教的、歴史的な知見を必要とした。それゆえ、西洋近代の美学や倫理学、新現象学の研究、そしてキリスト教的世界観の理解がドイツ映画史の研究として一つに合流し得ることは、私にとって不自然ではなかった。

映画の専門家でないとはいえ、私が映画に対して大きな関心を持ち続けてきたことは事実である。しかしながら、正直に告白すると映画全般に対してさほど熱中したことはなく、あまり詳しくもない。映画に対するこのアンビバレントでモヤモヤした気持ちは学部生の頃の記憶を甦らせる。美学美術史学専攻の学生として私は、様々な芸術作品に触れなければいけないと半ば強迫的な義務感を抱いていた。当時はまだＤＶＤもブルーレイもなく、ＶＨＳの「レンタル・ビデオ屋」に足繁く通った。時代はバブルが絶頂期を終えようとしている頃で、世の中はただただ明るく華やかだった。巷ではレオス・カラックス監督やクシシュトフ・キェシロフスキ監督などのヨーロッパ映画が話題となっていた。美学美術史学を専攻する者として「カラックスは～」と口にするのが何となくカッコよく感じられた。けれども、こうした「おしゃれ映画」はとても魅力的に感じられたにもかかわらず、実のところ作品自体は当時の私の心にはあまり響かなかった。宣伝文句としては、映像美だったり主演俳優の魅力だったりが謳われるが、はっきり言ってそれだけで二時間前後の作品を見続けることは難しい。要するに、私には作品の見所が分からなかったのである。

問題点は「おしゃれ映画」という呼び方に集約されている。ヨーロッパ映画を見ることは、当時の日本社会においてはファッションの一つだったのであり、それ自体は大きな意義があったと思う。しかし、私たちにとってヨーロッパ映画は、あくまでも「同文化理解」を前提とした消費の対象に他ならなかった。むしろ、コンテンツとしては消費し切ることすらできなかったと言った方が実情に即しており、ましてや「異文化理解」の対象ではなかった。

映画に対するモヤモヤは大学を卒業して大学院に進学してからもずっと続いた。映画に倫理的な解釈を見出すことは正当な振る舞いだが、日本社会に広がる既存の価値規範や通念を異国の作品にそのまま投入して共感の対象にするのは、とても居心地の悪いことだった。それは、自分の身体の関節を外して無理やり相手の骨格にはめ込むような窮屈さを覚える。私はドイツの映画を自分たちにとっての「同文化」としてではなく、「異文化」として、まずはそのままの姿を「理解」したいと思った。ドイツ映画研究を始めた際の基本的な欲求はこの点にあったのであり、本書を執筆する段になって意識したのは、かつての学生時代の自分であればどのような手引書を必要としただろうかという視点に他ならなかった。

学部生の頃から三〇年以上経つが、日本社会の中で「異文化理解」という発想に関してそれこそ理解を得ることは相変わらず難しい。私たちの社会の中には異文化を忌避する感覚が根強くあって、異国の同質なものは簡単に受け入れても、異国の異質なものに対しては理解するよりも拒否感が先に来てしまう。とかく西洋の文化、欧米の文化というものが私たちにとって全く珍しいものではなくなった今日、西洋なるものがとりわけユダヤ・キリスト教の精神を基盤とする異文化であったことを、私たちはほとんど意識しなくなった。それだけに、私たちの社会は欧米文化の中の共感し得る部分については喜んで受け入れても、異質な部分に対しては理解することすら拒絶してしまうということが、相変わらず平気だったりもする。だからこそ、執筆にあたっては本書を、ドイツ映画という異文化を率直に理解するための手引書にしたいと思った。

二一世紀のドイツ映画賞受賞作をウォッチングしてきて端的に感じるのは、どの作品にもドイツ社会に暮らす人々／

暮らした人々の苦労がまざまざと描かれている点である。二〇世紀においてドイツ社会は、戦前の民族社会主義（ナチズム）と戦後東ドイツの国家社会主義という二つの全体主義を経験し、また大小含めてたびたびのテロリズムにも見舞われた。そして、こうした時代へと逆戻りするきっかけはいつの時代にもくすぶっているという自覚がドイツ社会には存在する。それゆえ、どの作品においてもそうした負の部分に対峙する基本的な理念として、自由と民主主義の価値観が通底していることはあえて指摘するまでもないことであろうし、これについては異文化を越えて心からの共感の意を示したい。

本書の出版にあたっては、九州大学出版会の奥野有希氏に大変お世話になった。「手引書」という本書の意を汲んで、多くの的確な助言をしていただいた。また、スケジュール上の私のやっかいな注文を快く調整してくださったことにも感謝の念が尽きない。心よりお礼申し上げる。

最後に、この年齢になってようやくこれまでの営みが単著として一定の形を取ることになった安堵感を、お許し願えるなら、老若の家族親類に伝えたい。

二〇二二年　六月吉日

古川裕朗

索　引

［1］人名

［2］地名、国名、民族名関連

［3］書名、曲名、作品名（巻末の作品リストに記載されているものは除く）

作品リスト

第Ⅰ部　2000年代

第1章　移民の背景を持つ者（帰還）

邦題	愛より強く
原題	壁に向かって（Gegen die Wand）
監督	ファティ・アキン（Fatih Akin）
受賞年／賞種	2004年／金賞
DVD	*Gegen die Wand*, © 2004 Universal Pictures Germany / Wüste Filmproduktion〔《愛より強く》発売・販売：スタイルジャム〕

邦題	タフに生きる
原題	容赦なく（Knallhart）
監督	デトレフ・ブック（Detlev Buck）
受賞年／賞種	2006年／銀賞
DVD	*Knallhart*, © 2009 Universum Film GmbH

邦題	そして、私たちは愛に帰る
原題	もう一方で（Auf der anderen Seite）
監督	ファティ・アキン（Fatih Akin）
受賞年／賞種	2008年／金賞
DVD	*Auf der anderen Seite*, © 2009 Pandora Film GmbH & Co. Verleih KG〔《そして、私たちは愛に帰る》発売・販売：ポニーキャニオン〕

第2章　ナチ・ドイツ（和解）

邦題	名もなきアフリカの地で
原題	アフリカのどこにもない（Nirgendwo in Afrika）
監督	カロリーヌ・リンク（Caroline Link）
受賞年／賞種	2002年／金賞
DVD	*Nirgendwo in Afrika*, © 2002 MC One GmbH〔《名もなきアフリカの地で》発売・販売：ハピネット・ピクチャーズ〕

邦題	ベルンの奇蹟：ドイツ・ワールドカップの栄光
原題	ベルンの奇蹟（Das Wunder von Bern）
監督	ゼーンケ・ヴォルトマン（Sönke Wortmann）
受賞年／賞種	2004 年／銀賞
DVD	*Das Wunder von Bern*, © 2010 Senator Home Entertainment GmbH〔《ベルンの奇蹟：ドイツ・ワールドカップの栄光》発売・販売：エイベックス・マーケティング・コミュニケーションズ〕

邦題	白バラの祈り：ゾフィー・ショル、最期の日々
原題	ゾフィー・ショル：最期の日々（Sophie Scholl - Die letzten Tage）
監督	マルク・ローテムント（Marc Rothemund）
受賞年／賞種	2005 年／銀賞
DVD	*Sophie Scholl - Die Letzten Tage*, © 2005 Goldkind Film / Broth Film〔《白バラの祈り：ゾフィー・ショル、最期の日々》発売：キネティック／レントラックジャパン／双日／朝日新聞社、販売：レントラックジャパン／ Big Time Entertainment〕

邦題	4 分間のピアニスト
原題	4 分間（Vier Minuten）
監督	クリス・クラウス（Chris Kraus）
受賞年／賞種	2007 年／金賞
DVD	*Vier Minuten*, © 2007 Piffl Medien GmbH〔《4 分間のピアニスト》発売・販売：ギャガ・コミュニケーションズ〕

邦題	ウェイヴ
原題	ウェイヴ（Die Welle）
監督	デニス・ガンゼル（Dennis Gansel）
受賞年／賞種	2008 年／銅賞
DVD	*Die Welle*, © 2008 Constantin Film Verleih GmbH〔《ウェイヴ》発売・販売：アット エンタテインメント〕

邦題	ジョン・ラーベ：南京のシンドラー
原題	ジョン・ラーベ（John Rabe）

監督	フロリアン・ガレンベルガー（Florian Gallenberger）
受賞年／賞種	2009年／金賞
DVD	*John Rabe*, © 2010 Majestic Home Entertainment GmbH / Fox〔《ジョン・ラーベ：南京のシンドラー》発売・販売：東風〕

第３章　東西ドイツ（再生）

邦題	階段の踊り場
原題	階段の踊り場（Halbe Treppe）
監督	アンドレアス・ドレーゼン（Andreas Dresen）
受賞年／賞種	2002年／銀賞
DVD	*Halbe Treppe*, © 2003 Universal Pictures Germany / Delphi Filmverleih

邦題	グッバイ、レーニン！
原題	さよなら、レーニン！（Good Bye, Lenin!）
監督	ヴォルフガング・ベッカー（Wolfgang Becker）
受賞年／賞種	2003年／金賞
DVD	*Good Bye, Lenin!*, © 2003 X Filme Creative Pool GmbH〔《グッバイ、レーニン！》発売：カルチュア・パブリッシャーズ、販売：日本ソフトサービス〕

邦題	幻の光
原題	明かり（Lichter）
監督	ハンス＝クリスティアン・シュミット（Hans-Christian Schmid）
受賞年／賞種	2003年／銀賞
DVD	*Lichter*, © 2003 Universal Studios / Prokino

邦題	何でもツッカー！
原題	すべてをツッカーへ！（Alles auf Zucker!）
監督	ダニー・レヴィ（Dani Levy）
受賞年／賞種	2005年／金賞
DVD	*Alles auf Zucker!*, © 2004 Westdeutscher Rundfunk Köln

邦題	善き人のためのソナタ
原題	他人の生活（Das Leben der Anderen）
監督	フロリアン・ヘンケル・フォン・ドナースマルク（Florian Henckel von Donnersmarck）
受賞年／賞種	2006年／金賞
DVD	*Das Leben der Anderen*, © 2006 Buena Vista Home Entertainment, Inc.〔《善き人のためのソナタ》発売・販売：アルバトロス〕

第Ⅱ部　2010年代

第１章　移民の背景を持つ者（消失）

邦題	よそ者の女
原題	よそ者の女（Die Fremde）
監督	フェオ・アラダグ（Feo Aladag）
受賞年／賞種	2010年／銅賞
DVD	*Die Fremde*, © 2011 Majestic Home Entertainment / Fox

邦題	おじいちゃんの里帰り
原題	アルマンヤ：ドイツへようこそ（Almanya - Willkommen in Deutschland）
監督	ヤセミン・サムデレリ（Yasemin Samdereli）
受賞年／賞種	2011年／銀賞
DVD	*Almanya - Willkommen in Deutschland*, © 2011 Concorde Home Entertainment GmbH〔《おじいちゃんの里帰り》発売・販売：TCエンタテインメント〕

邦題	女闘士
原題	女闘士（Kriegerin）
監督	ダーヴィト・ヴネント（David Wnendt）
受賞年／賞種	2012年／銅賞
DVD	*Kriegerin*, © 2012 Elite Film AG

邦題	ヴィクトリア
原題	ヴィクトリア（Victoria）
監督	ゼバスチャン・シッパー（Sebastian Schipper）
受賞年／賞種	2015 年／金賞
DVD	*Victoria*, © 2015 Senator Home Entertainment GmbH〔《ヴィクトリア》発売：ブロードメディア・スタジオ、販売：ポニーキャニオン〕

邦題	女は二度決断する
原題	無から（Aus dem Nichts）
監督	ファティ・アキン（Fatih Akin）
受賞年／賞種	2018 年／銀賞
DVD	*Aus dem Nichts*, © 2017 Bombero International GmbH & Co. KG / Macassar Productions / Pathé Production / Corazón International GmbH & Co. KG / Warner Bros. Entertainment GmbH〔《女は二度決断する》発売：WOWOW、販売：ハピネット〕

第２章　ナチ・ドイツ（決別）

邦題	白いリボン
原題	白いリボン：あるドイツの子供の物語（Das weisse Band - Eine deutsche Kindergeschichte）
監督	ミヒャエル・ハネケ（Michael Haneke）
受賞年／賞種	2010 年／金賞
DVD	*Das weisse Band - Eine deutsche Kindergeschichte*, © 2009 X Filme Creative Pool GmbH / Wega Film / Les Films Des Losange / Lucky Red / ARD/Degeto / Bayerischer Rundfunk / Österreichscher Rundfunk Fernsehn / France 3 Cinema〔《白いリボン》発売：デイライト／ミッドシップ、販売：紀伊國屋書店〕

邦題	女闘士
原題	女闘士（Kriegerin）
監督	ダーヴィト・ヴネント（David Wnendt）
受賞年／賞種	2012 年／銅賞
DVD	*Kriegerin*, © 2012 Elite Film AG

邦題	コーヒーをめぐる冒険
原題	オー、ボーイ（Oh Boy）
監督	ヤン・オーレ・ゲルスター（Jan-Ole Gerster）
受賞年／賞種	2013 年／金賞
DVD	*Oh Boy*, © 2012 Schiwago Film / Chromosom Filmproduktion / Hessischer Rundfunk / Arte〔《コーヒーをめぐる冒険》発売：シネマクガフィン、販売：ポニーキャニオン〕

邦題	ハンナ・アーレント
原題	ハンナ・アーレント（Hannah Arendt）
監督	マルガレーテ・フォン・トロッタ（Margarethe von Trotta）
受賞年／賞種	2013 年／銀賞
DVD	*Hannah Arendt*, © 2012 Heimatfilm GmbH & Co KG〔《ハンナ・アーレント》発売：ポニーキャニオン〕

邦題	さよなら、アドルフ
原題	ローレ（Lore）
監督	ケイト・ショートランド（Cate Shortland）
受賞年／賞種	2013 年／銅賞
DVD	*Lore*, © 2013 Piffl Medien〔《さよなら、アドルフ》発売：キノフィルムズ、販売：KADOKAWA、角川書店〕

邦題	アイヒマンを追え！：ナチスがもっとも畏れた男
原題	国家 vs. フリッツ・バウアー（Der Staat gegen Fritz Bauer）
監督	ラース・クラウメ（Lars Kraume）
受賞年／賞種	2016 年／金賞
DVD	*Der Staat gegen Fritz Bauer*, © 2016 Alamode Filmdistribution〔《アイヒマンを追え！：ナチスがもっとも畏れた男》発売：ニューセレクト／クロックワークス、販売：アルバトロス〕

第３章　東西ドイツ（贖罪）

邦題	東ベルリンから来た女
原題	バルバラ（Barbara）
監督	クリスティアン・ペツォルト（Christian Petzold）
受賞年／賞種	2012 年／銀賞
DVD	*Barbara*, © 2012 Piffl Medien GmbH〔《東ベルリンから来た女》発売・販売：アルバトロス〕

邦題	誰でもない女
原題	2 つの人生（Zwei Leben）
監督	ゲオルク・マース（Georg Maas）
受賞年／賞種	2014 年／銅賞
DVD	*Zwei Leben*, © 2014 farbfilm home entertainment GmbH & Co KG〔《誰でもない女》発売：オンリー・ハーツ、販売：グラッソ〕

邦題	ヘビー級の心
原題	ヘルベルト（Herbert）
監督	トーマス・ステューバー（Thomas Stuber）
受賞年／賞種	2016 年／銀賞
DVD	*Herbert*, © 2016 Wild Bunch Germany GmbH〔《ヘビー級の心》Netflix〕

邦題	グンダーマン：優しき裏切り者の歌
原題	グンダーマン（Gundermann）
監督	アンドレアス・ドレーゼン（Andreas Dresen）
受賞年／賞種	2019 年／金賞
DVD	*Gundermann*, © 2019 Pandora Film Medien GmbH〔《グンダーマン：優しき裏切り者の歌》発売：『グンダーマン』フィルム・パートナーズ、販売：マクザム〕

著者略歴

古川裕朗（ふるかわ　ひろあき）

1971年生まれ
広島修道大学商学部教授
慶應義塾大学文学部哲学科美学美術史学専攻卒業
大阪芸術大学大学院芸術文化研究科博士課程後期修了
博士（芸術文化学，大阪芸術大学）
2004年広島修道大学専任講師
2008年ハンブルク大学客員研究員
2011年より現職
専攻は美学・芸術文化学

ドイツ映画史《えいがし》の基礎概念《きそがいねん》
——新世紀のディアスポラ——

2022年9月25日　初版発行

著　者　古　川　裕　朗
発行者　清　水　和　裕
発行所　一般財団法人 九州大学出版会
〒814-0001　福岡市早良区百道浜3-8-34
九州大学産学官連携イノベーションプラザ305
電話　092-833-9150
URL　https://kup.or.jp
印刷・製本／城島印刷㈱

Printed in Japan　ISBN 978-4-7985-0336-3